植田宏文［著］

金融革新と不安定性の経済学

中央経済社

はしがき

　近年の金融技術の進展により，企業の資金調達行動および投資家の資産選択行動を通じて，経済の成長期には高レバレッジ化が可能となり，それがマクロ経済活動を拡大させることに寄与している。この経済活動の進展が，さらに金融取引を促進させ経済の成長を益々高めていくことになる。しかし，経済のブーム期に負債水準の増加や借入コストの上昇から将来期待が低下すると，好景気下で蓄積した既存の多大な負債が企業活動に深刻な影響を及ぼし，マクロ経済活動の甚大な停滞を招く。この経済活動の縮小は，金融取引を消極化させ企業の資金調達を悪化させるため，さらに経済活動を沈滞化させていくこととなる。

　実体経済から大きく乖離したレバレッジの変化等にみられる金融市場での動向は，マクロ経済活動の変動を一段と増幅させ経済の不安定性を助長させることになる。金融技術の発展により，経済の成長期には高レバレッジ化が進展し経済活動を一段と高めることができても，その反作用は厳しく，健全な景気循環とはかけ離れ，いわば好景気の始まりは同時に経済危機の始まりと換言せざるをえない状況が生じることとなる。

　昨今の一連の金融規制緩和によって，新たな金融商品・取引手段，市場，金融機関が生まれ，金融取引額は実体経済の取引額をはるかに凌駕している。主な制度変更として，1980年代には外国為替取引における実需原則の撤廃，金融業務の自由化，デリバティブ，エクイティ・ファイナンス，オフショア市場の創設，等がある。さらに1990年代には金融の国際化・グローバル化，持株会社化，資産の証券化が進められた。また，2000年代に入ると，アメリカを筆頭に証券化商品（CDO，RMBS，CDS）の重層化，ヘッジファンド，プライベート・エクィティ・ファンド，SIVの拡充が進められた。

　金融技術革新によって，新たな金融商品や取引が創出されれば，一般的に資金の効率的配分を通じて経済厚生の成長に貢献すると考えられる。資本主義経済において，経済の成長とともに企業の資金需要ニーズが高まれば，これに応えるべく新たな金融商品が開発され，新しい金融システムの下で経済活動が適

i

切に活発化することも期待される。新たな金融商品が開発されれば，企業の資金調達手段が拡大し，投資家にとっても資金運用手段が多様化する。また，膨大な資金決済が瞬時に可能となれば，経済情勢や将来期待が変化しても，即座に望ましい市場へ資金を移動させることができる。

しかし，金融革新は新たな取引を拡大させ経済の成長に寄与することができる反面，その運用を誤れば，むしろ経済を金融的要因によって不安定にする可能性もある。本書で主に取り上げるMinsky理論では，金融市場に期待されている市場均衡メカニズムは新しい金融技術革新の下で必ずしも機能するわけではなく，反対に実体経済の不安定性を助長ないし増幅させる側面を有していることを強調している。したがって，金融革新を促進することは望ましいが，それに伴うリスクと不確実性を正しく認識した上での規制・監督強化も並行して必要となる。

歴史的に世界は，バブルとその崩壊を多く経験し，それに伴い深刻な経済危機を繰り返してきた。近年では，1980年代前半のメキシコとブラジルのデフォルト，1980年代後半の日米欧をはじめとした先進国における資産価格バブルとその崩壊，1990年代のLTCM問題，ロシア・メキシコ・東アジアの通貨危機，2000年のITバブル，2007年のサブプライム問題に端を発する世界金融危機があげられる。本書では，経済ブームとその崩壊を金融技術革新に伴う新たな金融制度の下で，いかなる経路を通じて生じたかを分析する。

一方，このような経済危機に対処するため，各国中央銀行は従来にない金融政策を採用してきた。特に，1990年代末から先進主要国はゼロ金利政策を採用し，2000年代は日本を筆頭に量的・質的金融緩和政策が採用された。短期金利を目標値に誘導させる伝統的な金利政策に対して，量的・質的金融緩和政策は金融機関の超過準備に初めて目標値を設定し，さらに日銀による株式，不動産市場への投資が加わり，これは非伝統的金融政策と呼ばれている。また，1990年代半ば以降，インフレ・ターゲット政策が多くの国で採られるようになり，日本でも2013年に採用された。さらに，2012年以降，ヨーロッパの国々でマイナス金利政策が採用され，日本も2016年2月から同政策を導入した。同年9月には長期金利ターゲット政策を採用し，イールド・カーブ全体を管理する金融政策が実施されている。これらの政策は，いずれもブーム崩壊後の深刻な経済

状況を改善させるために採られた初めての政策である。さらに，金融危機を未然に防ぐための対策として，国際的な金融監督制度であるBIS規制が数度にわたって強化された。これだけの政策を取り入れなければならなかったほど，経済活動は深刻であったことを物語っている。

金融市場の動きは，金融市場内部だけで完結するものではなく，実体経済に大きな影響を与えることに顕著な特徴がある。本書では，常に金融的要因と実体経済の相互関連が念頭におかれ，金融制度・システムと金融市場および経済活動がどのように連結しているのか，そしていかなる条件の下で不安定性が生じるのかを明らかにする。

経済主体の期待形成が，資産選択行動や投資行動を通じて金融市場における資産価格や利子率に反映され，マクロ経済活動水準を変化させるという意味において，金融市場と実体経済は密接に関連している。この実体経済の変化は，さらに経済主体の期待形成に影響を及ぼすことから相互に因果関係を有していると理解する必要がある。本書では，企業の投資行動，投資家の資産選択行動，金融仲介機関の貸出行動を中心とした金融的要因が負債水準の変化を伴ってマクロ経済活動にどのような経路を通じて影響を及ぼすかを導出する。さらに，その結果が経済主体の期待形成に作用することによって，新たな金融取引が行われ，経済活動水準が動学的に変化することをMinskyの不安定性理論の観点から分析する。

本書は，筆者のこれまでの研究成果を修正加筆しとりまとめたものである。本書執筆にあたっては，たいへん多くの方々のご指導とご支援を賜わった。

とりわけ，大学院時代の恩師である神戸大学名誉教授故三木谷良一先生には公私にわたってご指導いただいた。本書出版により，これまでのご指導に少しでも報いることができればと願っている次第である。

また，神戸大学名誉教授の足立英之先生からは，金融不安定性仮説の理論的研究について刺激を受けご指導を賜った。同じく神戸大学名誉教授の豊田利久先生と石垣健一先生からも多くの助言をいただいた。さらに神戸大学教授の地主敏樹先生にはたいへんお世話になり懇切なご指導をしていただいた。ここに，心より感謝しお礼申し上げたい。

さらに本書を作成できたのは，筆者の所属先である同志社大学での研究環境に負うところが大きい。この場をお借りして深く感謝申し上げたい。

　大学院時代の同じゼミナールのときからいつも暖かくご指導いただいている，黒木祥弘，羽森直子，藤原賢哉，宇恵勝也，宮尾龍蔵先生方には，基本的なことから親切に教えていただき厚くお礼申し上げたい。また多くの先生方よりコメントをいただき，研究会等でもたいへんお世話になった。とりわけ，五百旗頭真吾，池田宗彰，釜江廣志，北坂真一，千田隆，高屋定美，寺地孝之，中井教雄，中村保，二宮健史郎，林田秀樹，兵藤隆，藤井宏史，藤田誠一，丸茂俊彦，家森信善先生方には，この機会に深い感謝の意を表したい。

　また，多くの同期と後輩の研究者仲間からは，知的刺激を与え続けていただいた。心より感謝する次第である。

　なお本書作成のための研究に対して，日本学術振興会科学研究費，同志社大学商学会より研究助成を受けていることを付記する。この場を借りて関係各位にお礼を申し上げたい。

　本書出版にあたっては，中央経済社の酒井隆氏にはたいへんお世話になった。日頃からのご尽力と緻密な編集作業を行っていただき記して感謝申し上げる次第である。

2017年1月
同志社大学今出川キャンパスの研究室にて
植田宏文

目　次

はしがき　*i*
目次　*I*

序　章　本書の目的と構成 ―――――――――― *1*

　　第1節　本書の目的　*1*
　　第2節　本書の構成　*4*

第 I 章　金融危機と経済理論の展開 ―――――― *13*

　　第1節　はじめに　*13*
　　第2節　金融危機の歴史　*14*
　　　(1)　戦前の大恐慌と経済学　*14*
　　　(2)　近年の金融危機　*17*
　　　(3)　金融革新と金融制度　*20*
　　第3節　金融政策と信用秩序維持　*23*
　　　(1)　FEDビューとBISビュー　*23*
　　　(2)　信用秩序維持政策　*26*
　　第4節　投資決定と経済成長　*29*
　　　(1)　投資決定理論の展開　*29*
　　　(2)　Minskyの投資理論　*31*
　　　(3)　投資の変動と経済の不安定性　*35*
　　第5節　まとめ　*37*

第II章　金融革新，資本構造と金融の不安定性 ——— 43

第1節　はじめに　*43*

第2節　資本構造とマクロ経済　*45*
  (1) 企業の資本構造　*45*
  (2) レバレッジと景気循環　*46*

第3節　金融革新と金融の不安定性　*49*
  (1) 金融制度と貨幣供給プロセス　*49*
  (2) サブプライム危機とPonzi金融　*51*
  (3) Ponzi金融と経済の脆弱性　*58*

第4節　金融革新と新しい資金調達・運用手段　*64*
  (1) インセンティブと金融技術革新　*64*
  (2) 金融技術革新と経済ブームおよび経済危機　*67*
  (3) アメリカの新しい金融取引規制　*71*
  (4) 国際的金融取引規制　*72*

第5節　まとめ　*74*

第III章　金融制度と貨幣および信用 ——— 81

第1節　はじめに　*81*

第2節　エージェンシー・コストと信用量　*83*
  (1) 企業の資本構造とリスク——内生的貨幣供給　*83*
  (2) フィナンシャル・アクセラレーター仮説　*86*

第3節　リスク・プレミアムの可変性　*90*
  (1) リスク・プレミアムと経済活動　*90*
  (2) リスク・プレミアムと相対的危険回避度　*92*

第4節　マネー・ビューとクレジット・ビュー　*95*
　(1)　マネー・ビューの成立条件　*95*
　(2)　国民所得との相関関係　*96*
　(3)　時間的先行性　*102*
　(4)　政策変数としてのコントローラビリティー　*105*
第5節　まとめ　*107*

第Ⅳ章　金融不安定性理論の基本モデル ——— *111*

第1節　はじめに　*111*
第2節　金融的要因と不安定性モデル　*113*
　(1)　企業の投資行動　*113*
　(2)　貯蓄関数　*114*
　(3)　財市場の均衡　*115*
　(4)　資産選択行動　*116*
　(5)　金融市場の均衡——FM曲線の導出　*119*
　(6)　将来期待の変化　*123*
　(7)　全体系の均衡　*125*
第3節　金融仲介機関と金融不安定性　*127*
　(1)　金融仲介機関の貸出行動とマクロ経済　*127*
　(2)　信用創造の内生化　*128*
　(3)　財市場の均衡　*129*
　(4)　家計の資産選択　*130*
　(5)　銀行行動　*131*
　(6)　金融市場の均衡　*132*
　(7)　金融不安定性と信用創造効果　*135*
第4節　相対的危険回避度増加のケース　*137*

第5節　まとめ　*139*

第Ⅴ章　資産選択行動と金融政策の動学分析 ―― *143*

第1節　はじめに　*143*

第2節　資産需要関数の定式化　*144*
　(1)　相対的危険回避度と資産需要関数　*144*
　(2)　資産需要関数の Micro Foundation　*146*

第3節　金融不安定性理論の展開　*148*
　(1)　金融不安定性モデル　*148*
　(2)　金融不安定性理論の応用　*150*

第4節　動学モデルにおける金融政策の有効性　*152*
　(1)　金融市場均衡と株価　*152*
　(2)　全体系の均衡（金融市場と財市場）　*156*
　(3)　長期的安定性の分析　*158*

第5節　まとめ　*161*

第Ⅵ章　動学的マクロモデルにおける負債と経済活動 ― *165*

第1節　はじめに　*165*

第2節　負債と景気循環　*166*
　(1)　負債と経済活動　*166*
　(2)　企業価値と株式　*168*
　(3)　資産選択行動　*170*
　(4)　財市場　*171*
　(5)　動学過程　*172*

第3節　危険回避度と内生的マネー・ストック　*174*

(1)　資産選択行動　*174*

　　　(2)　銀行行動　*176*

　　　(3)　金融市場の均衡　*177*

　第4節　負債の動学プロセス　*180*

　　　(1)　動学体系　*180*

　　　(2)　負債と経済の不安定性　*183*

　第5節　まとめ　*188*

第VII章　金融不安定性と企業の債務構造 ——— *191*

　第1節　はじめに　*191*

　第2節　企業の債務構造と金融システム　*193*

　　　(1)　企業の債務構造の特徴　*193*

　　　(2)　債務構造の変動要因　*195*

　　　(3)　債務構造の変化　*198*

　　　(4)　金融不安定性と債務構造　*203*

　第3節　投資家の危険回避度と債務構造　*206*

　　　(1)　債務構造の変化　*206*

　　　(2)　債務構造の安定性　*212*

　第4節　将来期待の変化と債務構造　*213*

　　　(1)　将来期待の threshold 効果　*213*

　　　(2)　利潤率の動学的推移　*216*

　　　(3)　将来期待の threshold 効果と企業債務　*219*

　第5節　まとめ　*222*

第Ⅷ章 実物経済活動におけるマネー・ストックと総信用量 ―― 227

- 第1節 はじめに *227*
- 第2節 信用波及経路とマクロ経済 *229*
- 第3節 基本モデル分析 *232*
  - (1) 銀行行動 *232*
  - (2) 家計の資産選択 *235*
  - (3) 企業の投資行動 *236*
  - (4) 市場均衡 *236*
  - (5) 各市場の安定条件 *237*
- 第4節 比較静学と金融指標の選択 *238*
  - (1) ベース・マネー H が内生変数の場合
    ――金融政策インパクト（θ の変化） *238*
  - (2) 短期金融市場利子率 θ が内生変数の場合
    ――金融政策インパクト（H の変化） *240*
- 第5節 まとめ *243*

あとがき *247*

参考文献 *251*

索 引 *263*

序章

本書の目的と構成

第1節　本書の目的

　本書の目的は，金融的要因と実体経済の関連をMinskyの金融不安定性理論の観点から分析し，投機ブームやその崩壊が生じるメカニズム，金融政策の在り方を明らかにするものである。とりわけ，金融革新を通じた金融制度・システムの変更が市場参加者の行動を変え，その行動が集約されている金融市場で過去にない現象が発生し，実体経済に大きな影響を及ぼす事実を重視して分析を展開する。

　また，新しい金融システムの下では従来考えられていた理論的内容が十分な説明力を持たなくなり，その要因についても明確にする。金融市場の動きは，金融市場内部だけで完結するものではなく，実体経済に大きな影響を与えることに顕著な特徴がある。本書では，常に金融的要因と実体経済の相互関連が念頭におかれ，金融制度・システムと金融市場および経済活動がどのように連結しているのか，そしていかなる条件の下で不安定性が生じるのかを明らかにする。

　歴史的に世界は，バブルとその崩壊を多く経験し，それに伴い深刻な経済危機を繰り返してきた。過去に遡れば，17世紀オランダのチューリップ・バブル，18世紀イギリスにおける南海泡沫事件，1920年代ニューヨーク株式市場の大暴

落に起因する世界恐慌等があげられる。

　近年では，1980年代前半のメキシコとブラジルのデフォルト，1980年代後半の先進国における資産価格バブルとその崩壊，1990年代のLTCM問題，ロシア・メキシコ・東アジアの通貨危機，2001年のITバブル崩壊，2007年のサブプライム問題に端を発する世界金融危機がある。

　一方，近年では金融規制緩和によって，新たな金融商品・取引手段，市場，金融機関が生まれ，金融取引額は実体経済の取引額をはるかに凌駕している。主な制度変更として，本書の中において詳述されるが，1980年代の外国為替取引における実需原則の撤廃，金融業務の自由化，資本市場の整備，国債発行と直接金融の促進，信用取引の緩和，新たな資金調達・運用手段（CP，転換社債，ワラント債），デリバティブ（先物，オプション，スワップ取引），エクイティ・ファイナンス，オフショア市場の創設，等がある。さらに1990年代には金融の国際化・グローバル化，持株会社化（金融ビッグバン），資産の証券化が進められた。また，2000年代に入ると，アメリカを筆頭に証券化商品の重層化（CDO，RMBS，CDS），ヘッジファンド，プライベート・エクイティ・ファンド，SIVの拡充が進められた。

　金融技術革新によって，新たな金融商品や取引が創出されれば，一般的に資金の効率的配分を通じて経済厚生の成長に貢献すると考えられる。資本主義経済において，経済の成長とともに企業の資金需要ニーズが高まれば，これに応えるべく新たな金融商品が開発され，新しい金融システムの下で経済活動が適切に活発化することも期待される。新たな金融商品が開発されれば，企業の資金調達手段が拡大し，投資家にとっても資金運用手段が多様化する。また，膨大な資金決済が瞬時に可能となれば，経済情勢や将来期待が変化すると，即座に望ましい市場へ資金を移動させることができる。

　しかし，金融革新は新たな取引を拡大させ経済の成長に寄与することができる反面，その運用を誤れば，むしろ経済を金融的要因によって不安定にする可能性もある。本書で主に取り上げるMinsky理論では，金融市場に期待されている市場均衡メカニズムは，新しい金融技術革新の下で必ずしも機能するわけではなく，反対に実体経済の不安定性を助長ないし増幅させる側面を有していることを強調している。したがって，金融革新を促進することは望ましいが，

それに伴うリスクと不確実性を正しく認識した上での規制・監督強化も並行して必要となる。

特に，新しい金融商品・取引が可能となれば，従来は不可能であった資金調達や運用が可能となる。これにより，経済の成長とともに積極的な投資行動を反映して市場参加者の債務比率が上昇し，レバレッジが高くなる。これは，新しい金融システムの下で，レバレッジを拡大することが容易になったので債務比率を上昇させることができたと言い換えることもできる。この新しい金融取引の実現によって，経済活動を大きく拡大させることができる。しかし，レバレッジが過剰になれば，過大な投資が行われ投機ブームを引き起こす要因にもなる。上述した，近年の金融規制緩和政策は，いずれも企業と投資家のレバレッジを拡大させる要因になっていることが共通しており，この側面を重視する必要がある。

また，レバレッジの水準が高まった状態では，わずかな資産価格の下落が大幅な損失をもたらす。この損失から資産の売却が一斉に起こり，デ・レバレッジが進むと経済はブームのときとは反対に危機的状況となり金融市場自体が崩壊する。投資家の将来期待が自己実現的で非合理的であればあるほど，金融市場から実体経済に与える影響は大きくなり，景気循環の幅を拡大させるという意味において経済全体を不安定にすることとなる。

以上のように，バブル崩壊や経済的危機が生じる前には，常にバブル経済と投機ブームが発生している。金融市場が自由化され，技術革新によって新たな金融取引手段が生まれれば，金融取引額は当然増加する。しかし，資金移動の動きが激しく，資金の流入と流出の差が大きくなるほど，実体経済の変動も大きくなる。高い収益が期待されるところには瞬時に大量の資金が流入する。しかし，ひとたび将来収益の見通しが悪化すれば反対に瞬時に資金は流出する可能性がある。

技術革新による金融の自由化と国際化・グローバル化は，本来，資金の健全な配分・移動を通じて経済活動の安定性に資するものでなければならない。金融革新が起これば金融制度が変更され，ここに新しい金融システムの下で，金融的要因と実体経済の連関についての理論分析と有効な金融政策の在り方を講ずる必要性があり，同時に本書の目的としているところである。

第2節　本書の構成

　本書は，計8つの章から成っている。各章の関連性と具体的な内容は以下の通りである。

　はじめに第Ⅰ章の「金融危機と経済理論の展開」では，まず過去の金融危機を検証し，危機的状況が発生した要因について金融革新に伴う新しい金融取引が可能となり，それが過剰に用いられたことが背景にあったことを概観する。併せて，金融危機が生じた場合に，どのような対策がとられるべきかについての理論的展開を整理する。ここでは，過去の経済学の論争を取り上げるだけでなく，昨今のFRBやBISの見解と信用秩序維持政策の内容についても考察する。

　また，実体経済全体の変動は企業の投資水準とも密接に結びついている。企業の投資水準が金融市場で決定される利子率や企業のバランスシート構造に依存するため，ここに実体経済と金融市場の連関性が生まれる。これまで，企業の投資決定に関して多くの理論が導出されてきた。この中で，本章ではMinskyの投資決定理論を他の理論分析と比較検討を行いまとめている。Minskyは，資本主義経済において景気循環は金融的要因によって内生的に生じ，さらにその金融的要因が景気循環の幅を拡大させ経済を不安定化することを体系化し，金融不安定性理論を確立したことに意義がある。

　企業の資金調達行動はバランスシートに集約される資産・負債構造に依存し，金融機関の貸出行動は貸出先に対するリスク評価によって変化する。また，両者ともに将来の経済に対する期待がどのように形成されているかによって行動は変化する。このとき，Minskyは資金の需要者である企業の借り手リスクと資金の供給者である金融機関の貸し手リスクに基づいて投資が決定されると論じた。具体的には，金融取引における「安全性のゆとり幅（Margins of Safety）」が重要な役割を発揮し，借り手リスクと貸し手リスクの大きさに反映され，投資水準が決定することを導出した。これは，一般的に説明されているように，投資は資本の限界効率と利子率が均衡するところで投資水準が決定されるということと異なり，Minskyの投資理論の独自性があることを確認できる。

さらに，Minskyは，金融革新は新たな取引を拡大させ経済の成長に寄与することができる反面，その運用を誤れば，むしろ経済を金融的要因によって不安定にする可能性もあることを重視している。金融市場に期待されている市場均衡メカニズムは新しい金融技術革新の下で必ずしも機能するわけではなく，反対に過剰な資金移動により実体経済の不安定性を助長ないし増幅させる側面を有していることを明確にしていることがわかる。本書では，このMinsky理論を中心にして，次章以降では金融的要因と実体経済の連関について不安定性の観点から理論実証分析が展開される。

　次に第Ⅱ章の「金融革新，資本構造と金融の不安定性」では，金融革新と資金供給手段の創出に焦点を当てMinskyの金融不安定性理論を展開している。また，企業の資本構造あるいは債務構造の変化が金融革新とどのように関わりマクロ経済活動を不安定にするかを示している。
　経済ブーム期には金融革新を通じて新たな資金供給手段が生まれる誘因がはたらき，これが資金調達と資金運用の水準を大きく拡大させる。このとき，投資家の自己実現的な期待形成による近視眼的な利益の追求が経済ブームを引き起こす主要な要因となる。経済ブーム期にはレバレッジの拡大が伴い，投資家や家計の資本構造は徐々に脆弱化する。レバレッジが不適正な水準まで達すれば，リスク・プレミアムが上昇し，金融資産価格や不動産価格が低下しはじめる。また，経済活動の水準が大きくなり過ぎれば，中央銀行による金融引締政策によって金融資産価格が低下し，経済活動は停滞する。しかし，この事前にレバレッジを拡大し経済ブームが発生していれば，反対にデ・レバレッジによって経済活動は大きく後退し危機的状況も生まれる。このように，金融的要因によってマクロ的な景気循環の波の幅が拡大するという意味において，金融の不安定性が生じることを検証している。
　具体的には，アメリカの2000年代における住宅ブームとサブプライム問題およびその後の金融危機と関連させて分析されている。また，マクロ経済が安定であるか不安定であるかは，3つの種類にまとめられる企業の資本構造がどのような状況になっているかで規定されることが理解できる。
　さらに，金融革新と内生的な経済の発展および不安定性には密接な関係があ

り，これはシュンペーターの新結合による技術革新が経済発展に繋がるとした理論構造に通じるものがあることが明らかにされる。また，金融革新は資金の流動性を高め経済成長に資することができる一方，過度な成長の後には反対に流動性が低下し，それが金融不安定性を引き起こす要因にもなることを，2000年代初頭のアメリカの住宅ブームとその崩壊による金融危機を組み合わせて議論が展開されている。

続く第Ⅲ章の「金融制度と貨幣および信用」では，前章での金融不安定性理論と金融技術革新と関連させて，マクロ経済活動の動態的プロセスを明らかにする。さらに，最終目的変数である国民所得と最も安定した関係にある金融政策の中間目標変数が何であるかを明確にしている。

金融的要因とマクロ経済活動の変動については，フィナンシャル・アクセラレーター仮説について考察し，金融機関の貸出行動は企業保有の純資産価値の変動とともに変化するため，担保価値の変化を通じ企業の資金調達量が変化し，投資水準も加速的に変化することを通じて，マクロ経済活動の変動を増幅させる経路が明らかにされる。また，第Ⅱ章の議論を応用させ，金融革新は資金の流動性を高め経済成長に資することができる一方，過度な成長の後には反対に流動性が低下し，それが金融不安定性を引き起こす要因にもなることが再確認される。

さらに，上述した金融制度改革が進展している下で，金融政策のトランスミッション・メカニズムとしてマネー・ストックを重視しているマネー・ビューと銀行の貸出行動を重視しているクレジット・ビューを比較検討して分析が行われる。銀行の貸出行動，企業の資金調達行動，投資家の資産選択行動に焦点を当て，様々な変化が生じても常に国民所得と安定した金融指標が，どのような条件の下で支持されるのかを明確にする。マネー・ストックの動きが，もはや実体経済活動を忠実に反映していないと指摘されて久しい中，上記の点を明らかにすることは今後の金融政策の運営方針を考える上で最も大切なものと思われる。そして，金融制度の進展が，マネー・ビューまたはクレジット・ビューが成立するための条件にどのような影響を与えるのかが示される。本分析において，近年になるほどマネー・ビューが支持される条件が満たされなく

なり，代わりにクレジット・ビューが支持される傾向にあることが明らかにされる。最後に，この現実経済における傾向がMinskyの金融不安定性理論とどのように関連しているかがまとめられている。

続く第Ⅳ章以降は，Minskyの金融不安定性理論と先行研究の特徴を踏まえた上で理論分析が展開される。

まず，第Ⅳ章の「金融不安定性理論の基本モデル」では，Minskyの金融不安定性理論に基づきマクロ経済モデルを構築し，金融面と実物面との相互関連を考察することによって，金融的要因がどのように実物経済の不安定性をもたらすのかの理論分析が行われている。同時に，この理論モデルが本書の基本モデルとして位置づけられ，次章以降の応用分析へ発展することになる。

具体的に，本章ではミクロの金融的要因がマクロ経済に与える影響を分析しており，特に，(1)企業の貸借対照表の構造（企業の債務構造），(2)不確実性下の意思決定（期待形成）—貸し手リスク・借り手リスクを考慮した投資行動と投資家の資産選択行動，(3)信用（供与）の拡張・収縮を行う金融仲介機関の役割，を重視して展開される。

本章の理論分析によって，資産選択行動において相対的危険回避度減少の程度が大きくなるほど，金融不安定性の生じる可能性を増加させ，反対に，相対的危険回避度増加の程度が大きくなるほど金融不安定性の生じる可能性を低下させることが明らかにされる。利潤率や将来期待が上昇すれば資産選択行動において，まず代替効果によって安全資産である貨幣から危険資産である株式に需要がシフトする。次に，相対的危険回避度の効果によって，各金融資産間で需要の変化が起こる。仮に，相対的危険回避度が減少するならば，さらに貨幣から株式への需要シフトが増加するため一段と貨幣市場が超過供給になる可能性が高まる。Taylor and O'Connell(1985)は，貨幣の需要減少を代替効果のみとし，貨幣市場が超過供給の状態になれば金融の不安定性が生じると分析した。しかし，本章ではUchida(1987)を応用させ，資産選択行動に相対的危険回避度を導入することによって，より現実的に金融の不安定性が生じることが明らかにされる。

さらに，足立(1993)に基づき，金融仲介機関の行動を導入することによっ

て，内生的に貨幣供給量が変化し，金融不安定性の生じる可能性がより高まることが導出される。これは，ある一定の相対的危険回避度の下で，利潤率が上昇すれば，銀行の貸出意欲が強い場合，経済全体のマネー・ストックは銀行部門の存在しない場合よりも増加する。したがって，好景気下でも利子率を一段と低下させることになるため，マクロ経済活動は一段と活発化する。反対に，不景気下では銀行の資金供給が大きく減少するため，利子率は上昇しマクロ経済はデフレ・スパイラルの状況に陥る。以上より，金融仲介機関の貸出行動は，マクロ経済の変動幅を拡大させるという意味において，金融不安定性を引き起こす要因になることが明らかにされる。

次に第Ⅴ章の「資産選択行動と金融政策の動学分析」では，金融不安定性が生じている中で，利子率の動きだけでなく金融市場全体の均衡状態から導出される株価がどのように反応しているかを明確にするとともに，期待形成がマクロ経済活動の動向に対して変化する下で，金融政策の有効性に関する安定条件について動学分析が行われている。

Taylor and O'Connell(1985)は，安全資産である貨幣と危険資産である株式の間で，代替効果が十分に大きければ金融不安定性が生じる可能性があることを導出した。経済の活況局面で，貨幣から株式需要に大きな代替効果が生じれば，貨幣市場は超過供給の状態になり利子率が低下し，マクロ経済活動の水準はさらに大きくなる。このとき，先に述べたようにUchida (1987)に基づき，不確実性下の資産選択行動において相対的危険回避度を明示的に取り入れた本モデルでは，相対的危険度が富に対して減少関数であるならば，金融の不安定性が生じる可能性が一段と高まることが示された。

利潤率や将来期待の上昇は，まず代替効果を通じて貨幣から株式への需要を増加させる。次に，富の増加に伴い資産効果と相対的危険回避度の効果によって，金融資産への需要が変化する。このとき相対的危険回避度が富に対して減少関数であるならば，さらに貨幣から株式への需要シフトが多くなり，貨幣市場における超過供給の程度を大きくする。このため利子率は一層低下し，投資を増加させる。このとき，株価は好景気下で利子率が低下するので大きく上昇し，さらに相対的危険回避度が減少であるほど一段と上昇する。これらの金融

的要因を通じて，株価の水準が大きく変動することによって，マクロ経済活動水準を急速かつ大幅に変動させることに繋がり，金融の不安定性を引き起こすことが示される。

このような事態が生じた場合，中央銀行は適切な介入を行う必要があるが，そのとき家計の相対的危険回避度がどのような性質であるかによって，金融政策の有効性が影響を受けることが示される。具体的には，期待形成が長期的正常利子率に依存する本モデルにおいて，資本価値一単位当たりのマネー・ストックを一定にする金融政策は，定常状態において相対的危険回避度減少の程度が大きくなるほど不安定になることが明らかにされる。

第Ⅵ章「動学的マクロモデルにおける負債と経済活動」では，動学的マクロモデルにおいて景気循環と負債水準の関連性を Minsky 理論に基づいて分析し，いかなる条件が経済の安定性・不安定性の要因になるかを明らかにしている。

近年の金融技術の進展により，企業の資金調達行動および投資家の資産選択行動を通じて，経済の成長期には高レバレッジ化が可能となり，それがマクロ経済活動を拡大させることに寄与している。この経済活動の進展が，さらに金融取引を促進させ経済の成長を益々高めていくことになる。しかし，経済のブーム期に負債水準の増加や借入コストの上昇から将来期待が低下すると，好景気下で蓄積した既存の多大な負債が企業活動に深刻な影響を及ぼし，マクロ経済活動の深刻な停滞を招く。この経済活動の縮小は，金融取引を消極化させ企業の資金調達を悪化させるため，さらに経済活動を沈滞化させていくこととなる。

実体経済から大きく乖離したレバレッジの変化等にみられる金融市場での動向は，マクロ経済活動の変動を一段と増幅させ経済の不安定性を助長させることになる。金融技術の発展により，経済の成長期には高レバレッジ化が進展し経済活動を一段と高めることができても，その反作用は厳しく甚大なものであれば健全な景気循環とはかけ離れ，いわば好景気のはじまりは同時に経済危機のはじまりと換言せざるを得ない状況が生じることとなるからである。

本章では，まず企業の設備投資が期待利潤率に対する弾力性が一定の水準以下で，投資家の資産選択行動において代替効果が低く，相対的危険回避度が一

定であれば定常均衡は安定であることが確認される。しかし，投資家の相対的危険回避度が減少し，金融仲介機関の信用創造効果が大きくなれば，好景気下において貨幣市場は超過供給の状態になるため利子率は低下する。これにより，長期期待水準はさらに上昇しマクロ経済活動を活発化させる。金融市場内部の動きが，財市場の動きを大きく助長させ，同時に将来期待を自己実現的に上昇させることが導出される。この場合，定常均衡解は不安定な鞍点解となる。さらに，企業の投資関数が利潤率に対して大きく変動する場合，長期的な定常均衡近傍における運動は局所的に不安定となる。このケースにおいては，Minsky理論で説明されたように負債水準の増加（減少）と景気拡大（縮小）が同時に発生し，金融的要因が一種のフィナンシャル・アクセラレーターの機能を有しマクロ経済活動の変動幅を一段と大きくすることが導出される。

次に，第Ⅶ章の「金融不安定性と企業の債務構造」では，Minskyの主張する諸金融資産価格と企業の投資決定との関係，さらには投資決定における金融仲介機関の役割に焦点を当ててMinsky理論を展開する。とりわけ，Minskyは投資が借入を通じて行われる債務依存型企業が生み出す利潤（または，キャッシュ・フロー）と金融（債務）構造の変化に着目して分析し，金融システムが脆弱化するメカニズムを重視している。本章では，Minskyの金融不安定性理論における景気循環論に基づき，企業の投資決定と資金調達行動および負債形成の相互作用が，バランス・シートに示される資本構造の変化を通じて，マクロ経済活動の循環および金融システムの安定性に影響を及ぼすことが理論的に明らかにされる。

なお，先の第Ⅳ章の理論分析において，利子率が好景気下でも低下することが経済活動をさらに拡大させるため，金融不安定性が生じることを確認した。本章の分析では，この条件が成立している場合，負債水準が増加しても利潤率が十分高く，さらに利子率が好景気下で低下するため，企業の債務構造は一般的には健全化することが示される。このため経済が成長するほど，企業の負債水準が増加しても利子率低下を通じて，負債構造は悪化せずむしろ健全化する。反対に，不況になればなるほど，企業のバランス・シートは大きく悪化し深刻な経済不況を生むことが導出される。

一方,投資家の相対的危険回避度が減少している場合であるほど,将来期待に変化があれば,その反動も大きくなることが導出される。相対的危険回避度が減少する場合,マクロ経済状態が良い場合は加速的に企業の債務構造は改善されるが,反対に,マクロ経済の状態が悪くなれば加速的に企業の債務構造は悪化する。

本章では,この期待に着目し,将来の期待形成がthreshold効果を有する場合,金融の不安定性が生じている中で,景気循環が内生的に生じることを導出している。具体的には,投資家の資産選択行動において相対的危険回避度が減少するほど,金融不安定性が生じる可能性が高くなり,その背景で企業の債務構造も大きく変動するという意味においてマクロ経済はさらに不安定な様相を内包することになることが明らかにされる。これは,Minskyが金融不安定性理論を論じる際,資本主義固有の特徴として景気の変動は内生的に生じると主張したことを理論的に示したものとして位置づけられる。

最後に,第Ⅷ章の「実物経済活動におけるマネー・ストックと総信用量」では,銀行行動と家計の資産選択行動および企業の投資行動を組み入れたマクロ経済モデルを構築し,3つの主要な金融指標(マネー・ストック,貸出利子率,総信用量)の中で,経済状況が変化してもどの指標が国民所得水準と安定的な関係にあるかを明らかにすることを目的として理論分析が行われる。とりわけ,第Ⅲ章の議論を応用させ,マネー・ビューとクレジット・ビューに焦点を当て,上記3つの金融指標がいかなる経路を通じてマクロ経済活動に影響を及ぼすのかが理論的に分析されている。

本章の分析によって,最終目標である国民所得と最も安定した関係にあった金融指標は総信用量であることが確認される。企業は,銀行借入(社債発行)の形で必要資金をファイナンスし投資を実行する。その投資が国民所得と密接に関係しているため,最終的に総信用量の水準が投資水準を規定することとなり,総信用量が国民所得と最も安定した金融指標として機能することとなる。

また,公衆の金融システムに対する信頼度が変化すれば,預金引出→銀行の貸出availabilityの低下→貸出の減少→国民所得の減少,というクレジット・チャネルがはたらき実体経済にマイナスの影響を及ぼすことが確認される。こ

れは，2000年代はじめまでの日本経済のように，低金利政策や量的緩和を行っ
てもマネー・ストックが伸びない理由は，このクレジット・チャネルが強くは
たらいたためと考えることができる。

　また，将来期待等の変化が過度な信用量の変化をもたらし，マクロ経済活動
を不安定にする可能性があることが示される。このときミクロ的な金融要因に
よって，信用量は過度に変化するが，信用量と国民所得水準の変動は常に密接
な関係にあることが確認される。

　換言すれば，外生的ショックに対して，金融市場の動きを通じて総信用量が
過度に反応し，経済の不安定性が生じることとなる。このとき国民所得も大き
く変動するが，それは総信用量の大きな変動によるものであり，国民所得と総
信用量の関係は安定的である。このことから，経済全体を安定にするためには，
総信用量の変化自体を安定化させなければならないことが明らかにされる。

第I章

金融危機と経済理論の展開

第1節　はじめに

　2007年に発生したサブプライム問題に起因する金融危機は，世界に波及し甚大な影響を及ぼした。しかし，金融危機は現代的な現象ではなく，古くは17世紀に遡り幾多の経験をしている。そして，金融危機が発生する前には，必ず投機ブームや資産価格バブルが発生し，実体経済の動きをはるかに凌駕する勢いで金融市場が活況化していたことが共通している。この金融市場と実体経済の間に蓄積した不均衡が，均衡に向かうプロセスとして，後に金融危機が発生し，経済活動は深刻な状態に陥っている。

　また，ブーム期における蓄積した不均衡の程度が大きいほど，後の危機の程度も大きくなる。このことは，過剰な投機ブームや資産価格バブルが生じなければ，後の深刻な金融危機も生じることはないことを意味している。投機ブームや金融危機が発生すれば，景気循環の幅は極めて大きくなり，経済活動の変動も拡大し不安定となる。このことから，景気循環の幅をできる限り小さくし，中長期的に安定した成長軌道をもたらす制度設計と経済政策が求められる。

　本章では，まず過去の金融危機を検証し，それが発生した要因は金融革新に伴う新しい金融取引が可能となり，また過剰に用いられたことによって生じたことを確認する。併せて，金融危機が生じた場合に，どのような対策がとられ

るべきかについての理論的展開を整理する．ここでは，過去の経済学の論争を取り上げるだけでなく，昨今の FRB や BIS の見解と信用秩序維持政策の内容についても考察する．

また，実体経済全体の変動は企業の投資水準とも密接に結びついている．企業の投資水準が金融市場で決定される利子率や企業のバランスシート構造に依存するため，ここに実体経済と金融市場の連関性が生まれる．これまで，企業の投資決定に関して多くの理論が導出されてきた．この中で，本章では Minsky の投資決定理論を他の理論分析と比較検討を行いまとめる．

Minsky は，企業のバランスシートに集約される資産・負債構造を中心に，企業の資金需要と金融仲介機関の資金供給が変化することを明確にし，さらに将来期待水準の変動要因と関連化させて投資の決定理論を示した．さらに，Minsky はこの投資決定理論に基づいてマクロ経済分析を行い，金融不安定性理論を構築した．彼の金融不安定性理論の核心は，資本主義経済において景気循環は金融的要因によって内生的に起こり，さらにその金融的要因が景気循環の幅を拡大させ，経済全体を不安定化させるということにある．この意味において，上述した投機ブームや資産価格バブルおよびその崩壊は外生的な偶然ではなく，必然な内生的現象として捉えることができる．本章では，この側面を網羅的に整理し，次章以降の具体的な分析に結びつけていく．

なお，本章の構成は以下の通りである．

第 2 節では，過去の金融危機や金融恐慌の発生原因と共通点についてまとめる．続く第 3 節では，経済を安定にするための金融政策の在り方についての論争を整理する．そして，第 4 節では，Minsky の投資決定理論を他の理論分析と比較検討した上で，金融不安定性仮説について論じる．最後の第 5 節は，まとめである．

第 2 節　金融危機の歴史

(1) 戦前の大恐慌と経済学

歴史的に世界は，バブルとその崩壊を多く経験し，それに伴い深刻な経済危

機を繰り返してきた。過去に遡れば，17世紀オランダのチューリップ・バブル，18世紀イギリスにおける南海泡沫事件，1920年代ニューヨーク株式市場の大暴落に起因する世界恐慌等があげられる。

近年では，1980年代前半のメキシコとブラジルのデフォルト，80年代後半の先進国における資産価格バブルとその崩壊，1990年代のLTCM問題，ロシア・メキシコ・東アジアの通貨危機，2001年のITバブル崩壊，2007年のサブプライム問題に端を発する世界金融危機がある。

ここでは，まず近代的な金融市場が整備されて以降の初の世界的な危機として1929年のニューヨーク株式市場の大暴落に起因する大恐慌について考察する(注1)。1929年10月24日（木）に発生した株価大暴落に先立つ10年間は，狂騒的な投機ブームの時代でもあった。ニューヨーク株価指数は1920年代初頭の約6倍の水準に達していた。マクロ経済的には，第一次世界大戦後の住宅と耐久消費財の需要増加，自動車産業の躍進によるモータリゼーションによりGDP成長率は平均約6％と堅実に上昇していた。

しかし，実体経済よりも株価に代表される金融指標は大きく上昇した。この背景には，証券会社と個人投資家による信用取引の急拡大がある。過去にない勢いでレバレッジを活用した取引が拡大し，株式をはじめとした有価証券の他に土地の取引にも用いられた。つまり，投機ブームには，それを実現させる金融手段があり，それを技術進歩により実行させることができる環境にあったと言うことができる。このレバレッジ拡大により，株式取引量は1927年の約5.8億株から1929年には11.2億株にまで増加した。1929年の信用取引のための証券金融貸付額は，1924年と比べると約5倍以上の水準となっていた(注2)。

このような過剰な投機ブームが起きている中で，FRBは金融引締政策を採用し投機ブームの抑制を図った。また，1929年に入ると鉱工業生産指数が低下しはじめ，金融市場では高騰していた株価に対する不安感が蔓延していた。同年10月24日，GM株下落をきっかけにして全銘柄で売り注文が出され，株価指数は一日で約13％も下落した。株価は，その後も数度にわたる暴落を繰り返し大恐慌へと繋がった。大暴落前の投機ブームで膨らんだ債務を回収するために，証券会社や投資家は保有金融資産を売却せざるを得ず，それがさらなる株価暴落をもたらしたのである。株価の大暴落は，実体経済にも甚大な影響を与えた。

大恐慌前と比べると，GDPは1933年には約50％の水準以下となり，物価水準は約25％低下した。また，失業率は1933年に最大約26％にまで上昇した。株価指数は，1932年までに82％低下し，大暴落前の水準に回復したのは戦後の1954年であった。このアメリカにおける未曾有の恐慌は，世界的に拡大し各国の金融市場を大きく揺るがし，国際的に恐慌が発生した。過剰な投機ブームが起きているほど不均衡が大きく蓄積し，投機ブームが崩壊することによるデフレ・スパイラルはより深刻となることがわかる。

　一方，上記のような大恐慌の発生は，経済学ではその原因と対策について多くの理論が生まれた。また，このときの議論は決して過去のものだけではなく，現代の論争においても重要な役割を果たしている。

　Fisher(1933)は大恐慌の原因を債務に焦点を当て，なぜ総需要が大きく減少したかを分析している。大恐慌前は，いわゆるバブル経済の様相を呈し，企業の負債水準が大幅に増加していた。そのような中で，景気が後退しはじめれば物価水準も低下する。物価水準の低下は，企業の実質債務残高を増加させる。この，実質債務残高の増加により企業の投資や家計の消費が大きく減少したことが総需要の停滞を招き大恐慌に繋がったと論じている。これは，Debt-Deflation理論と呼ばれている。

　また，Keynes(1936)は「流動性の罠」の状態にある場合の金融政策の有効性について限界があることを示し，財政政策による有効需要の拡大が雇用の創出をもたらし，乗数効果を通じて所得が拡大することを論じ，いわゆる『一般理論』を確立させた。とりわけ，公共投資の拡大と投資減税を主張し，それまでの古典派経済学の市場均衡メカニズムを否定し，大きな政府による市場介入政策を強調した。実際に，総需要拡大のためにニュー・ディール政策等でケインズ経済学が採用された。

　これに対して，Friedman and Schwartz(1963)は，アメリカの過去1世紀にわたって，大きなマクロ経済変動には，マネー・ストックの変動が先行していたことを実証的に明らかにした。したがって，FRBが大恐慌期に積極的な買いオペによってマネー・ストックを増加させていれば，深刻な不況を招くことはなかったと分析し，マネタリズムの嚆矢となった。

　しかし，Temin(1976)は，マネー・ストックと所得水準の因果関係に着目し，

大恐慌期においては，むしろ所得水準の減少がマネー・ストックの低下をもたらしたことを示した。

具体的には，有効需要（消費支出）の減少がマネー・ストック低下の要因になったことを検証した。1930年には，株価の大暴落が負の資産効果を通じて消費と投資支出を減少させ，家計と企業の債務比率は低下した。その結果，マクロ経済活動は縮小し総需要が減退することによって，企業家マインドが低下し，さらに民間投資も減退したため，その結果としてマネー・ストックが大幅に減少したことを明らかにした。

また，Eichengreen(1992)は，大恐慌に陥った根本的原因は各国が金本位制度を採用していたためであると論じている。金本位制度を導入していたためマネー・ストックの水準が低く抑えられていたこと，さらに景気が深刻になってもマネー・ストックを増加させるための十分な金融緩和政策がとられなかったことを重視している。また，大恐慌後において，イギリスや北欧諸国のようにいち早く金本位制を離脱した国ほど，マクロ経済の回復が早かったことも検証し，金本位制度採用により通貨価値を固定にしなければならなかったことが大きな負の影響を与えたことになったと主張している。

(2) 近年の金融危機

戦後世界経済は，アメリカの巨大な経済力を背景としたブレトンウッズ体制下で戦後復興を成し遂げた。しかし，アメリカの財政赤字と貿易赤字が拡大し，そのような中で固定為替相場を維持することに矛盾が生じ，ブレトンウッズ体制は1971年のニクソン・ショックにより崩壊し，国際通貨制度は変動相場制へと移行した。

また，1970年代後半にはOPEC諸国の石油産出減産のカルテル協定によって二度にわたり石油ショックが生じた。このとき，主要先進国では景気後退とインフレーションが併存するスタグフレーションの現象が生じた。

ニクソン・ショックと石油ショックは，各国々に与えた影響は大きく経済活動は停滞した。しかし，経済活動の停滞あるいは不況になっても，デフレ・スパイラルが生じたり経済危機的な状況にまで陥ったりすることはなかった。と

りわけ日本経済は，いち早く構造変化を通じて円高や石油ショックを克服し，世界経済の安定成長に貢献した。

しかし，1980年代以降，株価・地価等の資産価格が経済の基礎的諸要因（ファンダメンタルズ）から大きく乖離して急騰するバブル現象が生じた。しかし，バブルや投機ブームは，無限に続くことはなくその崩壊は不可避である。バブルが崩壊し，資産価格が暴落すれば，金融システムに甚大な影響を及ぼし，実体経済は危機的状況を迎える。金融市場と実体経済の相互作用により，バブルや投機ブームが発生しているときは経済活動も活発化するが，その過剰な度合いが大きいほど，バブルや投機ブームが崩壊すれば実体経済も大きく後退し深刻な状態に陥る。

また，金融的な要因によって，バブルや投機ブームを過剰に拡大させている側面もある。投機ブームには，多額の投機を実現させるための投資商品，金融市場や決済技術が必要である。投機のニーズがあるところには，新たな金融商品・金融取引が創出され，さらに技術進歩により膨大な資金を瞬時かつ国際的に決済することができるようになる。このような環境下で，投資家の自己実現的な期待形成によって資産価格がファンダメンタルズを大きく上回って急騰し，それがさらに投資家の投機行動を積極化させた。

しかし，投機ブームがピークに達し，やがて崩壊すれば金融資産の投げ売りが発生し，資産価格は暴落する。この暴落により，経済活動は長期間にわたって停滞し，ときに危機的状況になる。新たな金融商品や金融取引が創出されれば，金融システム自体が変更される。この新たな金融システムの中で，政策的に安定性をいかに保つかが重要な課題となってくる。

ここで，わが国の1980年以降における全産業の経常利益（約28,000社）と東証株価指数の対前年変化率を示している図1に基づいて考察する。経常利益と東証株価指数の対前年変化率は，概ね同じような動きをしていることが確認できる。しかし，ともに変化率の値は，マイナス約40％〜プラス約60％の間で推移し，かなり大きく変動している。この間の製造業のROA（総資産利益率）が約2％〜10％，名目GDPの成長率がマイナス2％〜6％の間で推移していたことと比べると突出していることがわかる。東証株価指数の方が時間的な先行性があり，また変動幅も経常利益より大きい傾向にある。

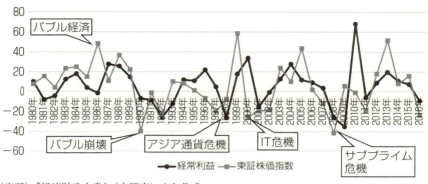

図1 ◆経常利益と東証株価指数の変化率（％）

（出所）『経済財政白書』（内閣府）より作成

　上記の期間，日本はバブル崩壊や経済危機を計4度経験している。それは，1990年のバブル崩壊，1997年のアジア通貨危機，2000年のIT危機，2008年のサブプライム危機である。注目すべきことは，崩壊や危機の前には必ずブームが存在していることである。1990年のバブル崩壊の前には，図示している通り1986年からはじまるバブル経済がある。東証株価指数は，この4年間で約3.5倍以上の水準まで上昇した。しかし，1990年からの崩壊後3年間で約50％下落した。1992年に企業の経常利益は，前期比マイナス26％を記録した。アメリカでも同じ時期に株式・不動産バブルとその崩壊に伴うS&L危機が発生し経済活動は大きく減退した。世界的に不良債権問題が発生し，各国政府では国民の反対に直面しながらも公的資金を注入して対処しなければならない状況にまで陥った。さらに，日本では金融機関が不良債権化することを避けるため追い貸しを行い，それが不良債権問題を長期化した要因にもなった。

　1997年のアジア通貨危機と2000年のIT危機においても，その前において東証株価指数と企業の経常利益は大きく上昇している。その投機ブームの後に，崩壊していることがわかる。2008年に起きたサブプライム危機も，その事前にはアメリカの住宅ブームや高い経済成長に促されて株価は大きく上昇していた（サブプライム危機が発生した要因については第Ⅱ章で詳しく述べる）。また，いずれも一国内の経済的現象ではなく，国際的に波及し，ブームと崩壊が発生していることにも顕著な特徴がある。とりわけ，サブプライム危機はアメリカ

に膨大な投資をしていたヨーロッパ諸国の経済的危機を招きユーロ危機にまで発展した(注3)。なお，昨今では2013年のアベノミクス導入後，株価は大幅に上昇したが，その後は伸び悩んでいることが確認できる。

このような経済危機に対処するため，金融政策の在り方について多くの議論が生まれた。特に，1990年代末から先進主要国はゼロ金利政策を採用し，2000年以降は日本を筆頭に量的・質的金融緩和政策が採用された。また，1990年代半ば以降，インフレ・ターゲット政策が多くの国でとられるようになった。さらに，2012年以降，ヨーロッパの国々でマイナス金利政策が採用され，日本も2016年2月から同政策を導入した。これらの政策は，いずれもブーム崩壊後の深刻な経済状況を改善させるためにとられたはじめての政策である。また，金融危機を未然に防ぐための対策としてBIS規制が数度にわたって強化された。これだけの政策を取り入れなければならなかったほど，経済活動は深刻であったことを物語っている(注4)。

(3) 金融革新と金融制度

金融技術革新によって，新たな金融商品や取引が創出されれば，一般的に資金の効率的配分を通じて経済厚生の成長に貢献すると考えられる。資本主義経済において，経済の成長とともに企業の資金需要ニーズが高まれば，これに応えるべく新たな金融商品が開発され，新しい金融システムの下で経済活動が適切に活発化することも期待される。新たな金融商品が開発されれば，企業の資金調達手段が拡大し，投資家にとっても資金運用手段が多様化する。また，膨大な資金決済が瞬時に可能となれば，経済情勢や将来期待が変化しても，即座に望ましい市場へ資金を移動させることができる。

しかし，金融革新は新たな取引を拡大させ経済の成長に寄与することができる反面，その運用を誤れば，むしろ経済を金融的要因によって不安定にする可能性もある。本書で主に取り上げるMinsky理論では，金融市場に期待されている市場均衡メカニズムは新しい金融技術革新の下で必ずしも機能するわけではなく，反対に実体経済の不安定性を助長ないし増幅させる側面を有していることを強調している(注5)。したがって，金融革新を促進することは望ましいが，

それに伴うリスクと不確実性を正しく認識した上での規制・監督強化も同時に必要となる。

特に，新しい金融商品・取引が可能となれば，従来は不可能であった資金調達や運用が可能となる。これにより，経済の成長とともに積極的な投資行動を反映して市場参加者の債務比率が上昇し，レバレッジが高くなる。これは，新しい金融システムの下で，レバレッジを拡大することが容易になったので債務比率を上昇させることができたと言い換えることもできる。この新しい金融取引の実現によって，経済活動を大きく拡大させることができる。しかし，レバレッジが過剰になれば，過大な投資が行われ投機ブームを引き起こす要因にもなる。

また，レバレッジの水準が高まった状態では，わずかな資産価格の下落が大幅な損失をもたらす。この損失から資産の売却が一斉に起こり，デ・レバレッジが進むと経済はブームのときとは反対に危機的状況となり金融市場自体が崩壊する。投資家の将来期待が自己実現的で非合理的であればあるほど，金融市場から実体経済に与える影響は大きくなり，景気循環の幅を拡大させるという意味において経済全体を不安定にすることとなる[注6]。

ここでは，図1で示された投機ブームとその崩壊による4つの金融危機を金融革新と関連させて論じる。1986年に生じたバブル経済は，1985年のプラザ合意による円高ドル安政策に起因している。一方，1980年代半ばに入ると金融の自由化が促進され，金融機関の間における競争激化から貸出行動が積極化していた。また，円高を背景にユーロ・ダラーが流入し，さらに日本銀行による金融緩和政策によって過剰流動性が発生した。また，金融制度変更による転換社債の発行が容易となり，さらに新たにワラント債が導入され，企業にとって新たな資金調達手段が生まれた。この，エクイティ・ファイナンスは，株価の上昇期待によって資金調達コストは低水準に抑えられ，発行残高は3年間で約5倍の水準にまで増加した。さらに，企業はCPの発行が解禁され，一段と資本市場を通じた資金調達額が増加した。

このような金融取引で調達した資金額は，企業にとって必要な実物投資額を大幅に上回り，過剰流動性を表す「金余り現象」が生じた。この過剰流動性資金が，株式や不動産市場に流れ，投機ブームが発生し株価と地価が過大に上昇

した。しかし，1990年に入ると日本銀行の金融引締政策により，株価や地価が上昇することを前提としていた投機ブームに陰りがみえはじめると，その反動も大きくバブルは崩壊した。

　次に，1997年のアジア通貨危機については，その前に東南アジアの高い成長期待から東南アジア諸国でバブルが発生していたことに注視する必要がある。1990年代に入ると，東南アジア諸国では金融の国際化を進め，高レバレッジが可能なオフショア市場を開設し先進国からの余剰資金を引き付けた。しかし，多くの余剰資金は東南アジア諸国の株式市場や不動産市場に流入し投機バブルが発生した。海外からの資本流入が，健全な投資に結びつかずマクロ経済の成長見通しが鈍化するや否や，資本は一気に流出し，東南アジア諸国の通貨は次々に投げ売られ，それが連鎖し通貨危機に陥ることとなった。金融の国際化を進めていたため，高く評価されれば資本は大量に流入するが，将来見通しがなくなると資本はすぐに流出し，資本不足から経済活動は危機的状況になった(注7)。

　この東南アジア諸国から流出した資本は，2000年になると今度はアメリカを中心に先進国に還流した。この時期，アメリカではIT関連産業の成長が高く期待されていた。国際的な余剰資金は，IT関連企業の株式に向かい株価は大幅に上昇した。しかし，アジア諸国への投資を引き上げた避難的措置にもかかわらず，情報化社会実現への過剰な将来期待から株価は急騰し「根拠なき熱狂」とまで評された(注8)。しかし，IT革命の幻想が揺らぎはじめると，2000年末には株価は急落しITバブルは崩壊した。

　最後に，2007年からはじまるサブプライム危機については，2003年以降のアメリカにおける住宅ブームが原因となっている。2000年に入ると，金融技術革新が進展し証券化商品が大幅に取り扱われるようになった。また，資産の証券化の過程でリスク分散が可能であることから，本来信用リスクが高いはずのサブプライム商品のリスクが低く想定され，多額の商品が市場で販売された。ヨーロッパを中心に世界からの余剰資金もサブプライム商品に流れた。さらに，住宅ローンを原資産とした多様な金融証券化商品が創出され，投資家の資金運用手段として活用された。さらに，アメリカでは短期的利益を追求する機関化現象が進み，これが証券化市場の拡大に拍車をかけ住宅ブームが促進された。

しかし，アメリカで金利が引き上げられると，地価が上昇することを期待して高い水準のレバレッジをとっていた機関投資家に損失が発生し，証券化商品の投げ売りが起こった。これにより地価は急落し，大量の販売前の証券化商品を抱えていた有力な投資銀行が経営破綻した。さらに，アメリカ住宅ローン関連の証券化商品に多額の投資を行っていたヨーロッパ諸国では，資金回収が困難となりユーロ危機にまで発展し，世界的な影響を及ぼした。

　以上のように，バブル崩壊や経済的危機が生じる前にバブル経済と投機ブームが発生していることがわかる。金融市場が自由化され，技術革新によって新たな金融取引手段が生まれれば，金融取引額は当然増加する。しかし，資金移動の程度が激しく，資金の流入と流出の差が大きくなるほど，実体経済の変動も大きくなる。高い収益が期待されるところには瞬時に大量の資金が流入する。しかし，ひとたび将来収益の見通しが悪化すれば反対に瞬時に資金は流出する可能性がある。

　技術革新による金融の自由化と国際化は，資金の健全な配分・移動を通じて経済活動の安定性に資するものでなければならない。金融革新が起これば金融制度が変更され，ここに新しい金融システムの下で有効な金融政策の在り方を講ずる必要性がある。

第3節　金融政策と信用秩序維持

(1)　FEDビューとBISビュー

　前節で述べたように金融危機に共通していることは，長期間にわたる財務レバレッジの上昇と信用拡大はバブルを生み出し，そして，その崩壊は経済危機をもたらし長期間にわたって経済は甚大な不況に陥っていることである。極端な金融緩和と金融システムの革新がバブルを生み，同時にその崩壊の萌芽となっていることを教訓とすべきである。

　このように資産価格が大きく変動する中での金融政策の在り方について，アメリカ連邦準備制度（FED）と国際決済銀行（BIS）の考えは極めて対照的であり論争が繰り広げられてきた。ここでは，両者の見解を整理し，グローバ

ル・インバランスが進展している下で資産価格の変動と金融政策の展開について考察する。

　はじめにFEDビューとは，金融政策は資産価格の変動を安定化させることを目的とすべきではないという考え方である。Bernanke and Gertler(2000)は，資産バブルを迅速に認識することはできず，中央銀行の政策を資産価格の安定化のために用いるべきではなく，インフレ安定のために発動すべきと論じている。そして，金融危機が生じたならば，大幅な金融緩和政策で事後的に対応すべきことを強調している。このことは，"Clean up the Mess Strategy"（後処理戦略）とも呼ばれている。

　このようにFEDビューでは，あくまでも金融政策の目標は物価の安定であり，そのためには将来のインフレ予想を安定化させることによって，実体経済を安定させることを目指している。そして物価を安定させることによって，中央銀行に対する信認も維持され，さらにマクロ経済の安定化に資することができるとしている。これは，仮に資産価格バブルが崩壊すれば，事後的に大規模な金融緩和政策を実施することによって危機的状況を回避することができるという見通しを持っていることを示している。

　また，FRBの総裁であるイェレンは，高騰している資産価格の安定を目的として金融政策を行えば，大幅な金利引き上げが必要となり，実体経済活動が停滞しインフレ率と失業率を安定化させることができないと批判している。しかし，信用秩序維持に関しては，従来のミクロ・プルーデンス政策だけでなく，マクロ・プルーデンス政策の意義を支持している（Yellen(2014)）。（なお，金融システム全体の安定性のために予防的措置を講じるマクロ・プルーデンス政策については，本節(2)で詳しく述べる。）

　さらに，Bernanke(2005)は，アメリカの2000年代に入ってからの資産価格の上昇要因はアメリカ国内経済だけでなく，海外の過剰貯蓄によるものとしている。世界的な過剰貯蓄により，とりわけ新興国の成長に伴い，アメリカへの資本流入が促進され，その結果としてアメリカにおける資産価格が上昇したと論じている[注9]。したがって，資本流入を減少させるためにアメリカの金利を引き下げれば，今度はアメリカ国内要因によって，資産価格は上昇することになる。グローバル・インバランスは，世界的な過剰貯蓄が原因であり，金融

政策の結果としての資産価格バブルではないと主張している(注10)。

　また，アメリカは2004年末から短期政策金利を引き上げはじめた。それにもかかわらず，長期金利はほとんど上がることはなく，むしろ低下する局面もみられた。これは，長期金利をコントロールできないことを示し，「グリーンスパンの謎（Conundrum）」と呼ばれた。このように長期金利が上昇することなく資産価格が上昇したことは，やはり世界的な過剰貯蓄に原因があるとされた。

　さらに，上記のような場合に，アメリカの資産価格バブルを抑制しようとすれば，大幅に金利を引き上げなければならなくなる。大幅な金利の引き上げによって，資産価格バブルを抑制できても，実体経済は深刻な不況に陥ることになる。したがって，資産価格を安定させることを主たる目的として金融政策を運営すれば，実体経済自体が崩壊する可能性があり適切ではないと論じている。このように，資産価格の変動を抑えるための予防的金融政策の発動は，インフレ率や失業率に代表される実体経済の効率性を損ない，むしろ経済的コストを大きくするものになるとしている(注11)。

　一方，BISビューとは，金融政策の運営に当たっては資産価格の変動をある程度考慮すべきという考え方である。Borio and Lowe（2002）は，中央銀行の最終目的はあくまでも物価の安定だが，資産価格の変動についても予防的措置によって対応し，バブル発生や金融危機発生の防止に努めるべきと主張している。このような予防的政策のことは，"Leaning against the Window Strategy"（事前予防戦略）とも呼ばれている。

　BISビューの背景には，1990年代以降の先進国を中心とした国々において，低インフレ下で過剰な信用創造効果を通じた資産バブルが発生し，そのことが実体経済に大きな影響を及ぼすような経済構造に転化しているという認識がある。また，一国の過剰な資産価格バブルとその崩壊による信用危機は，グローバル化した現代において他国に波及していくことのリスクを重要視すべきと論じている(注12)。

　経済ブームのときには，過度に資産価格が上昇し，債務残高も増加し，このような金融的側面における不均衡の累積が，ブーム崩壊後の深刻な不況，さらには危機的状況をもたらす。したがって，事前的な金融政策によって，経済ブームを防ぐことができれば，その崩壊に伴う危機的状況が引き起こされるこ

とはなく，中長期的にマクロ経済を安定化させることができる。したがって，BISビューは中央銀行による中長期的な経済の安定化政策のためには，資産価格の変動を重視し，事前的な対応を図るべきであると主張し，FEDビューとは全く対照的な立場をとっている。また，BISビューの論点は，プルーデンス政策とも深く関連しているものとして位置づけられる。

さらに，長期金利をコントロールできなかったグリーンスパンの謎について，Borioらは資産価格バブルに対してFEDビューでは政策不介入であり，また崩壊後は救済されるとの見通しから長期リスク・プレミアムが低下したと主張し，世界的な過剰貯蓄が原因ではないと論じている。したがって，FEDによる資産価格の変動を金融政策と結びつけないというスタンスが，かえって長期リスク・プレミアムの低下をもたらし，資産価格が大幅に上昇したと解釈している。資産価格バブルが生じているときに，金利の引き上げを積極的に行っていたならば長期金利も上昇し，資産価格バブルが進展することなく，結果的にそのバブル崩壊も発生せず，経済を安定化させることができていたというのがBISの主張である[注13]。

(2) 信用秩序維持政策

金融危機とそれに伴う経済危機の発生によって，これまでの金融規制・監督体制の在り方も問われるようになり，金融システム・信用秩序の安定性のために新たな制度枠組みの構築が必要となってきた。このような中で，マクロ・プルーデンス政策の重要性が欧米諸国を中心に強調されるようになり，日本でも取り入れられるようになった。

従来のプルーデンス政策は，個々の金融機関の経営安定と預金者保護を目的としたミクロ的な政策であった。すなわち，個別の金融機関の経営破綻を防ぎ，このことを通じていかに預金者を保護することができるかに焦点が当てられていた。

これに対して，マクロ・プルーデンス政策は，金融危機時における経済全体のコストを最小化することを目的とし，金融システムの広範な危機をもたらすシステミック・リスクの抑制を追求する監督規制体系を意味する。

Borio（2003）は，両者の特徴を次のようにまとめている。ミクロ・プルーデンスの枠組みでは個別金融機関の行動は独立しており（外生的），個別金融機関の経営破綻を抑制できれば金融システムを安定化させることができる。一方，マクロ・プルーデンスの下では金融機関の集団的行動（内生化）が経済に対して甚大な影響を及ぼし，システム全体の歪みを生じさせる可能性があることに問題意識がある。

　さらに，マクロ・プルーデンス政策では，金融機関の間における相互関連性と共通のエクスポージャーを重要視する。この背景には，各経済危機は金融システムのプロシクリカリティ（順景気循環型）が原因と考えていることにある。すなわち，経済が成長すれば金融機関の貸出行動は積極的になる。これは，企業に対するリスク・プレミアムも低下するためリスクを積極的にとるようになるからである。そして，金融機関の自己資本比率が上昇すれば，さらに貸出は増加する。この信用拡大は，金融資産価格や地価を上昇させ経済活動は益々過熱化していく。経済活動の過度な変動は，プロシクリカリティな性格を有する金融的要因によって生じているとまとめることができる。

　このような景気拡大期には，信用供与も大きく増加するため，利子率が低下する現象もみられた。通常の景気循環理論に従えば，景気上昇期には資金需要の増加を通じて利子率は上昇するはずである。しかし，景気上昇期に資金供給の方が大きく増加し利子率が低下すれば，さらに経済の成長は大きくなる。金融システムにおけるプロシクリカリティの要因が，経済の変動を過度に増幅させることになっている（この理論的側面については，本書の第Ⅲ章と第Ⅳ章において，金融不安定性理論の観点から分析されている）。

　また，過度な経済の成長に伴って，実体経済と金融の間に不均衡が蓄積していけば，将来期待に悪影響を与える。なぜなら，景気上昇期には企業の負債水準も増加するため，それを返済できるだけの実体経済の成長が常に継続しなければならないが，将来の収益は不確実であるのに対して，将来の債務と金利支払いは確定しているからである。負債水準が拡大すれば，やがて企業に対するリスク・プレミアムも上昇し，企業の財務状況は悪化する。このことにより，将来期待が低下すれば景気は後退していく。この景気後退前に，プロシクリカリティな要因によって経済が大きく成長していればいるほど，反対に景気後退

の程度も大きくなる。

　このように，実体経済と金融の間の不均衡が蓄積して拡大するほど，新たな均衡に向かうときに生じる不況の度合いはさらに厳しくなり経済危機が発生する要因となる。なぜなら，景気後退時にも金融のプロシクリカリティがはたらき，金融機関はリスクテイクを行わず貸出を減少させるからである。企業の収益も減少し，金融機関の自己資本比率も低下する。このことが，さらに金融機関の貸出行動を消極化させマクロ経済は深刻な不況を迎えることになる。すなわち，金融的な要因がマクロ経済の変動幅を増幅させ，最終的にはシステミック・リスクを引き起こす要因となる。

　このような要因に対する規制・監督として，レバレッジ水準の上限規制，将来の危機に備えて自己資本を引き上げる等のカウンターシクリカル・バッファーが必要となり，金融システム内におけるエクスポージャーに制限をかける政策が導入されるようになった。特に，バーゼルⅢではカウンターシクリカル・バッファーが強化され，国際的な大銀行はさらに一定の自己資本比率の上積みが求められた。また，新たな流動性規制とリスク管理規制が設けられ，システミック・リスクを事前に防ぐための予防的措置が強化された。

　この他には，貸出額に対する担保価値の上限規制，可変的引当金，リスク・ウェイトの分別化，証拠金規制の導入などがある。また，近年の日本銀行による質的金融緩和政策の一環として実施されている，ETF，REIT，CP等の買い入れも個別金融機関の経営安定化ではなく，マクロ経済の成長を通じた金融システム全体の安定化を図っているという意味からマクロ・プルーデンス政策のひとつとして位置づけることができる。

　日本ではマクロ・プルーデンス政策は，海外主要国と同様に金融庁と日本銀行によって行われている。金融庁は，マクロ・プルーデンス政策の枠組みの中で，規制・監督機関として民間金融機関に対して規制基準を満たしているか検査・監督を行う。また，日本銀行は金融システム全体のリスクについてストレス・テスト等を通じて分析・評価を行い，各種政策運営に活用し，同時にこれらのことを『金融システムレポート』にまとめて公表している[注14]。

第4節　投資決定と経済成長

(1) 投資決定理論の展開

　前節では，経済の変動に対する金融政策の在り方に関する論争について確認した。その経済の変動を引き起こす主要な要因は企業の投資水準である。企業の投資水準は，一般に金融市場で決定される利子率に依存するため，ここに金融的要因と実体経済の相互関連性が生まれてくる。したがって，投資が安定すれば実体経済は安定するが，投資が過剰に変動すれば実体経済は不安定になる。このことからも，投資がどのように決定されるかを理解することは極めて大切である。本節では，金融的要因と実体経済の関連性に注目して，従来の投資決定理論の内容を整理する。

　はじめに，Keynes(1936)は『一般理論』において金融的要因と企業の投資の関係を論じている。そこでは，資本の限界効率と金融市場で決定される利子率が等しくなるところで投資水準が決定される。しかし，Keynesは投資の変動は，有効需要の見通しや「企業家の血気（Animal Spirit）」を通じて資本の限界効率が外生的に変化することに原因があるとしている。しかし，金融機関の信用利用可能性を反映した貸出行動は明示化されていない。

　Tobin(1969)は，ポートフォリオ・アプローチに基づいて金融的要因と実体経済を関連させ投資決定理論を導出した。具体的には，資産のストック市場で実物資産の市場価格が決定され，その市場価格に対する実物資産の生産価格との比率をTobinのqとし，qの値が1を上回れば投資を実行することが合理的となることを明らかにし投資決定理論を導出した。しかし，ここでは企業と金融機関の間の資金貸借におけるリスクや不確実性が考慮されていない。

　次に，新古典派経済学の経済成長理論では，経済の変動は人口，資本ストック，技術進歩の変化率に依存するとし，経済の成長は実物的要因によって決まるとしている。ここには，金融的要因自体が重視されていないと位置づけることができる。また，Jorgenson(1963)の投資理論では，投資の決定は企業価値を最大にする望ましい資本ストックと現実の資本ストックのギャップを埋める

ように投資が実行されるとしている。この投資に必要な資金の調達については，MM理論（モディリアーニ・ミラー定理）を背景にしており，実物的な要因と金融的要因は独立して分析されている。

さらに，新しい古典派において，マクロ経済は技術進歩や嗜好が外生的に生じることによって変動すると論じている。さらに，この経済変動の裏には同時にパレート効率性が満たされるように競争均衡が成立している下で実現することを導出している。したがって，マクロ経済がどれだけ変動しても常に完全雇用が満たされているということになる。ここでは，経済の変動に対して金融的要因は中立となり，また需要的側面が考慮されていない。さらに，昨今の実際のマクロ経済の変動推移をみれば現実的とは言えない。

一方，ニュー・ケインジアンでは，ミクロ的な基礎付けを通じて価格と賃金の硬直性が短期的に生じることを明らかにし，この市場の失敗が経済の変動を引き起こすことを導出している。その結果，各経済主体の最適化行動が行われてもマクロ的には新しい古典派のようにパレート効率均衡が達成されず不完全雇用の状態が発生することを明らかにしている。しかし，ニュー・ケインジアンの結論はケインズ経済学的内容を有しているが，導出過程において合理的期待形成仮説を用い，また長期的には市場の失敗は発生せず貨幣は実体経済に対して中立的な存在となっている。

また，ニュー・ケインジアンでは，情報の非対称性理論を通じて実体経済における金融仲介機関の役割を明示し，金利の硬直性が景気の変動に大きな影響を与えることを明らかにしている。金利の硬直性があれば，信用割当によって貸出が減少し，さらに信用仲介コストも上昇するため，投資が減少しマクロ経済は危機的状況に陥ることになる。

情報の非対称性があれば逆選択が生じ，信用市場から質の高い健全な企業が排除される。その場合，金融機関が金利を引き上げれば，リスクが高く質の低い企業のみに資金を借り入れる誘引がある。このような企業は，事後的にモラル・ハザードを引き起こす可能性も高い。したがって，金融仲介機関は金利を引き上げず，資金の超過需要には信用割当によって対応する。景気に対する不透明感が高く，情報の非対称性が大きくなるほど，信用割当によって貸出は大幅に減少することになる。

このように、金利の硬直性が過少投資と不況を招くという意味において、ケインズ経済学の性格を有している。さらに、新古典派のような金利メカニズムが機能するのではなく、金融仲介機関の信用利用可能性がマクロ経済に大きな影響を及ぼすことに顕著な特徴がある。しかし、金融システムの健全性とマクロ経済活動を関連させているものの、経済の変動はあくまでも外生的要因によって生じるままであり、また総需要との関連性が十分に取り入れられてはいない。

(2) Minskyの投資理論

本書で深く分析するMinskyの金融不安定性仮説の核心は、資本主義経済において景気循環は金融的要因によって内生的に生じ、さらにその金融的要因が景気循環の幅を拡大させ経済を不安定化させることにある。景気循環は企業の投資水準と密接な関係にあり、また投資は資金の借り手である企業と貸し手である金融機関の行動によって変動するため、投資と金融的要因が相互に関連しあうこととなる。企業の資金調達行動はバランスシートに集約される資産・負債構造に依存し、金融機関の貸出行動は貸出先に対するリスク評価によって変化する。また、両者ともに将来の経済に対する期待がどのように形成されているかによって行動は変化する。このとき、Minskyは資金の需要者である企業の借り手リスクと資金の供給者である金融機関の貸し手リスクに基づいて投資が決定されることを導いている。具体的には後述するが、金融取引における「安全性のゆとり幅（Margins of Safety）」が重要な役割を発揮し、借り手リスクと貸し手リスクの大きさに反映されることになる。これは、一般的に説明されているように、投資は資本の限界効率と利子率が均衡するところで投資水準が決定されるということにはならない。ここに、Minskyの投資理論の独自性がある。

Minskyの投資決定プロセスに当たって、資本需要価格P_kと資本供給価格P_Iの双方について考察しなければならない。はじめに、資本需要価格とは企業の投資から生まれる将来の期待収益の現在割引価値から借り手リスクを控除したものである。借り手リスクとは、企業が資金を借り入れて企業活動を行う

ことのリスクを表す。企業は，資金を借り入れているため金融契約に従って資金を返済する義務を負う。しかし，将来経済の動向によって収益が予想通りになるとは限らない。このような場合，新たに資金調達できなければ返済することができないリスクがある。したがって，将来の不確実性に基づく費用をあらかじめ借り手リスクとして想定し，期待収益の現在割引価値から控除することによって投資の価値を算出し，これを資本需要価格としている。すなわち，資本需要価格は投資を行うことの価値の水準を示していると換言できる[注15]。

次に，資本供給価格とは資本ストックの生産費用（投資を行う企業からみれば，資本ストックの購入費用）に金融機関の貸し手コストを加えたものである。企業が資金を借りて投資を行う場合，必要な資金は資本ストック自体の購入費用に金融仲介機関へ支払う利子が追加される。この利子は，金融仲介機関が貸し手としてリスクをとっていることに対するプレミアムである。したがって，金融仲介機関の貸し手リスクとは，資金を供給することのリスクを表し，貸出利子率として反映される。したがって，企業が投資するときに必要な費用は，資本ストックの購入費用に利払いを加えたものであり，これを資本供給価格としている。

投資は，資本需要価格が資本供給価格を上回っている場合，正の利潤が得られるので投資を実行する。一般に，資本需要価格は逓減，資本供給価格は逓増するため，投資水準は資本需要曲線 P_k と資本供給曲線 P_I が等しくなるところで決定される。このことを，図2を用いて以下で詳しく説明する。

ある代表的企業の内部資金を Π，当初の資本供給価格を P_I とすれば，内部資金でファイナンスできる投資水準は，$I_0 = \Pi/P_I$ となり図中のD点で決定される。曲線 $\Pi\Pi$ は，内部資金によって賄うことができる投資水準と投資価格の関係を示すものであり，両者は反比例の関係にある。すなわち資本供給価格が P_I の下では，内部資金のみで可能な最大投資量は I_0 の水準である。それ以上の投資を行うためには，外部資金に依存することになる。外部資金の増大は，企業の借り手リスクを高め，資本ストックの需要価格はA点の P_K から次第に低下し曲線 P_k' のようになる。企業の新たな投資に対する需要価格は，当初の実物資本ストックの市場価格 P_k を上限として，投資額が I_0 を上回れば借り手リスクを反映して低下する。借り手リスクとは，上述したように資金の借り手

図2 ◆ 投資の決定と将来期待

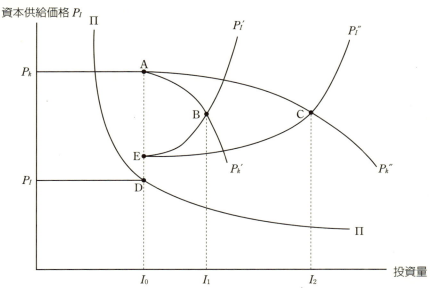

(出所) Minsky(1975)

である企業が、将来、投資から得られる収益では資金を完全に返済することができなくなるかもしれないと主観的に評価しているリスクである。

　Minskyは、借り手リスクが上昇する理由を以下のように説明している。①不確実性が存在する下で特定タイプの実物資産へコミットメントを高めることは危険を伴うため（これは、分散投資行動に逆行することから生じるリスクの増大を意味する）、②資本ストックからの収益が不確実であるのに対して、確実に返済しなければならない利子費用の比率が上昇するため、である。この結果、資本需要価格は P_k 水平線から下方へ乖離しはじめ、曲線 P_k'（借り手リスク曲線）のようになる(注16)。このため借入（負債）が増加するほど、借り手リスクも上昇するため需要価格は P_k' のように低下していく。このことは企業のバランスシートにおける資本構造が、債務の増加に伴い脆弱化するほど投資意欲も減退することを示している。以上より、資本構造が借り手リスクを通じて投資需要に影響を及ぼすことが確認される。

一方，投資財の供給価格 P_I は，資金供給者が評価する借り手企業の債務返済能力の評価（貸し手リスク）に依存する。先に述べたように貸し手リスクとは，資金の供給主体（金融仲介機関）が，将来，貸出先企業の債務不履行等により資金の回収が困難になるかもしれないと主観的に評価しているリスクである。貸し手リスクは，企業が抱える債務残高，新規の資金調達に関する期間構成等，企業の債務構造に依存する。企業の借入が増加するにつれ，借入金返済能力は疑わしいものとなり，貸出の安全度は低下する。それは，個々の企業との契約において，金利水準や担保物件の設定，負債の満期，さらに配当政策や財務政策への介入等の形で盛り込まれ，企業にとっては資金調達コストの上昇を意味する。

　したがって，投資が I_0 を上回れば，貸し手リスクが新規に発生し利子負担が加わるため，資本供給曲線は P_I 水平線から上方に乖離し，図2のD点からE点へシフトする。そして，負債が増加するほど貸し手リスクは P_I' のように上昇していく。このことは内部資金が増加し，企業の自己資本等が充実すれば貸し手リスクは低下し資金調達が容易となるが，反対に資本構造が脆弱化すれば貸し手リスクの上昇に伴い企業の資金調達は益々困難になることを表している。企業の資本構造が，貸し手リスクを通じて，資金調達額および投資水準に影響を与えることが理解できる。こうして，借り手・貸し手リスクを組み入れた P_k' 曲線と P_I' 曲線が交わるB点で投資水準は I_1 と決定される。

　以上より，企業が資金の借入を行う場合，資本需要価格がA点から逓減し，資本供給価格はD点からE点へ断層的にシフトし，その後は逓増することを確認した。このことを各々，Minskyによる「安全性のゆとり幅」という考えを用いて考察する。

　通常，企業の設備投資からの将来収益の見通しは不確実であり，主観的な要因によって変動する。しかし，不確実な要因は将来収益だけでなく，資金の借入を多く行っている企業ほど，将来の資金返済が可能か，あるいは資金の借り換えができるかという不確実性が生じる。Miskyは，このような不確実性への対処として企業は「安全性のゆとり幅」を持ち，それが資本需要価格に反映され投資決定要因になることを重視している。つまり，企業自身は将来の収益について不確実性に直面しており，現実の収益が期待値よりも低くなれば，資金

の支払いが困難になる可能性があるため，その分，将来の期待収益を低く見積もるようになる。これは，実際に将来収益が予想よりも低下した場合でも，資金返済が十分可能なようにするためであり，一種のクッションとしての機能を果たすことになる。特に，資金を多く借り入れている企業ほど，将来の支払いに対するリスクが高まるため「安全性のゆとり幅」が大きくなり，将来期待の水準を低く見積もる。このことによって，資本需要価格は低下し，投資水準は減少する要因となる。

反対に，将来の成長期待が高まり不確実性に対するリスクが低くなるほど，「安全性のゆとり幅」は小さくなり資本需要価格は上昇するため，投資水準は増加する要因となる。このように「安全性のゆとり幅」は企業の将来期待に依拠するため主観的な要因によって変化する。したがって，「安全性のゆとり幅」によって変化する資本需要価格も主観的な要因によって変化すると理解することができる。

一方，資金の貸し手にも「安全性のゆとり幅」がある。これは，貸出先の経営が安定的で契約通り資金の回収が行われるかについて不確実性があるためである。したがって，金融機関は個別投資プロジェクトのリスク評価のみならず，担保価値や過去の信用履歴を厳密に審査して決定する[注17]。これらを通じて，資金の貸し手である金融機関にとっての「安全性のゆとり幅」が決定し，リスク・プレミアムを通じて資本供給価格に反映されていくことになる。

(3) 投資の変動と経済の不安定性

次に，Minskyの投資決定理論に基づいて，投資水準が変動する過程を議論する。

借り手・貸し手リスクは主観的なものであり，各々の期待変化によって影響を受ける。将来の経済見通しに対して強気の姿勢が経済全体に広まる場合には，資本需要価格は，期待収益の現在割引価値の増加を通じて上昇する（これは，当初のP_kの水準が増加することを意味し，図2のP_kの切片が上昇することになる）。また，投資がI_0を上回る場合の資本需要曲線P_k'の傾きを緩やかにし，投資をより増加させる要因となる。なぜなら，将来期待の上昇は借り手リスク

を減少させることになり，同一の投資事業にコミットする主観的限界費用が低下するためである。図2では，将来期待が上昇した場合，簡単化のため当初の P_k を一定として，借り手リスクが低下した場合の資本需要曲線を P_k'' で表している。この場合，明らかに投資需要を拡大させる要因となることが確認できる。反対に，将来の経済動向に対して悲観的な判断が広まるときには，資本需要価格を低下させ（期待収益の現在割引価値が低下するため），資本需要曲線の傾きは急となり，投資の減少をもたらす。

同様に，貸し手リスクは将来期待が上昇すれば，資金を供給することの限界費用が減少するため，資本供給曲線はE点から傾きがより緩やかになった P_I'' 曲線のように表すことができる。このため，将来期待が上昇したとき，P_k'' 曲線と P_I'' 曲線が交わるC点で投資水準が決定される。将来期待の上昇は，企業のバランスシートにおける資本構造を反映した借り手リスクと貸し手リスクの変化を通じて，投資水準が最終的に決定することになる。

以上で説明してきたように，投資水準を規定する資本需要価格と資本供給価格は，収益見込みや利子率等の変動要因に加えて，借り手・貸し手の主観的判断に大きく依存している。ここでMinskyが最も重視している点は，両者ともに将来期待に対して過敏に反応する可能性があるということである。このため投資財の需要価格・供給価格もまた将来期待に対して過敏に反応し，大きな投資の変動を引き起こす可能性が生じる。大きな投資水準の変動は，経済全体の総需要も変動させ，実体経済を不安定性にする要因となる。

また，資金の借り手である企業と貸し手である金融機関が，正しく「安全性のゆとり幅」を認識できるかどうかが実体経済に対して影響を及ぼす。仮に，企業の投資から生じる将来収益が十分な水準でなく，それに伴い資金返済の見通しが厳しいにもかかわらず，企業自身による成長期待が過剰に強くなれば「安全性のゆとり幅」は低下し，資本需要価格の傾きは緩やかとなり投資も過剰に行われることになる。また，資金の貸し手にとっても，好景気下でありながら実際には負債増加を通じて将来の返済が厳しい状況になっているにもかかわらず，貸出先企業による資金返済が順調に行われていれば，将来のリスクを正しく認識せず「安全性のゆとり幅」が小さくなる場合がある。このとき，資本供給価格の傾きは緩やかになり，投資が過剰に行われることとなる。投資水

準が過剰になれば経済ブームが引き起こされるが，レバレッジの拡大とともに将来の崩壊を惹起することにもなる。

さらに，資金のニーズが集約される金融市場では，新たな金融貸借を可能にするための金融革新への誘因が生まれる。金融革新が生じれば，新たな資金調達手段や金融取引が開発され，結果的に企業による投資水準の変化を通じて実体経済に影響を及ぼすことになる。金融革新が生じれば，金融制度も変化する。そして，この新たな金融制度の下で，同時に適切な政策が講じられなければ，レバレッジ水準は急速に高まり経済ブームが引き起こされ，一方で，その崩壊を招く可能性を高めるという意味において金融の不安定性を引き起こす要因にもなる。このような金融制度改革とマクロ経済の動態については，次の第Ⅱ章で詳しく論じる。

第5節　まとめ

本章では，投機ブームと資産価格バブル，その崩壊に伴う金融危機の現象を歴史的に概観した上で，共通点を抽出し金融的要因と実体経済の変動を不安定性の観点から分析した。

また，金融危機が生じた際にとられるべき経済政策に関して既存研究の理論的展開を整理した。この中で，とりわけ資本主義経済において景気循環は金融的要因によって内生的に起こり，さらにその金融的要因が景気循環の幅を拡大させるという意味において，経済全体を不安定にすることを論じた Minsky 理論について考察した。

第2節の分析より，バブル崩壊や経済的危機が生じる前に投機ブームとバブル経済が発生していることが確認された。金融市場が自由化され，技術革新によって新たな金融取引手段が生まれれば，金融取引額は当然増加する。しかし，資金移動の程度が激しく，資金の流入と流出の差が大きくなるほど，実体経済の変動も大きくなることが示された。高い収益が期待されるところには瞬時に大量の資金が流入する。しかし，ひとたび将来収益の見通しが悪化すれば反対に瞬時に資金は流出する。技術革新による金融の自由化と国際化は，資金の健全な配分・移動を通じて経済活動の安定性に資するものでなければならない。

金融革新が起これば金融制度が変更され，新しい金融システムの下で有効的な金融政策の在り方を同時に講ずる必要性がある。

　続く第3節では，昨今の金融政策の在り方に関して論争が盛んに行われたFEDビューとBISビューを比較検討し，併せて新しい信用秩序維持政策であるマクロ・プルーデンス政策について考察した。従来のプルーデンス政策は，個々の金融機関の経営安定と預金者保護を目的としたミクロ的な政策であった。これに対して，マクロ・プルーデンス政策は，金融危機時における経済全体のコストを最小化することを目的とし，金融システムの広範な危機をもたらすシステミック・リスクの抑制を事前的に追求する監督規制体系である。

　この背景には，経済危機は金融システムのプロシクリカリティ（順景気循環型）が原因と考えていることにある。このため，レバレッジ水準の上限規制，担保価値の上限規制，可変的引当金，リスク・ウェイトの分別化，証拠金規制の導入等のカウンター・シクリカル・バッファーを厳しくし，システミック・リスクを事前に防ぐための予防的措置が強化されていることの重要性を確認した。

　また，第4節では経済の変動を引き起こす主要な要因は企業の投資決定であることから，金融的要因と実体経済の関連性に注目して，従来の投資決定理論の内容を整理した。この中で，資本主義経済において景気循環は金融的要因によって内生的に生じ，さらにその金融的要因が景気循環の幅を拡大させ経済を不安定化させることを体系化させたMinskyの金融不安定性理論を取り上げてまとめた。

　景気循環は企業の投資水準と密接な関係にあり，また投資は資金の借り手である企業と貸し手である金融機関の行動によって変動するため，投資と金融的要因が相互に関連しあうこととなる。企業の資金調達行動はバランスシートに集約される資産・負債構造に依存し，金融機関の貸出行動は貸出先に対するリスク評価によって変化する。また，両者ともに将来の経済に対する期待がどのように形成されているかによって行動は変化する。このとき，Minskyは資金の需要者である企業の借り手リスクと資金の供給者である金融機関の貸し手リスクに基づいて投資が決定されることを明らかにした。具体的には，金融取引における「安全性のゆとり幅（Margins of Safety）」が重要な役割を発揮し，

借り手リスクと貸し手リスクの大きさに反映され，投資水準が決定することを論じた。これは，一般的に説明されているように，投資は資本の限界効率と利子率が均衡するところで投資水準が決定されるということと異なり，Minskyの投資理論の特徴となっている。

さらに，Minskyは，金融革新は新たな取引を拡大させ経済の成長に寄与することができる反面，その運用を誤れば，むしろ経済を金融的要因によって不安定にする可能性もあることを重視している。経済の成長とともに企業の資金需要ニーズが高まれば，これに応えるべく新たな金融商品が開発され，新しい金融システムの下で経済活動が行われる。しかし，金融市場に期待されている市場均衡メカニズムは新しい金融技術革新の下で必ずしも機能するわけではなく，反対に過剰な資金移動により実体経済の不安定性を助長ないし増幅させる側面を有していることが示された。本書では，このMinsky理論を中心にして，金融的要因と実体経済の連関について不安定性の観点から理論実証分析が展開される。

【注】

（注1） アメリカでは，株価の暴落に伴う金融危機は1929年以前にも発生している。1907年には金融機関への経営不安から取り付け騒ぎが発生し，株価は過去最高値から約40％下落した。この他，19世紀末にも株価暴落による危機的状況が発生した。しかし，金融危機から金融恐慌へ，そして世界的に深刻な影響を与えたのは1929年の株価大暴落（暗黒の木曜日）が初めてである。

（注2） 大恐慌の研究としては，Hall and Ferguson(1998)，柴田(1996)が詳しい，また，日本における恐慌の分析としては岩田(2004)がある。

（注3） 谷内(2012)は金融の国際化の背景には，①先進国を中心として資本の蓄積が十分進んだこと，②金融の規制緩和により資本の国際的取引が促進されたこと，③技術革新により瞬時に大量の資金決済が可能となったこと，④実需としての貿易取引が拡大したこと，等を取り上げている。

（注4） 三谷(2015)は，近年の日本における低金利政策が，リスクテイク行動をとらせることに繋がっていることを示している。具体的には，低金利政策が金融機関の総資産に対するリスク・アセット額の比率を上昇させたという意味において，有意な影響を与えたことを明らかにしている。特に，不良債権を多く抱える金融機関であるほど，さらに，都銀・地銀よりも信金の方が金利変更によってリスクテイク行動が大きく反応していることを実証している。

また，塩路(2016)は2014年までの量的・質的金融緩和政策の有効性について検証し，大幅なベース・マネーの供給は，従前に比べれば効果は少ないものの，信

用創造過程にプラスの影響を与えていることを明らかにしている。とりわけ，準備預金額を多く保有している銀行，不良債権を多く抱えている銀行ほど，貸出増加の反応は高くなっていることを見出している。

(注5) 藤井(2009)では，過去の金融技術革新の例を取り上げて分析している。技術革新そのものは経済活動の上昇に貢献するものであるが，技術革新に対する過信が金融市場参加者の行動を非合理的にし，経済活動が過剰になることを指摘している。また，横川(2013)は，金融の技術革新をシュンペーターのイノベーション理論と関連させて分析している。この点については，本書の次章で詳述する。

(注6) Borio(2007)は，金融危機を引き起こす可能性となる金融市場の構造変化を以下のようにまとめている。①リスクの分散化（融資リスクの分解）—リスクの所在不明，②金融の市場化—証券化市場，様々な金融商品，③新たな金融機関の出現—ヘッジファンド，プライベート・エクイティ・ファンド，④金融のグローバル化—クロスボーダー取引，⑤家計部門へのリスク移転—家計のリスク負担。この構造変化を背景に競争が過剰に激化したことが，投機ブームを引き起こし，その反動として危機的状況に陥ったとしている。また，丸茂(2016)では，証券化のリスクを流動性と関連させて理論的に分析している。

(注7) 金融の国際化が進めば，資本が国境を越えて収益率が高いところに流れて資源配分が効率化され，資本流入国の経済成長が上昇することが期待される。反対に，資本の流出入が過大に発生すれば，その国の経済成長も大きく変動する要因となる。

　　Kose, Prasad, Rogoff and Wei(2006)は，金融システムの発展に伴い，金融の国際化進展が経済の成長に貢献したかを検証している。具体的に，彼らは金融の国際化を表す指標として「金融の開放度（Financial Openness）」を数値化して実証分析を行い，金融開放度と経済成長にはプラスの相関関係があることを示している。しかし，説明変数に所得や投資収益率を加えると，金融開放度と経済成長には有意な関係が見出されなかった。谷内(2012)は，経済ファンダメンタルズを加えて分析すれば，それらの変数の中に金融開放度の影響が織り込まれている可能性を論じている。このことから，金融の国際化によって，各国の金融部門の効率化・高度化，規律ある企業統治，適切なマクロ政策運営が促され，間接的な効果として経済成長に貢献したことを主張している。この側面を反対にみれば，各国の国内金融システムが脆弱なときに金融の国際化を進めれば，間接的な効果を生むことなく，むしろマクロ経済は脆弱化することを意味する。また，Osada and Saito(2010)は，金融開放度の指標として，直接投資と株式投資の合計額の値を取り上げ，この値が経済成長に有意にプラスの影響を与えていることを実証的に示している。

(注8) 元FRB総裁のグリーンスパン氏は，1996年10月にアメリカの株価指数が過剰に急騰していることに警鐘を鳴らすため「根拠なき熱狂（Irrational Exuberance）」という表現を用いた。この表現は，2000年のITバブルのときに，資産価格が過大評価されていることを意味するため幅広く用いられた。

(注9) このとき，アメリカへの海外からの資本流入はサブプライム商品等の危険資産へも多く流れた。換言すれば，サブプライム商品が活況化したのは，海外からの資本流入が大量に存在していたからとなる。この問題については，第Ⅱ章で

(注10) このBernankeの論理に従えば，アメリカの膨大な貿易収支赤字の原因は，海外からの資本流入があったからとなる。資本流入の増大が，アメリカの消費水準を増加させ，その結果として貿易収支は赤字になったことを意味する。このことから，グローバル・インバランスの要因およびアメリカにおける2000年代はじめの資産価格上昇の要因は，海外の経済構造変化にあるとしている。

　　　貿易収支の不均衡を貯蓄投資差額から議論する場合，反対に，国内の消費増加が貿易収支の赤字・資本収支の黒字をもたらしたという因果関係も成立するが，Bernankeはこれとは正反対の因果関係を主張していることになる。

(注11) Tymoigne(2009)は，アメリカの政策金利がテイラー・ルール（Taylor Rule）に基づいた理論値よりも低く推移していたことが，住宅バブルが発生した原因であることを検証している。したがって，FEDが事前に金利を引き上げていれば住宅バブルは生じていなかったとまとめている。詳しくは，第Ⅲ章で紹介する。

(注12) 世界の構造変化によって，好況であってもインフレが起きなくなっている傾向にある。この要因としては，新しい資源の開発等により資源制約がなくなってきていること，グローバル化の進展により生産コストの低い海外での生産が増加していること，技術革新を通じて生産コストが低下していること，海外からの安い労働力が流入してきていること等が上げられる。さらに，Borio and Filardo (2007) は，クロス・セクション分析を通じて，各国のインフレ率が各国内の需給ギャップに反応している程度が小さくなってきていることを検証している。その上で，各国のインフレ率は国内要因よりも相対的に対外要因に影響を受けていることを明らかにしている。

(注13) 岩田(2016)は，BISビューの背景にある理論的根拠としての観点から，オーストリア学派とMinskyの理論の特徴を比較考察している。また，翁(2009)では，FEDビューとBISビューに基づいて，金融政策のシミュレーション分析した既存研究を詳しく整理している。

(注14) 戸井(2013)では，各主要国におけるマクロ・プルーデンス政策の主体と状況についてまとめられている。

(注15) P_kについて，厳密に述べれば実物資本の次の3つの属性に基づいて決定される。①その資本がもたらすものと期待されている収益（χ），②資本を持つことの費用（持越費用c），③実物資本の売却によってどの程度の現金を生み出すことができるかという能力（流動性）に関する投資家の評価（l），である。③については，完全な（中古財）市場を仮定し，実物資本が金融資産とその属性を異にすることなく，両者は完全に代替的な資産であるとみなす新古典派理論とは対極をなすものである。一定期間資産を保有することによって期待される収益は $\chi - c + l$ に等しくなり，この流列を資本化したものが資産の需要価格を示す。

(注16) 貸し手リスク曲線が低下する始点は，通常A点からと考えるのが妥当であるが，実際どこに位置するかは確定できない。仮に，将来見通しがかなり悪く，流動資産に対する選好度が強い場合には，流動資産を手放して非流動性資産を保有することの危険度が相当に高くなる。したがって，借り手リスク曲線がA点の左側より下方にシフトしはじめることもあり得る。この場合，投資量は企業の内部資金で可能な最大投資量よりも小さくなる可能性がある。このとき企業は，内部

資金を過去の負債の返済に充て，流動性ポジションを高めようとすると考えられる。
（注17）　内田，宮川，植杉，小野，細野(2015)は，企業が保有する資産の担保価値の変動が金融機関からの借入に有意な影響を与えていることを明らかにしている。具体的には，2011年の東日本大震災に直面した企業の担保価値の毀損が，資金の借り手である企業の借入可能額（Debt Capacity）の減少をもたらし，厳しい資金制約の状況になることによって，金融機関からの借入が減少したことを示している。さらに，企業の負債比率が高いほど，厳しい資金制約に直面し，資金の借入が困難になっていることも確認されている。これらのことは，マクロ的には担保価値の減少は，企業の資金調達を困難にし，最終的には設備投資を減少させるという意味において，担保チャネル（Collateral Channel）がはたらいていることを意味する。また，Gan(2007)は，1990年代の日本におけるバブル崩壊に伴う担保価値の変動と資金借入について検証し，担保チャネルが同様に生じていたことを示している。さらに，Chaney, Sraer and Thesmar(2012)とCvijianovic(2014)は，アメリカについて実証分析を行い，担保チャネルの存在を確認している。

一方，植杉，間，細野(2015)は，資金の貸し手である銀行の貸出行動と担保価値の関係について検証し，不動産価値の上昇に伴う担保価値の上昇は，銀行の貸出行動を積極化させることから，銀行貸出チャネルがはたらいていることを明らかにしている。なお，第Ⅲ章では担保価値と金融仲介機関の貸出行動を理論的に分析している。

第 II 章

金融革新，資本構造と金融の不安定性

第1節　はじめに

　本章の目的は，金融革新と資金供給手段の創出に焦点を当て Minsky の金融不安定性理論を展開することにある。また，企業の資本構造あるいは債務構造の変化が金融革新とどのように関わりマクロ経済活動を不安定にするかを明らかにすることも目的としている。

　Minsky の金融不安定性理論の特徴は，経済の成長は外生的ショックによって影響を受けるのではなく内生的な要因によって景気循環が発生し，またそのプロセスの中で経済ブームや金融危機が発生しうることを明確にしたことにある。経済ブーム期には金融革新を通じて新たな資金供給手段が生まれ，これが資金調達と資金運用の水準を大きく拡大させる。このとき，投資家の自己実現的な期待形成による近視眼的な利益の追求が経済ブームを引き起こす主要な要因となる。

　経済ブーム期にはレバレッジの拡大が伴い，投資家や企業の資本構造は徐々に脆弱化する。レバレッジが不適正な水準まで達すれば，リスク・プレミアムが上昇し，金融資産価格や不動産価格が低下しはじめる。また，経済活動の水準が大きくなり過ぎれば，中央銀行による金融引締政策によって金融資産価格が低下し，経済活動は大きく停滞する。しかし，レバレッジを拡大し経済ブー

ムが発生していれば，反対にデ・レバレッジによって経済活動は後退し危機的状況も生まれる。このように，金融的要因によってマクロ的な景気循環の波の幅が拡大するという意味において，金融の不安定性が生じることを導出したのが Minsky 理論である。

Minsky の金融不安定性理論によれば，資本主義経済における景気循環は内生的要因によるものであり，金融革新と企業・家計の資本構造および期待形成が主要な役割を発揮する。経済ブームとその崩壊による金融危機は，決して偶然ではなく必然的な現象であると理解することができる。景気循環の要因は主流派経済学による外生ショックではなく，市場内部から不均衡が蓄積された結果としてマクロ経済活動水準の変化が生じる。そして，そのプロセスにおいて，実体経済に甚大な影響を及ぼす金融の不安定性が生じる可能性が高くなることを導いている。

本章では，主に2000年代の先進国に生じた実際の経済ブームとその崩壊による金融危機の要因を Minsky 理論に基づいて理解することにより，金融の不安定性が生じるメカニズムを考察する。実際のマクロ経済活動の変動を Minsky 理論の視角から分析することによって，その特徴および意義をより深く捉えることができる。

なお，本章の構成は以下の通りである。

第2節では，企業の資本構造とマクロ経済活動の変化の関係について整理する。また，金融革新を通じて新たな資金供給手段が生まれ，それがさらに経済の実態に影響を及ぼすことを論じる。続く第3節では，2000年代初頭のアメリカにおける住宅ブームとサブプライム問題による金融危機の発生メカニズムが，Minsky 理論とどのように関連しているかを明らかにする。第4節では，金融技術革新が新たな投資手段を生み，それが経済の安定性に与える影響について分析する。最後の第5節は，まとめである。

第2節 資本構造とマクロ経済

(1) 企業の資本構造

　一般に債務依存型企業の場合，債務構造の変化とともに投資の水準が借り手リスクと貸し手リスクに反映される期待の変化によって大きく変動する。Minsky は，投資決定に際して，期待粗利潤と毎期の返済額の相対関係によって債務契約のタイプを次の3つに分類している。それぞれ，ヘッジ(Hedge)金融，投機的(Speculative)金融，ポンツィ(Ponzi)金融と名づけられている。以下，順に説明し，その特徴を述べる。

　はじめに，Hedge 金融とは，ある経済主体の現金受取がすべての期間において契約上の現金支払債務の額を越えていること（さらに資本資産の価値が負債のそれを上回っていること）が想定されている債務契約であり，次のように表すことができる。なお，$G\Pi$ は各期間の投資による粗利潤，DS は毎期の返済額を表している。

$$G\Pi_t > DS_t \quad (t=1,2,\cdots,n) \tag{1}$$

Hedge 金融とは企業の債務構造としては最も望ましい財務状態であり，フローの資金収入が投資費用と利払い額を上回っている状態を示す。これは，企業活動による利益率が十分に高いこと，かつ，負担する利子率が相対的に低い水準にあることから生まれる状態である。

　次に，Speculative 金融とは，ある近い将来の数期間は現金支払債務が粗利潤を上回るが，それ以降は粗利潤が現金支払債務を上回る金融取引と定義でき次のように表される。

$$G\Pi_t < DS_t \quad (1 \leq t \leq j) \tag{2}$$

$$G\Pi_t > DS_t \quad (j+1 \leq t \leq n) \tag{3}$$

Speculative 金融主体の企業は，現実の経済において最も多いタイプと考え

られる。このような場合，企業は初期段階では債務の一部分を継続的に再金融（新規借入）しなければならない。粗利潤が返済額に及ばない時期が長いほど，また債務の利子率が高くなるほど債務残高は上昇する。Hedge金融と比較すると，Speculative金融は金融市場への資金依存度が高まり，所得フローや金融フローに関する期待変化に対してより過敏に反応するという特徴がある。

最後に，Ponzi金融とは，投資期間のほぼ最終期においてのみ粗利潤が返済額を上回る債務契約であり（初期段階においては，粗利潤が支払債務の利子負担をも下回る），以下のように表される。

$$G\Pi_t < DS_t \quad (1 \leq t \leq n-1) \tag{4}$$

$$G\Pi_t \gg DS_t \quad (t = n) \tag{5}$$

Ponzi金融とは，ほとんどの期間において資金収入が利払い額をも下回っている状態である。Ponzi金融の極端な例としては，すぐにはほとんど所得を生み出さない資産の保有のために借入を行うような場合であり，バブル時の財テク等でみられた低い証拠金の下での株式取引や土地転がし等があげられる。

経済の安定性は，Hedge金融，Speculative金融，Ponzi金融の構成比率いかんに依存する。Hedge金融に比べSpeculative金融が，Speculative金融に比べPonzi金融が再金融しなければならない可能性が高いため，将来期待や金利水準に対して過敏に反応するのは明らかである。金融システムに占めるミクロ的な債務契約の構成が金融システムの質を決定し，それが経済全体の安定性に影響を与えていくことになる[注1]。

(2) レバレッジと景気循環

Minskyが提示した借り手リスクと貸し手リスクを通じた負債と投資の関係，および各債務契約タイプを同時に考察するとマクロ経済変動のメカニズムを鮮明に理解することができる。

まず，ブーム期には利潤が予想を上回って増加するため見込み収益が上昇する。したがって，資本需要価格が上昇し借り手リスクも低下する。このとき，

資本の需要価格が供給価格を大きく上回るため投資が増加する。投資増大は，総需要を拡大し企業利潤を増加させる。企業収益の増加は，企業や銀行の長期期待を一層強気なものにするため，資本需要価格の上昇と投資が増加するという好循環の投資ブームが実現される。さらに貸し手リスクも低下すれば，貸出が一段と増加しマクロ経済活動水準は加速的に増加する。

　投資が拡大すれば，企業の債務水準も増加する。しかし投資ブームと併せて借入による資金調達の水準が高まると，やがて粗利潤に占める支払債務額の比率も増加する。このため企業の資本構造は，健全な状態からSpeculative金融の状態に移行する。なぜならば投資水準に対して，粗利潤は一般に逓減的であり，一方，資金コストを示す利子率は上昇する傾向にあるためである。

　このような中で，さらに投資ブームが持続するか否かは，投資家の主観的な将来期待に大きく依存する。しかし，Speculative金融が進む中で，さらに利子率や賃金率が上昇すれば利潤は減少しはじめ将来期待の低下をもたらす。将来に対する見通しが，悲観的となれば投資水準は減少する。これに伴い利潤も減少するが，投資ブーム期に借り入れた債務水準は残存し返済していかなければならない。1990年代後半に多くみられたように，わが国の企業はバブル期に発行した転換社債が株価の低迷で株式に転換されず社債のまま満期を迎え，その返済のために保有資産の売却を余儀なくされたり，資金返済のためにさらに借入を増加させたりして対応した。これらは，いずれも企業が深刻な資本構造の劣化に直面したことを意味している。

　一方，家計の資産選択行動においては，景気上昇期には将来期待が上昇するため安全資産である貨幣よりも危険資産である債券・株式投資を増加させる（貸し手リスクの減少）。この結果，債券・株式価格は上昇し，利子率は低下する可能性が生じる。すなわち，景気上昇期に利子率が低下する現象が生じることになる。これは，さらに景気を上昇させ経済ブームを引き起こす可能性を高める。反対に，景気下降期には企業経営に対する不安から貨幣需要が増加するため（貸し手リスクの上昇），債券価格は下落し利子率は上昇する。したがって，景気をさらに停滞させる可能性がある。このとき，家計の危険回避度がどのような状態になっているかが，金融不安定性の程度を分析する際に重要な要点になる。なぜなら金融資産間の代替性と相対的危険回避の変化が大きいほど資

産選択の変動が大きくなり，利子率の変動を通じて不安定性が生じる可能性を高めるためである（このことは，第IV章で理論的に分析する）。

この際に，中央銀行の最後の貸し手としての適切な機能が存在しなければ，資産価格は急落する。このため，いくら企業が資産を売却しても債務の返済が可能になるとは限らない。その結果，債務不履行が波及して貸し手リスクと借り手リスクが急増し，投資家の流動性選好は急速に高まる。実物投資への需要を支えていた金融市場資金の枯渇は，資本需要価格の低落をもたらす。資本需要価格の低下は企業の投資減退を招き，企業収益は負債の返済か流動資産の保有に向けられる。こうして投資の削減は総需要を減退させ，収益の一層の悪化をもたらす。収益の悪化は，債務不履行を拡大し投資の一層の削減を招くという累積的悪循環を引き起こす。反対に，収益の上昇は累積的好循環をもたらす。このように，金融部門が実物経済の変動を増幅させるということが Minsky の金融不安定性理論の特徴である。

上述したように Minsky は，フロー局面における投資資金の需給を通じるミクロ的な企業の投資意志決定を重視し，マクロ的には投資活動および金融資産の価格決定を媒介として景気循環の説明を試みている。特に投資理論においては，企業の投資がその資金調達の方法やバランスシート上の資本構成と独立ではなく密接に関連し，とりわけ不確実性・流動性・既存債務残高等が資産の評価に影響を与える点を強調している。この側面は，企業の価値が，その企業の資本構成（負債構造）とは独立に決まるという MM 定理（モディリアーニ・ミラー定理）に相反するものとして位置づけることができる。

また投資水準の決定は，実物資本の収益期待ばかりでなく，金融的要因を反映した期待の状態にも依存する。このことは，期待収益に加えてリスク評価等の金融的要因を軸とする各種期待要因の変化に対して，総投資の水準が過敏に反応する可能性があることを示唆している。つまり Minsky は，債務依存型経済の問題点に着目し，投資家のポートフォリオ行動・金融機関の貸出行動（信用創造機能）・企業の投資需要の期待を通じるミクロ的分析を通じてマクロ経済の脆弱性を説明しているのである。金融システムの脆弱性を明示する際に，所得フローと債務ストックを関連させ，その比率の動向が金融システムの定性的性格を規定させている点に特徴がある。

Keynes(1936)，企業の投資水準が企業家マインドに依存し，それが将来期待に対して可変的であることがマクロ的な経済活動水準の変動を引き起こすと論じた。これに対し Minsky は，企業家マインドが将来期待のみならず資本構造にも依存することを強調し，さらに，その資本構造と企業の債務形態が貸し手リスクを通じて金融仲介機関の資金供給量をも同時に変化させ景気循環が生じることを明らかにしたとまとめることができる。

第3節　金融革新と金融の不安定性

(1) 金融制度と貨幣供給プロセス

　金融が不安定化する第二の要因は，上述した要因に比較してやや中期的に金融市場の展開を考察したものであり，金融的技術革新の変化に着目した制度的進化に関するものである。Minsky(1982)では，貨幣に対する需要の増加があれば，それを実現すべく新たな手段や貨幣代替資産を求める誘因がはたらき，新しい金融制度的枠組みに経済自体が移行することを示している。すなわち，貨幣に対する需要の増加は，制度上の革新によって新たに貨幣が創造される新システムに移行し，貨幣と景気循環が有機的に結びつくことを論じている[注2]。このことを，植田（2006）に基づいて貨幣の流通速度と利子率の関係に焦点を当て，図1を用いて検討する。

　貨幣の流通速度と利子率の関係は，図1の曲線 V_1 のように右上がりの関係にある。安定的な金融制度の枠組みの中では，好景気下で利子率が上昇する局面において，家計の貨幣（現金）需要は増加するため貨幣の流通速度は増加する。このことは，貨幣の流通速度が貨幣供給量に対する国民所得の比率であることを考慮すれば，流通速度が上昇している局面では，国民所得の増加による貨幣需要が相対的に貨幣供給量よりも増加している状態であり，結果として利子率は上昇する。このように利子率が上昇すれば，貸出（信用）市場においては貸出供給能力を高める制度上の変化を引き起こす可能性が高まる。金融市場における技術革新や代替的資金調達手段が新たに生まれることにより，企業の資金ニーズに応えることができるようになる。つまり競争的金融市場では，資

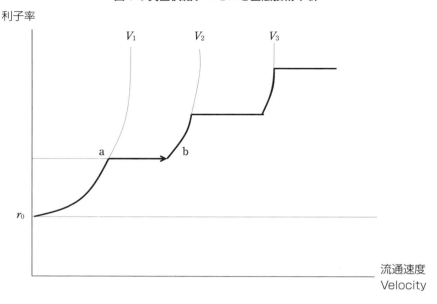

図1 ◆資金供給プロセスと金融技術革新

金需要の増加を反映した流通速度の上昇は，貸出能力の新たな拡大を生む誘因を高めることになる。2000年代以降の，金融市場における技術革新，IT化は大量の資金決済を低コストで実行することを可能にし，さらにデリバティブ等の新しい金融商品を開発することによって，企業の資金調達手段が大幅に拡大した。また情報化の推進は，同時に金融機関による企業分析能力を高め，両者間における情報の非対称性の格差是正にも貢献した。

利子率の上昇過程において，このような制度上の革新が誘発されれば，利子率と貨幣の流通速度の関係は曲線 V_2 のように右方にシフトする。このため，仮に貨幣の流通速度が上昇しても（a→b），新たに貨幣を創造できる新制度へ移行する結果，利子率が一定のままでも追加的借入需要の増加に応えることができる。このことは金融制度の進化に伴う内生的貨幣供給量の増加を意味しており，競争的資本主義経済の特徴として重要な役割を有していると言えよう。この現象を信用市場における場合に当てはめれば，貸出供給曲線の右下方シフトに対応していると理解することができる。また，前章で説明した Minsky の

資本供給曲線が右下方にシフトすることも意味する。

　上述した2つの要因に関する議論は，いずれも企業の投資行動と金融仲介機関の貸出行動を通じて内生的にマクロ経済水準が変化することを示しており，金融的要因と実体経済の変動を有機的に統合しようとしたものである。また同時に，このことがマクロ経済の過度の変動をもたらす可能性を示唆しており，資本主義経済の不安定性の問題に発展していくこととなる。

　例えば，企業の投資増加による景気拡大期に，金融市場における貸し手リスク低下に伴う信用創造の効果を通じた内生的貨幣供給量の増加によって，利子率の低下をもたらす場合があり，さらに企業の設備投資行動は積極的となり所得は増加する。このとき，金融制度の革新的進化が生じれば，より一層貨幣供給量が増加し，経済成長に拍車をかける。しかし，マクロ経済に対してマイナスの要因が発生すれば，企業にとって既存の債務が重荷となり，急速に設備投資を抑える。一方，金融仲介機関は貸出を大きく減少させるため，（先のケースとは反対に）景気後退期に利子率が上昇する可能性がある。このため企業の設備投資はさらに減少し，景気の後退は深刻化し，1990年代末から2000年代はじめの日本経済にように不良債権が急増していくことにもなる。

　このようなメカニズムを通じて経済が不安定となる可能性を内包しているのが，資本主義経済の特徴であるとMinskyは論じており，このとき中央銀行の適切な政策運営が強く求められることは言うまでもない。

(2)　サブプライム危機とPonzi金融

　本節では，2007年度に生じたサブプライム・ローン危機を取り上げ，Minskyの金融不安定性理論と関連させて考察する。またサブプライム・ローンは，劣悪な住宅ローン資産を担保として小口に証券化し，一般投資家に幅広く販売した市場型間接金融の形態をとっているのも特徴であり，そのシステムの崩壊がいかなる要因によるものかも併せて検討する[注3]。

　はじめに，サブプライム・ローン問題が生じた経路について図2を用いて説明する。まず，銀行または住宅ローン融資を専門とするモーゲージ・バンク（Mortgage Bank）がローン利用者に資金を融資する。次に，銀行とモーゲー

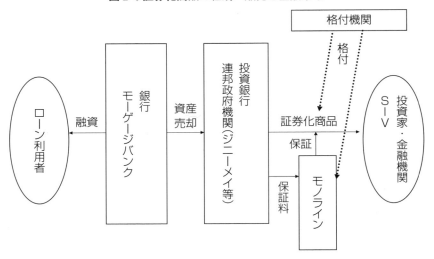

図2 ◆証券化商品の組成・販売と金融市場

ジ・バンクは投資銀行または連邦政府機関であるジニーメイ等に住宅ローン債権を売却する。このとき，一般にプライム・ローンは連邦政府機関，ローン利用者の質が劣るサブプライム・ローンは投資銀行が購入する。この段階で，銀行とモーゲージ・バンクは手数料を得ると同時に信用リスクから切り離される。住宅ローン債権を購入した投資銀行と連邦政府機関は，これを小口に証券化して一般投資家に販売し手数料を得る。最終的には一般投資家が信用リスクを引き受ける形となり，一般投資家等の利益は住宅ローンの利用者による資金返済能力に依存する。サブプライム・ローンは信用リスクがあるが，高利回りであるため投資収益率を上昇させたい多くの投資家等が購入した。

このように資産証券化の特徴は，信用リスクを銀行から切り離し，さらに小口化することによって幅広く社会全体でリスクを負担することにある。また，様々な種類の住宅ローンを組み合わせることによって分散投資効果をはたらかせ，本来なら融資を受けることができなかった経済主体に資金が供給され経済活動を活発化させることも資産証券化を導入した目的であった。

また，サブプライム関連証券を一般投資家等が購入する際，各証券のリスクについては格付機関による評価を参考として投資の決定を行っていた。リスク

の高いサブプライム関連商品の多くは，モノラインと呼ばれる保険機関の保証を受けていた。このため格付機関による評価も上昇し，その評価を信頼していた世界中の一般投資家および機関投資家による投資が急増する要因となった。

この背景には，FRBの低金利政策に伴い住宅価格が上昇していたことがあげられる。2000年のITバブル崩壊とテロによる景気後退を懸念したFRBは，6.5％の水準にあったFFレートを2004年半ばまでに1％へ引き下げた（図3）。これにより，余った資金が住宅投資に向けられ住宅価格が急上昇した。図4より，サブプライム危機が生じる前までアメリカの住宅価格は2桁台の10％以上も上昇し続けていたことがわかる。

住宅価格や地価の高騰の要因は，FRBによる過度な低金利政策によるものであり，この側面をTaylor Ruleに従った金利水準と現実の金利水準を比較することによって確認することができる。Taylor Ruleとは，Taylor（1993）が提唱したFFレートの適正値を算出するルールであり，GDPギャップ，インフレ率の関数として導出される。このFFレートの理論値と現実の値を比較することによって，現実の金利水準が適正な水準にあるか否かを判断することが

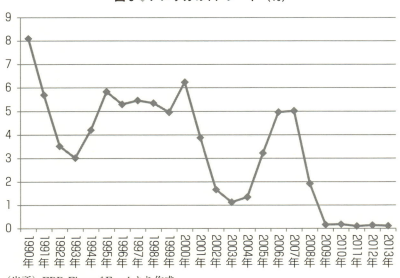

図3◆アメリカのFFレート（％）

（出所）FRB, Flow of Fund より作成

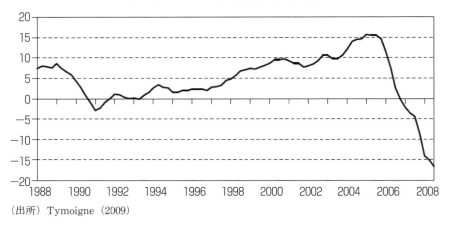

図4 ◆アメリカの住宅価格上昇率（％）

（出所）Tymoigne（2009）

できる。

　Marc（2012）は，Taylor Rule に基づきサブプライム危機前後における理論値を導出し現実の値と比較している。**図5**より，2001年からFFレートの現実の値はTaylor Ruleから導出される理論値を下回りはじめ，特に2003年以降はその乖離水準が大きくなっている。これは，現実のFFレートが理論値よりも大きく低い水準で維持されていたことを意味する。必要以上の金利の低下があったことを確認することができ，過剰な流動性がマーケットに供給されていたことがわかる。この過剰な流動性が，同時期における地価の上昇に繋がったとまとめることができる。

　住宅価格が上昇すれば，住宅を保有しているローン利用者の担保価値も上昇するため，それを見越した融資も増加した。したがって，当初は質の劣るサブプライム・ローンであっても住宅担保価値が上昇すればプライム・ローンへと切り替わり，金利負担も軽減化されるため住宅投資は急拡大し，サブプライム・ローン残高は一兆ドルを超えた[注4]。このように住宅価格が上昇する限り，最終的な資金の供給者である投資家のニーズは高く，かつ証券化商品を購入することで高利の収益率を上げることができた。また，サブプライム・ローンをその他の不動産関連商品と組み合わせてさらに証券化したRMBS（住宅ローン債権担保証券；Residential Mortgage Backed Securities）や消費者ローン等

図5 ◆ Taylor Rule

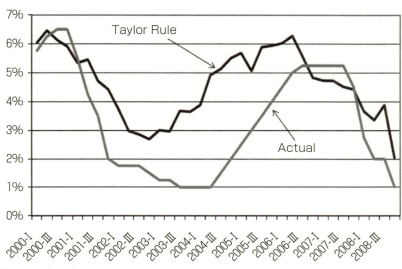

（出所）Marc（2012）

と組み合わせた CDO（債務担保証券；Collateral Debt Obligation）を組成して何重にも仕組まれた証券化商品に多額の資金が向けられた。

　また，住宅ローンの証券化では優先劣後構造が組み入れられ，リスクに応じて資金返済順位が上位からシニア（Senior），メザニン（Mezzanine），エクイティ（Equity）の3つのトランシェ（Tranche）に分類された。これにより，リスクを人為的に分類することによって，投資家は自らのリスク許容度に応じた投資を行うことができた。さらに，優先劣後構造の劣後部分についても，これらを束ねることによって比較的リスクの低い商品を生み出すことができ重層的なトランシェを創り出すこともできた。このように組成された CDO 商品は，リスクを低くできるとの見込みから多くの投資家が購入し，結果的にサブプライムローンを拡大させることとなった。

　図6では，アメリカにおける種類別民間証券発行額の推移を表している。証券発行額は，2000年代に入ってから急激に上昇し，ピーク時の2006年には3兆ドルを超えていた。この急速な上昇の要因として，ABS（Asset Backed Securities）と MBS が大幅に増加したことがわかる。両者を合計すれば，全証券発

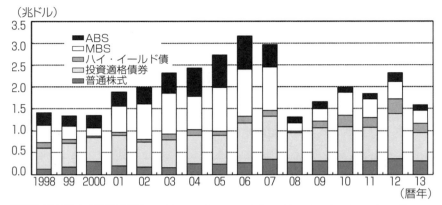

図6 ◆アメリカの証券発行残高の推移

(出所) 野村資本市場研究所 http://www.nicmr.com/nicmr/data/market/security.pdf

行残高の約60％以上を占めている。また，**図7**では，ABSの内訳を示しており，ABSが増加した背景にはホーム・エクイティローンの急増があったことを確認できる。ホーム・エクイティローンとは，所有する住宅の時価価値を担保にして組まれるローンである。2007年までは，アメリカの不動産価格が大きく上昇したために，住宅保有者の実質的な資産価値が上昇するとともに，ホーム・エクイティローンを発行することによってさらに借入を増加させることができた。住宅保有者にとってホーム・エクイティローンは，地価上昇時における有益な資金調達手段であり，消費水準を大きく増加させることができる手段となった[注5]。

　住宅価格あるいは地価が住宅保有者の担保価値を上昇させ，それがさらなる投資に繋がっていくことは，まさにフィナンシャル・アクセラレーター仮説が主張するプロセスである[注6]。しかし上記のような状態は，フィナンシャル・アクセラレーター仮説でも展開されているように，一旦，地価が下落しはじめ担保価値が低下すれば反対に経済に対する悪影響の度合いも大きくなる。FRBは2004年後半より，インフレ懸念を鎮めるため高金利政策を採用しはじめ，2007年前半には5％を超える水準にまでに引き上げた。これにより，アメリカは戦後はじめて地価の下落を経験することとなった。地価が上昇することを前提に，住宅を購入していたローン利用者は資金を返済できず住宅を売却せざる

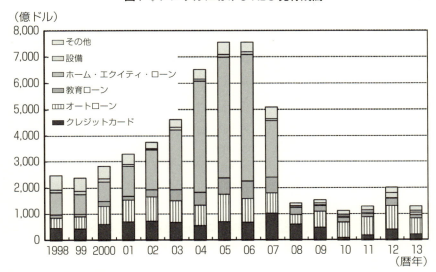

図7 ◆アメリカにおけるABS発行残高

(出所) 野村資本市場研究所 http://www.nicmr.com/nicmr/data/market/security.pdf

を得ない状況に陥った。このことがさらに地価の下落を生み出し，サブプライム・ローン残高に占めるデフォルト比率は25％にまで上昇した。同時に，地価が上昇し続けることを前提に資金を投じていた投資家は，莫大な損失を抱えることになり世界的な問題へと化していった。サブプライム・ローンの信用リスクが顕在化すると，それを保有している主体は債券を販売できない流動性リスクにも直面したため住宅ローン関連商品への投資は一層減少した[注7]。

リスクを小口化する目的で導入された証券化だが，反対にリスクを波及的に拡大させていったことになる。この原因としては上述したように，①地価の上昇を前提としていたこと，②転売により信用リスクに直面しない銀行の融資が過剰であったこと，③複数の債券を組成することによる分散投資効果が十分機能しなかったこと，④証券化商品のリスク度を的確に把握できていなかったこと等があげられる。とりわけ③の分散投資効果については，各証券化商品間における収益率の相関係数が1より小さくなるほど分散投資効果がはたらくが，景気後退期には全国的に地価が低下したため期待されたほど機能しなかった。以上のように，過剰な住宅ローン融資による高い収益率の追求が，後の膨大な

損失を招くことになる結果のはじまりであったとまとめることができる[注8]。

(3) Ponzi 金融と経済の脆弱性

次に、サブプライム・ローン問題が深刻化した原因を Minsky 理論に基づいて検討する。前節で述べたように Minsky は社会全体が、Hedge 金融か Speculative 金融あるいは Ponzi 金融のどの状態にあるかによって金融不安定性の度合いが異なることを論じている。

通常、企業は初期の段階では、現金収入で現金支出を賄うため Hedge 金融の状態にある。次に、初期の段階で成功するとさらに収益を高めるためレバレッジを用いた Speculative 金融の状態になる。高収益が期待できる長期的投資のために短期市場で資金を調達する。このとき現金収入は、あくまでも利払い部分は上回っている。そして、さらにレバレッジを高めていく次の段階では利払いさえを借入で賄う Ponzi 金融の状態になる可能性がある。

経済の安定性は3つの金融状態がどのような比率になっているかに依存し、Hedge 金融よりも Speculative 金融、Speculative 金融よりも Ponzi 金融の比率が高くなるほど経済は脆弱なものになる。なぜなら、Ponzi 金融の状態が高まるほど、金融市場の状況によって大きく企業経営が左右されるからである。仮に金利が上昇すれば、債務が増加し利払い負担も重くなる。資金返済のために、保有資産を売却しなければならない事態にまで追い込まれる。これは、マクロ的には資産価格の暴落を導き経済活動を停滞させることとなる。

上記の論点を、今回のサブプライム・ローン問題と関連させて検討する。まず、投資家の中には大手金融機関のみならず、その系列である SIV (Structured Investment Vehicle) という機関が存在している。これは、一般に金融機関が不動産投資をすれば自己資本規制や通貨当局の規制を受けるため、子会社として SIV を設立し、その SIV に親銀行が融資を行いサブプライム・ローン関連商品に迂回して投資させていた。また、SIV は短期の ABCP (資産担保コマーシャル・ペーパー；Asset Backed Commercial Paper) を発行して資金を調達し不動産投資を積極的に行っていた。SIV の背景に親銀行が存在しているため、多くの投資家は親銀行の暖簾を信用して SIV 発行の ABCP を購入し資金を供

給した。

　このように SIV は，短期資金を調達することによって，長期金融商品に投資しリターンを追及していたのである。さらに SIV は，自身が購入した RMBS や CDO を担保として ABCP を発行し高い水準のレバレッジをかけていた。資金調達と運用の間に大きな期間ミスマッチがあるが，逆にこれを利用した投資行動であると位置づけることができる。これは，Minsky の議論に関連させれば明らかに過度な Speculative 金融の状況にあり，中には利払いのため新規に資金調達する Ponzi 金融の状況にある SIV も多く現れた。

　マクロ的には，経済の成長とともに負債水準が上昇した。実物投資や金融資産投資あるいは消費の増加には，資金調達が必要であり負債の水準はそれに比例して上昇する。いわば，資産と負債水準の双方が拡大することによって経済の成長が実現する。また，新たな資金の調達ができるのは，様々な金融革新によって新たな金融商品が生まれ資金調達が容易になったことも重要な論点である。しかし，経済の成長とともに負債水準が上昇していくが，所得に対する負債比率が上昇すれば，企業あるいは家計の資本構造は Minsky 理論で強調されたように脆弱なものとなっていく。

　図8では，アメリカにおける流動資産と流動負債の対所得比率の推移を表している。所得に対する流動資産の比率が上昇したのは，世界的にバブル経済が発生した1980年代後半と2000年代に入って以降から2006年までの間でみられる。しかし，2000年代は1980年代と異なりモーゲージローンと消費者ローンの対所得比率も急上昇している。所得に対する純資産の比率は，2000年代にマイナスに転じている。この期間は，不動産ブームが発生した時期と重なり，純資産の対所得比率が大きく低下しながら経済ブームを支えていたことがわかる。この間，すでに家計の資本構造は脆弱化していたのである。

　このとき，一旦，地価が下落しはじめると SIV の損失が拡大し短期債務に対する利払いもできない事態が発生した(注9)。投資資産の時価評価価値が低下したことによって，さらに SIV の資金調達は困難を極め，親銀行が救済せざるを得ないこととなり親銀行の損失も膨らみ株価の暴落を招いた。SIV は資金返済のために保有資産を売却しなければならず，それがさらに地価を低下させる要因となり負のフィナンシャル・アクセラレーター的要因にもなった。過

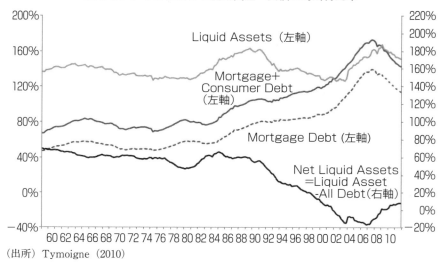

図8 ◆アメリカにおける流動資産・負債の対所得比率

（出所）Tymoigne（2010）

度なレバレッジをとりSpeculative金融やPonzi金融の状態になれば，金融市場の動向に著しく反応することとなり，経済を脆弱化させることとなる。レバレッジを大きくかけていた金融機関ほど，デ・レバレッジの程度が大きくなり，そのことがさらに地価や金融資産価格の低下に拍車をかけ金融危機を招いたのである。

　上記のように，地価が上昇することを期待して住宅ブームが発生した。そして，本来ならば資金の融資を受けることができないはずのサブプライムの資金需要者への貸出が証券化を背景に大きく増加した。図9より，住宅ローンに占めるサブプライム・ローン比率は2002年の3％台から急上昇し，2007年には14％となった。しかし，サブプライム・ローンの増加は，やがて同時に経済全体にとって資本構造を脆弱化させる要因となる[注10]。

　また，サブプライム・ローン利用者においても融資契約で最初の2〜3年は利払いだけで，それ以降は変動金利で元本を払っていく契約を利用していた。これは地価の上昇を見込み，それが実現すればプライム・ローンへ移行することによって将来の金利負担は減少し，担保価値の上昇を通じて新たに資金を調達し元本を支払っていくことができることを前提としたものである。この仕組

第Ⅱ章　金融革新，資本構造と金融の不安定性

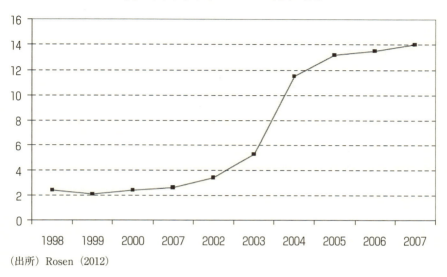

図9 ◆ サブプライム・ローン比率（％）

（出所）Rosen（2012）

みでは低所得者でも容易に住宅を取得することができ，住宅需要の増加を反映して実際に地価も大幅に上昇した。上記の住宅ローン契約は，事実上 Ponzi 金融の状況であったと理解することができる。

図10では，サブプライム・ローンにおいて当初は利子のみを支払う（Inerest Only）と，借り手が有利な返済額を決めることができるペイ・オプション ARM（Payment Option Adjustable Rate Mortgage）の比率を表している。これらは，非伝統的住宅ローンとも呼ばれている。ペイ・オプション ARM の中には，支払い額を利子率以下に設定することもできるため，実質的なローン元本は時間とともに増加していくことになる。図10より，ペイ・オプション ARM の比率は2003年頃から急上昇し，2005年には約25％になった。また，Interest Only は2004年頃から急上昇し2005年には35％を示している。この結果，住宅ブームの中でサブプライム・ローンが増加し，その中でも Ponzi 金融の状態を表す非伝統的住宅ローンの比率が半数以上を占めていたことになる。

一方，2005年以降に地価が低下しはじめるとサブプライム・ローンの契約者は債務の利払い返済すら履行できず住宅を手放さなければならなくなった。図

61

図10◆サブプライム・ローン市場における Inerest Only 型ローンと Payment Option ARM 型ローン（％）

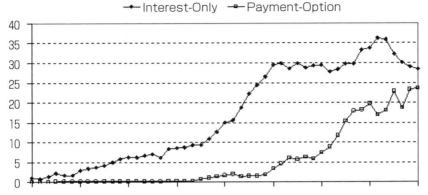

（出所）FDIC（2006）

11では，プライム・ローンとサブプライム・ローンの延滞率を表している。また，各々のケースにおいて利子率を固定（FRM：Fixed Rate Mortgage）型と変動（Adustable Rate Mortgage）型に分けて示している。延滞率は2007年頃から上昇し，最も高いのはサブプライム ARM であり2010年には40％を超えていた。サブプライムの FRM がその後に続いている。Ponzi 金融の状態にあるサブプライム ARM の延滞率が高いのは，地価の下落にはじまる景気後退に大きく影響を受けるためである。資本構造が脆弱な主体ほど，経済動向に大きく反応することを確認できる。

また，図11ではサブプライム・ローンだけでなく，プライム・ローンも延滞率が上昇していることがわかる。プライム FRM は比較的低い水準であるが，プライム ARM は2010年には20％弱まで上昇している。それだけ，地価低下による金融危機の程度が大きかったことがわかる。Ponzi 金融に相当する金融商品としては，上記の他に Alt-A と呼ばれ，自営業者などが金融契約の際に所得証明書などの書類が不完備でも割増金利で住宅ローンの融資を受けることができる商品もあった。このような新しい金融商品は，Minsky 理論に従えば，資金ニーズがあるところに金融革新が生まれ，それが住宅ブームを支えていた

図11◆住宅ローンの延滞率（%）

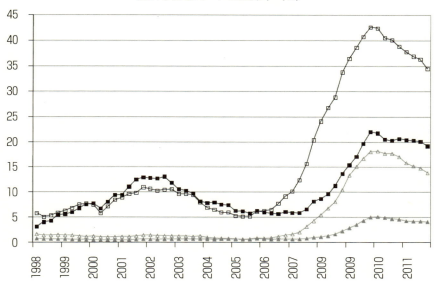

(出所) Tymoigne (2009)

と理解することができる。

　住宅ローンを担保とした証券化商品は，過去のデータに基づいて金融資産間の相関係数を利用し分散投資効果がはたらくように開発された。しかし，過去の相関係数が将来も一定である保障はなく，また確率は低いが発生すると甚大な損失をもたらすテイル・リスク（Tail Risk）にも対応していなかった。このような問題点を軽視し，自己実現的な期待形成を通じて短期的あるいは近視眼的な利益を追求した結果が住宅ブームとその崩壊による金融危機の双方をもたらしたとまとめることができる。

　また，そうしたサブプライム・ローン関連商品に投資していた投資家の損失は急拡大した。Speculative 金融や Ponzi 金融の比率が高まるほどマクロ経済の脆弱性は潜在的に高まり，ひとたび金融市場においてネガティブな情報が流れれば加速的に脆弱体質が顕在化し，深刻な景気停滞を招くということを現実の世界における事象として確認することができる。このことからも，サブプラ

イム危機をMinsky理論の典型的な例として捉えることができる。

第4節　金融革新と新しい資金調達・運用手段

(1) インセンティブと金融技術革新

　前節までででは，金融機関あるいは資金の供給者である投資家の行動がマクロ経済活動に重大な影響を及ぼすことを明らかにした。フィナンシャル・アクセラレーター仮説が成立する場合，将来期待に基づく担保評価を通じて金融機関の貸出行動が大きく変化するため，好景気下で利子率が低下する現象が生じ，それがさらなる経済の成長に繋がることを論じた。反対に，景気後退期には金融機関の貸出行動が「質への逃避」を反映して大幅に消極的になるため，むしろ利子率が上昇することを確認した。景気後退期に利子率が上昇するため，さらに経済活動は悪化しデフレ・スパイラル要因となる。

　Minskyは，経済の成長期に資金需要が増加すれば，金融革新によって新たな資金調達手段と資金運用手段が生まれるため，利子率が上昇することなく金融市場は旺盛な資金需要に応えることができると論じた。さらに，資金供給者が積極的な貸出行動をとれば，経済の成長期に利子率が低下することにもなる。このようなことからも，金融革新がどのようにして起こるかを分析することは意義の深いものである。

　Schumpeter(1926)は，経済成長を起動させるのは企業家精神に基づく5つの新結合（①新しい財貨または新しい品質の財貨，②新しい生産方法，③新しい販売市場，④新しい供給源，⑤新しい産業組織）によるものとした。この新結合を遂行することがイノベーションであり，創造的破壊に繋がっていくと論じた。経済発展は外部からの衝撃によって生じるのではなく，企業家による内生的な運動の結果として生じるとしたことに顕著な特徴がある。そして，経済的な発展は新結合が非連続的に現れるときにのみ可能であるとした[注11]。

　Minsky理論は，経済は内生的に不安定化するものであり，その過程では旧来の金融取引・手段に代わり金融革新を通じた新しい金融取引・手段が生まれることを重視している。

第Ⅱ章　金融革新，資本構造と金融の不安定性

　金融革新と内生的な経済の発展および不安定性には密接な関係があり，これはSchumpeterの新結合による技術革新が経済発展に繋がるとした理論構造に通じるものがある。金融革新は資金の流動性を高め経済成長に資することができる一方，過度な成長の後には反対に流動性が低下し，それが金融不安定性を引き起こす要因にもなる。

　金融革新は，資産の流動性を高め異時点間の資源配分を効率化させる。デリバティブや証券化は，リスクを低下させることによって経済厚生を高めることができる。また，取引コストや情報の非対称性を減少させることによって経済の効率性を改善させることができる。しかし，金融革新に対する過信や規律の歪みが生じれば，反対にリスクを高め金融危機を招くこともあり得る。

　Minsky理論では，企業の設備投資の水準は「安全性のゆとり幅（Margins of Safety）」に基づいて決定される。企業は投資による将来収益を算出した上で投資水準を決定するが，投資には不確実性が伴う。特に，内部資金よりも外部資金に依存する割合が高まるほど，将来の不確実性に対して大きく反応する。なぜならば，外部資金に依存するほど将来の収益が予想よりも下振れした場合，負債の返済が困難になる事態が生じるからである。したがって，将来収益の期待値（資本需要価格）を引き下げていく。これは，将来の不確実性に備えて安全性のゆとり幅を増加させていることを意味する。したがって，資本需要価格は借り手リスクを反映して外部資金に依存するほど低下する。

　一方，資金の貸し手も企業の投資が増加するにつれてレバレッジが高まれば，将来の資金返済能力に懸念が生じるためリスク・プレミアムを要求する。これは，資本供給価格の上昇をもたらす。借り手としての「安全性のゆとり幅」が低下するため，リスク・プレミアムを反映させて貸出利率を上昇させる。

　投資水準の決定は，第Ⅰ章で説明したように右下がりの資本需要曲線と右上がりの資本供給曲線の交点で決定される。経済が成長していけば，借り手である企業の「安全性のゆとり幅」も緩やかになり，将来収益に反映される資本需要価格が増加する。また，貸し手である金融機関も「安全性のゆとり幅」が緩やかになるためリスク・プレミアムを引き下げる。このため資本供給価格は低下する。経済の成長局面では，右下がりの資本需要曲線が増加し，右上がりの資本供給曲線が低下するので投資水準は増加する。この投資水準の増加により，

さらに経済活動は活発化する。

　経済が成長するほど,既存の金融制度の枠組みでは新しい旺盛な資金需要と資金供給のニーズに応えることができなくなる。これが,内生的な金融技術革新を引き起こす要因になるとMinskyは主張している。金融技術革新が起これば新たな資金調達手段が増え,それが実物的な投資水準を増加させることによって経済も成長する。技術革新は,外生的に生じるのではなく経済内部の企業家精神に基づく動きから引き起こされるものである。資金のニーズがあることが,新たな金融取引手段を出現させる要因になると整理することができる。

　具体的には,1970年代には不動産投資信託(REIT),譲渡可能定期預金(NCD),コマーシャル・ペーパー(CP),80年代には先物・オプション等のデリバティブ取引,90年代以降は証券化商品に関連したCDO,CDS(Credit Default Swap),ABCPや新しい金融組織としてのSIV等があげられる(CDSの特徴については,本節(2)で詳述する)。

　このような新たな資金調達・運用手段が現れることにより,資金の効率性が達成され経済厚生が高まる。経済活動水準の一段の増加は,金融技術革新を通じた新しい資金の流れによって実現される。しかし,新しい金融制度の下で運用を誤り,または金融規律が低下すれば過度な取引を通じて金融ブームが生じることになる。金融ブームが生じれば経済活動もさらに活発化していくが,金融資産価格やレバレッジ比率が実体経済を上回る水準で急上昇していけば,不確実性が高まった段階で経済活動は崩壊する。

　Minskyは,このとき不確実性が増し将来経済に対して期待が低下するのは内生的に生じると論じている。経済ブームが,やがて「安全性のゆとり幅」を引き下げることにより,将来期待水準をも低下させる。将来期待水準が低下すれば,その事前に高レバレッジをとっていた企業・投資家ほど厳しい状況に陥ることになる。なぜなら,保有金融資産価格が低下しているときに,過去大量に発行した負債を返済しなければならないからである。資金返済のために資産の売却を余儀なくされるほど,景気後退期に金融資産価格がさらに低下する。ブームの程度が大きいほど,その後の崩壊の程度も比例して大きくなる。

　これは内生的な景気循環であり,Minskyは企業の債務構造の変動と関連させて論じた。経済の成長とともに,企業の資金調達額は上昇していき負債水準

も増加する。積極的な資金調達行動の結果，レバレッジ比率は上昇し，企業の資本構造は Hedge 金融から Speculative 金融，あるいは Speculative 金融から Ponzi 金融へと移行する。経済全体で，Speculative 金融や Ponzi 金融の状態にある企業の比率が上昇すれば，将来期待の変化に対して脆弱となり過敏に反応する。将来見通しが悪化すると，「安全性のゆとり幅」を大きく引き下げざるを得なくなる。すなわち投資需要と資金供給の双方が減少し，景気後退の程度も大きくなる。

(2) 金融技術革新と経済ブームおよび経済危機

上記のように，金融取引を通じて景気循環の波の幅が内生的に大きくなることを明らかにしたのが Minsky の金融不安定理論の中心的論点であるとまとめることができる。また，前節で確認したように2000年代に入ってからのアメリカの住宅ブームとその崩壊である金融危機は，Minsky の主張が大きく適用される現象として捉えることができる。

資産の証券化商品は，アメリカでは不動産関連として1970年代から取引されていた。しかし，サブプライム者を対象としたり，SIV を設立してごく短期の資金運用手段として国際的にも資金移動が起こるようなったのは90年代後半以降である。2000年代に入ってからは，資金の借り手が返済できないような貸付や不当な条件での貸付をする略奪的貸付（Predatory Lending）が生じた。また，一般国民もリスクの高い金融商品を積極的に利用した。

リスクの高い新しい金融商品への投資が拡大した背景には，金融技術革新による別の新しい取引手段が活用されていたことがある。それは，CDS（Credit Default Swap）と呼ばれ，クレジット・デリバティブの一種で貸付債権などの信用リスクに対して，保険の役割を果たすデリバティブ契約である。具体的には，まず資産の債権者である投資家が CDS を購入し，CDS の売り手である金融機関に保険料（プレミアム）を支払う。将来，債務不履行等によって資産が回収できなくなる場合，その損失を CDS の売り手に保証（protection）してもらう。保険料（プレミアム）は，各資産のスコアリング・スコア等を反映した信用リスクの程度に応じて決定される（なお，CDS は，社債や国債なども

67

対象として商品化されている)。

サブプライムローン証券化商品の信用リスクは高いが,収益率も高く期待できる。さらにCDSを購入すれば,一定の保険料を支払うことによって信用リスクを低下させることができる。このことにより,サブプライム・ローンはCDS発行増に支えられる形で比例的に急増した。**図12**では,ISDA (International Swaps and Derivatives Association) がまとめたCDSの発行残高の推移を示している。2004年頃から急激に拡大していることが確認できる(注12)。

金融技術革新により,様々な形の資金調達手段と資金運用手段が生まれ,確かに資金の流れは効率化しマクロ経済活動の活発化に貢献することが期待できる。しかし,不適切な期待に基づく金融取引は,むしろ経済の実態活動を不安定にする可能性があることも注意しなければならない。とりわけ家計の負債は,住宅ローンに代表されるように長期物が多い。一般的に負債は,契約時に将来の支払い額が固定されるのに対して,収入は景気動向に依存する。このため,金融負債に対して一定比率以上の流動資産の保有が求められる。

しかし,アメリカ経済においては金融革新が進み,金融市場での取引額が年々増加する中で,負債に対する流動資産の比率は構造的に低下している。図

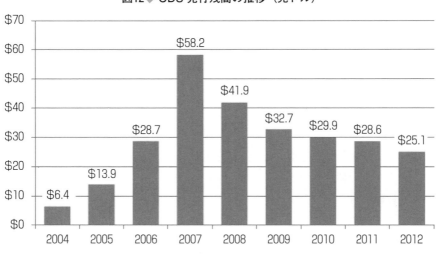

図12◆ CDS発行残高の推移(兆ドル)

(出所)ISDA (2013)

13より，この傾向を確認することができる（なお，Monetary Assets は，現金と預金の合計であり最も流動性が高い金融資産である。また，Liquid Assets は，上記の Monetary Assets に MMMF（Money Market Mutual Fund）と外貨保有を加えたものであり広義の流動金融資産と位置づけることができる）。これは，金融負債を増加させることによって実物資産は増加させることができるが，流動的な金融資産は負債ほど上昇しないため，金融資産の対負債比率は低下傾向にあると考えられる。

Liquid Assets の対負債比率は，1990年代半ばに1を下回っている。また，1980年代後半と2000年代初頭の住宅ブームのときに，一段と低下していることがわかる。好景気下での住宅ブーム期には，負債を急拡大させることによって実物資産の購入を支えていたと考えることができる。しかし，長期負債と短期流動資産の保有には，期間のミスマッチがある。Minsky の債務構造の議論と関連させれば，Hedge 金融から Speculative 金融へ，あるいは Speculative 金

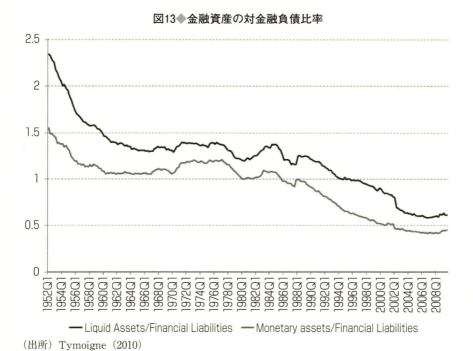

図13◆金融資産の対金融負債比率

（出所）Tymoigne（2010）

融から Hedge 金融への移行が進展していることを表している。これらは，2000年代の住宅ブームにおいて，Interest Only 型や Pay Option 型債務が大きく増加したことからも再確認できる。しかし，このような債務構造への移行は経済を脆弱にさせる要因となる。負債水準の上昇は，やがてリスク・プレミアムを増加させ，将来の期待水準は低下する。このとき，その事前にレバレッジをかけて負債水準を高くしていた経済主体ほど，デ・レバレッジに直面し，保有金融資産を売却せざるを得ない。この度合いが大きいほど，経済活動は深刻な不況に陥っていく。これが金融危機の発生するメカニズムであり，Minsky 金融不安定性理論の根幹である。

　金融危機が発生すれば，中央銀行による抜本的な金融政策が必要になる。なぜなら，市場だけに委ねておけば危機的な状況はさらに悪化するためである。実際に，アメリカではリーマンショック後，ベース・マネーを歴史的な勢いで大幅に拡大させる量的緩和政策を採用した。FRB は，大量の国債買いを実施しただけでなく，リスクがある Mortgage 証券等を積極的に購入した。すなわち，FRB はベース・マネーの量だけでなく，それを供給するときの質的手段にも過去に経験のない領域までに拡大させた。このことによって，FRB は従来にない大規模な量的緩和政策を実施することの強い意思を金融市場に示したことになる。

　図14では，FRB のバランスシートの推移をまとめている。2008年9月のリーマンショックを受けて，同年末からの国債とリスク証券の膨大な買いオペを通じてベース・マネーを増加させた。それに比例して，FRB のバランスシートは急拡大し，2ヶ月間で約3倍近くまで増加した。その後も，増加傾向にあり今日に至っている。逆に言えば，FRB がこれほどにまでベース・マネーを増加させなければならなかったほど金融危機は深刻であったことを意味する。ここで，深刻な金融危機の前には，バブルに沸く経済ブームがあったことに注視する必要がある。

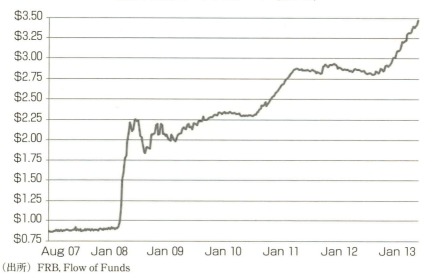

図14◆FRBのバランスシート（兆ドル）

（出所）FRB, Flow of Funds

(3) アメリカの新しい金融取引規制

　金融危機が生じるということは，その事前に経済ブームが生じていたことに起因している。したがって，金融機関や機関投資家の貸出・投資行動を自制あるいは抑制させることによって，金融ブームを引き起こさせず，その結果として金融危機の発生も防ぐことができる。このことにより，長期的には景気循環の幅を小さくして，経済活動変動の安定化を図ることができる。アメリカ国内ではこれを目的として，新たな金融取引規制が採用された。

　具体的には，2008年のリーマンショックに端を発するサブプライム危機の反省からシステマティック・リスクを回避・対処するため，2010年7月にDodd-Frank Wall Street Reform and Consumer Protection Actが成立した。これは，一般にドッド・フランク法と呼ばれ，金融危機再発防止のための抜本的改革を伴う金融機関監督規制である。具体的な内容は以下の通りである。

　まず，第一に金融システム・リスクを一元的に把握するため金融安定監督委員会（Financial Stability Oversight Council）を設けた。これは，従来金融機

関の行政機能が連邦制度準備委員会（FRB），通貨監督庁（OCC），証券取引委員会（SEC）等で多元的に行われていたが，システマティック・リスクの状況を迅速かつ正確に把握するため金融機関の情報の集約化を図ったものである。

　第二は，ボルカー元FRB議長の提唱した金融業務規制を取り入れたことである。これは，ボルカー・ルールと呼ばれ，金融危機後における大手金融機関への公的資金注入問題を受けて"too big to fail"の問題に対処しようとしたものである。2013年12月に細則が決められ，銀行による自己勘定のトレーディングとヘッジファンドへの出資には制限が設けられた[注13]。同様な動きはEUでもみられ，リスクの高い取引は別会社で行わせる方向で議論が進んでいる。

　また，総資産500億ドル以上の銀行持株会社に対しては，プルーデンス政策として通常の金融機関よりもレバレッジ比率やエクスポージャー等に対して厳しい規制が課せられた。

　さらに，保有している金融資産・負債の量と質に関して詳細な情報を開示した上で，複数のストレス・テストに対応できるようにしなければならなくなった。

　次に第三として，資産の証券化事業に対する規制も新たに設けられた。これは，過度な証券化商品の組成・販売型ビジネスがサブプライム危機を引き起こした原因になったことから，資産担保証券の発行者に対して最低5％の証券化資産を自ら保有することを義務付けたものである。これは同時に，証券化商品発行者に対して利益相反行為を防ぐことも目的としている。

　この他にも，ヘッジファンド規制として，ヘッジファンドの経営者にはSECへの登録と保有資産のリスクに関する情報の報告を義務付けた。さらに，格付機関には格付手法の厳格化とディスクロージャーの強化を通じて，利益相反行為に対してより厳しく対処していくこととなった[注14]。

(4) 国際的金融取引規制

　また，国際的な金融監督規制であるBIS規制も変更されている。BIS規制は1988年に導入され，リスク資産に対する自己資本を8％以上と定めた（バーゼルⅠ）。その後，2004年に見直され，各金融資産のリスク・ウェイトの変更や

オペレーショナル・リスクが加味された（バーゼルⅡ）。その後，リーマンショックにより国際的な金融危機が発生したために，金融機関のリスクを厳格に把握し貸出行動を抑制させることを目的として2010年に修正された（バーゼルⅢ）。

金融危機が生じるということは，その事前に金融ブームが生じていたことを重視しなければならない。金融ブームを引き起こした背景には，実体経済の成長を上回る金融機関の過度な貸出行動があった。したがって，金融機関の貸出行動を自制あるいは抑制させることによって，金融ブームを引き起こさせず，その結果として金融危機の発生も防ぐことができる。景気循環の幅を小さくして，経済活動の変動を安定化させる必要がある。

具体的にバーゼルⅢでは，自己資本の質と量に対して抜本的な改革を行うことによって金融機関の経営健全性を求めている。自己資本は，コアTier 1，Tier 1，Tier 2の3つに区別され，それぞれに対して最低自己資本比率が定められている。コアTier 1は，自己資本の中核的部分であり普通株式と内部留保から構成される[注15]。Tier 1は主として優先株であり，Tier 2は劣後債等である。コアTier 1に，Tier 1とTier 2を合計すれば総資本となる。

従来の総資本だけを対象にしているのではなく，最も資本性の高いコアTier 1に最低水準を設けることによって自己資本比率規制の質に関しての改善を課している。コアTier 1の必要最低水準は4.5％であり，Tier 1までを加えた必要最低水準は6％となった。さらに，Tier 2までを加えた場合の最低水準は8％である。これに資本保全バッファーが2.5％上乗せされる。この結果，事実上の必要な自己資本比率は各々，7.5％，8％，10.5％となり，量的にも従来の規制より厳しくなる。資本保全バッファーの部分については，2.5％の水準が満たされなくても国際的な金融業務を行うことはできるが，将来利益を自己資本に充てなければならない比率が強制的に増加され，配当や賞与の水準が減少することになる。これは，金融機関の経営者に対して自制を求めるものとして機能することが期待できる[注16]。

また，プルーデンス政策の一環として，カウンターシクリカル・バッファー（Countercyclical Buffer）が加えられている。これは，景気循環の波の幅を小さくするために，景気が大きく拡張（縮小）した場合は，最大でさらに資本バッ

ファーを2.5%まで引き上げる（引き下げる）ことができるものである。この他，オフバランス資産も対象にしたレバレッジ比率規制も新たに設けられた。

第5節　まとめ

　本章では，金融革新と資金供給手段の創出に焦点を当て Minsky の金融不安定性理論を展開し，さらに企業の資本構造あるいは債務構造の変化が金融革新とどのように関わりマクロ経済活動が不安定になるかを明らかにすることを目的として論じた。

　企業が投資に必要な資金をどれだけ調達できるかは，自己資金の水準の他に金融仲介機関の貸出態度に依存する。企業のバランスシートが健全であれば，貸出資金が返済される可能性は高くなり，金融仲介機関の資金を供給することのコスト（貸し手コスト）が低下し貸出は増加する。反対に企業のバランスシートが脆弱であれば，貸し手コストが上昇し貸出は減少する。金融構造の健全性を決定する主要因は将来のキャッシュ・フローであり，これは主観的な将来期待に依存するため元々不安定的な傾向を有している。

　企業のバランスシートが脆弱になるほど，企業と金融仲介機関の双方の行動が将来期待に過敏に反応するようになり，大幅な経済活動の変動をもたらす要因となる。例えば，投資拡大に伴い借入が増加すれば外部資金への依存度が高まり，企業のレバレッジ比率は上昇する。利払いに対するキャッシュ・フローの比率が減少していけば財務状態は悪化し，投資プロジェクトを実行することのリスクは高まる。すなわちバランスシートにみられる金融構造が脆弱になるほど資金を借りることのコスト（借り手コスト）が上昇し，不確実性下での投資決定に影響を及ぼし，投資水準の減少を招くことになる。このようなことからも，企業の金融構造と資金を供給する金融仲介機関の行動が，マクロ経済活動に対して重要な役割を有していることが第2節の分析より明らかになった。

　また，景気の上昇期には資金ニーズが高まり，そのことが金融革新を通じて新たな資金供給手段を創出することを Minsky 理論に基づいて確認した。新しい資金調達・運用手段の出現によって，旺盛な資金需要に対して利子率が上昇することなく，場合によっては景気拡大期に利子率が反対に低下することに

よって金融の不安定性が起こることを論じた。

さらに，第3節では，上記のMinsky理論をアメリカの2000年代における住宅ブームとサブプライム問題およびその後の金融危機と関連させて分析した。マクロ経済が安定であるか不安定であるかは，3つの種類にまとめられる企業の資本構造がどのような状況になっているかで規定される。各々の構成比率によって，マクロ経済に与える影響は大きく異なってくる。Hedge金融の状態にある企業の比率が高ければ，利潤率や利子率が変動しても企業の経営に大きな支障はなく，マクロ的にみても経済活動は安定する。しかし，Speculativeな金融状態にある企業の比率が上昇すれば，利潤率を低下させ，利子率を上昇させるような負の要因が発生した場合，経営破綻する企業が増加しマクロ経済活動にもマイナスの影響を与える。

すなわち，同じ負の経済要因が発生しても，そのとき，Hedge金融とSpeculative金融の比率が異なれば経済活動全体に対する影響も変わってくる。言うまでもなく，Hedge金融の比率が高ければ，経済ショックへの反応は小さく安定的であるが，Speculative金融の比率が上昇するほど（さらにSpeculative金融の中でも，投資に必要な資金の多くを新規借入に依存しなければならない企業の割合が上昇するほど），経済の安定性は低下する。

さらに，Ponzi金融の比率が上昇すれば，利潤率と利子率のわずかな変化に対しても企業の経営破綻が生じる可能性が高くなり経済全体の安定性は益々低下する。このように経済全体的にみれば，Hedge金融よりもSpeculative金融，あるいは，Speculative金融よりもPonzi金融の比率が上昇するほど経済の安定性は低下し不安定な状態になっていくことを，アメリカの住宅ブームとその崩壊による金融危機と関連させて明らかにした。

Minskyの金融不安定性理論では，資本主義経済における景気循環は内生的要因によるものであり，金融革新と企業・家計の資本構造および期待形成が主要な役割を発揮する。経済ブームもその崩壊による金融危機も，決して偶然ではなく必然的であると理解することができる。

次に第4節では，Minskyの金融不安定性理論を金融制度の進化と関連させて検討した。Minskyは，資本主義経済は内生的に不安定化するものであり，その過程では旧来の金融取引・手段に替わり金融革新を通じた新しい金融取

引・手段が生まれることを重要視している。金融革新と内生的な経済の発展および不安定性には密接な関係があり，これはSchumpeterの新結合による技術革新が経済発展に繋がるとした理論構造に通じるものがあることを明らかにした。

また，金融革新は資金の流動性を高め経済成長に資することができる一方，過度な成長の後には反対に流動性が低下し，それが金融不安定性を引き起こす要因にもなることを，2000年代初頭のアメリカの住宅ブームとその崩壊による金融危機を組み合わせて論じた。

最後に，上述の結論を受けて，近年の金融規制制度改革の内容について考察した。金融危機が生じるということは，その事前に経済ブームが生じていたことに起因している。したがって，金融機関や機関投資家の貸出・投資行動を自制あるいは抑制させることによって，金融ブームを引き起こさせず，その結果として金融危機の発生も防ぐことができる。この結果，長期的には景気循環の幅を小さくして，経済活動変動の安定化を図ることができるのである。

【注】

(注1) なお，第Ⅶ章では，マクロ経済活動の変動と企業の債務構造の変化がどのように関連しているかを理論的に分析している。

(注2) Schumpeter(1939)は，企業がたえず新商品・新生産技術・新販売方法・新組織等の新機軸（イノベーション）を導入し創造的破壊を繰り返すことに経済の動態的プロセスが生まれることを明確にしている。このとき，革新を遂行する企業は銀行による信用創造の力を借りて資金調達する。企業の資金需要増加の背景に先のイノベーションがあるならば，金融仲介機関も自ら新機軸（金融制度の進化）を創り出し，経済の動態的発展に寄与することができる。このような意味からもMinskyの議論は，Schumpeterの金融仲介機関をも含む革新的企業家の行動に，経済活動水準の発展が生まれる源があるとした景気循環論に通じるものがある。なお，シュンペーター理論との関わりについては次節でも詳述する。

(注3) サブプライム・ローンとは，信用力の低い個人への住宅ローン貸出である。具体的には，①所得に対する返済額比率が50%以上，②過去1年間に消費者ローンなどの延滞が2回以上，③過去5年間以内に破産した経験等を有する者への貸出である。サブプライム危機とMinsky理論の関連については，服部(2012)が詳しい。

(注4) サブプライムからプライムに格上げされた個人は，上昇した不動産価値を担保にしてさらに新規借入を行い，消費を増加させることができた。不動産ブームに伴って，負債水準を上昇させることによってマクロ経済活動を活発にするこ

とができたと考えることができる。しかし，これは将来も地価が上昇する，あるいは将来所得水準が上昇することを前提としている。これらの前提が成立しなければ膨大に増加した負債水準が，反動として深刻なマクロ経済活動の後退をもたらす要因となる。

(注5) 日本では，貸出基準がアメリカに比べて相対的に厳しいため，いわゆるサブプライム・ローンは存在しない。一方，証券化商品については，2000年代に入るとアメリカ同様に急増した。ABS発行残高は，2000年の2.2兆円からピークの2006年には10兆円を上回った。この急増のほとんどは住宅ローンに関連するものであり，この背景には金融機関がBIS規制のためにリスク資産をオフバランス化して対処しようとしたことがある。

(注6) フィナンシャル・アクセラレーター仮説については，第Ⅲ章で詳しく説明されている。フィナンシャル・アクセラレーター仮説とは，企業保有の純資産価値が資産価格や地価の変動とともに変化するため，担保価値の変化を通じ企業の資金調達量が変化し，投資水準も加速的に変化することによって，マクロ経済活動の変動を増幅させることを意味する。企業保有の時価資産価値や土地担保価値等の変化，すなわち企業のバランスシート構造の変化，金融加速因子として金融仲介機関の貸出行動に影響を与え実体経済の変動を増幅させることになる。

(注7) 利子率の変化は，企業の投資水準に影響を与え，マクロ的な経済活動と密接な関係がある。通常，投資の増加に対応して経済活動が増加する場合，資金需要も比例的に増加するため利子率は上昇し，やがて企業の資金コストの上昇に繋がる。この一連の作用により投資が過大に行われることを防ぎ，経済活動の加速化を抑制することになる。そして，さらに利子率が上昇すれば，経済活動が下方に反転することになる。利子率の変化が，いわばビルト・イン・スタビライザーの機能を担い，マクロ経済規模が過度に乱高下することを抑える役割を果たしている。

しかし，フィナンシャル・アクセラレーター仮説が成立している場合，貸出先企業の株価の上昇や担保価値が増加し，エージェンシー・コストの低下を通じて，益々貸出を増加させることができる。すなわち，経済の成長に伴う金融仲介機関の積極的な貸出行動の変化は，信用乗数を増加させ，内生的な貨幣供給増加のプロセスを経て，さらにマクロ経済活動に影響を与えることとなる。すなわち好景気下で，貸出供給の増加によって利子率が低下し，さらに経済活動を加速的に活発化させることとなる。この場合，もはや利子率のビルト・イン・スタビライザー効果は機能しない。反対に，経済活動が停滞している場合は，担保価値の低下とともに貸出が減少し，不景気の中で金利が上昇する現象が発生する。これは，経済活動を一段と後退させる要因となる。

(注8) 深刻な経済危機を招いた要因として，資産の証券化自体にのみ問題があるというわけではない。不動産を担保とした証券化は，アメリカでは1970年代からはじまっており，大きな問題を引き起こすことなく機能していた。

金融革新の一環として，新しい資金調達・運用手段として金融市場を効率化させたのも事実である。むしろ，不動産価格の過度な上昇が継続するという自己実現的な期待形成に根本的な問題が存在していると考えるべきである。さらに，不適正な格付け等があったことも大きな問題である。但し，証券化のような金融革

新は市場参加者の行動によって，実体経済を過度に不安定にする要因になりえることを常に念頭におかなければならない。

(注9) Minsky 理論では，地価が下がりはじめたことは決して外生的現象ではない。低金利政策による過剰流動性が住宅ブームを引き起こし，企業と家計の資本構造を脆弱にした。このことが，市場におけるリスク・プレミアムを上昇させる要因となり，土地の他にも実物投資や金融投資を減少させる。したがって，地価の上昇トレンドはなくなり，やがて低下することになる。このように，地価の低下は外生的ではなく内生的に生じるものと理解されなければならない。なお，地価が低下すると，過去に蓄積した負債水準が膨大であるほど，逆の反応が大きくなり経済活動は大きく後退する。このプロセスが，Minsky 理論における金融不安定性仮説に対応する。すなわち，金融危機が発生したことは偶然ではなく必然である。

(注10) サブプライム・ローンが増加した背景には，日米間で異なる金融制度の存在があった。アメリカにおける住宅ローンは，ノン・リコース型であり，返済は担保の範囲内に限られる。したがって，住宅ローンを受けた個人は資金を返済できなくなった場合，家を売り担保を差し出すだけであり，それ以上の返済義務はない。この制度が，住宅を買いやすい状況にし，住宅ローン残高を増加させた要因にもなった。但し，ノン・リコース型ローンはそのリスクを反映して通常の利子率よりも高めに設定される。高い利子率で住宅ローンを借りようとするのは質の劣るサブプライムの資金需要者であり，金融市場では逆選択の状況が生じていたと言えよう。

住宅ブームが生じたのは，過剰流動性に伴う膨大な資金移動があったことが要因としてあげられる。この反省から，アメリカでは資本移動規制に関する関心が高まり，トービン税等の導入が議論された。結果的には，ボルカー・ルールの設定や新 BIS 規制下でのレバレッジ規制とコア自己資本の増加等の形で資金移動の抑制を図ることとなった。

(注11) 横川(2013)は，Schumpeter の５つの新結合を金融革新と関連させて次のような形態に分類している。それらは，①新たな金融商品・手段，②新たな金融取引，③新たな金融市場への参入，④新たな資金調達手段，⑤新たな金融組織，である。①の新たな金融商品・手段としては株式・社債・小切手からデリバティブや証券化が組み入れられた商品や E-Money，②の新たな取引としては裁定取引や高レバレッジ運用のオフバランス取引，③の新たな金融市場への参入としては商業銀行による証券業務への参入（反対に，証券会社による銀行業務への参入），④の新たな資金調達手段としては CP や ABCP，⑤の新たな組織としては証券子会社やサブプライム危機の原因にもなった SIV 等，をあげている。

(注12) CDS の最大の売り手は，AIG（American International Group）であり数千億ドルの契約をしていた。その後のサブプライム・ローン問題による金融危機では，CDS に対する損失額を支払うことができず経営破綻した。この規模は，金融市場および実体経済への影響が計り知れないため公的資金が注入された。なお，内野(2012)は Minsky の金融不安定性理論を1990年代末のアジア通貨危機と関連させて考察している。

(注13) 但し，顧客のためのマーケット・メイクによる証券保有や取引目的が証明できるヘッジ取引は認められる。なお，ボルカー・ルールが適用されるのは経過

措置期間をおいた上での2015年7月からであった。

（注14）　また，ドッド・フランク法では金融機関の役員報酬についても，SECが関与する形で一定の規制を課すこととなった。消費者保護に関しては，法令違反をした金融機関に厳しい制裁を課すことによって不正な商品販売が行われないような措置をとっている。詳細については，小立(2010)，FDIC(2013)，FRB(2013)を参照されたい。

（注15）　コアTier 1には，この他に繰延税金資産の一部も認められている。これは，公的資金注入を受けている日本の金融機関が要求したものであり，自己資本の範囲を厳しくし過ぎることはかえって経済成長を大きく後退させる可能性もあることから，一部であるが国際的に認められたものである。

（注16）　なお，新しい自己資本比率規制の適用には6年間の経過措置がとられている。2013年度から，現段階の自己資本比率規制の水準を段階的に引き上げていき，2019年度から新しい自己資本比率規制が本格的に開始される。また，国際的な大規模金融機関には，さらに必要自己資本が上乗せされる見込みである。

第 III 章

金融制度と貨幣および信用

第1節　はじめに

　Minsky は，第 II 章で確認したように経済の成長期に資金需要が増加すれば，金融革新によって新たな資金調達手段と資金運用手段が生まれるため，利子率が上昇することなく金融市場は旺盛な資金需要に応えることができると論じた。さらに，資金供給者が積極的な貸出行動をとれば，経済の成長期に利子率が低下する可能性も生まれる。経済の成長期に利子率が低下すれば，さらにマクロ経済活動が加速的に活発化し成長率は高まる。反対に，不景気のときは将来不安を反映して資金供給が大幅に減少するため利子率が上昇する可能性が生まれる。この場合，マクロ経済活動はさらに縮小しデフレ・スパイラルの原因になる。金融的要因によって，マクロ経済活動の水準は大きく変動することになる。これが，Minsky 金融不安定性理論の根本的な特徴である。このようなことからも，金融革新がどのようにして起こるかを分析することは，マクロ経済活動の動向要因を分析する上で極めて重要な論点である。

　Minsky 理論は，経済は内生的に不安定化するものであり，その過程では旧来の金融取引・手段に替わり金融革新を通じた新しい金融取引・手段が生まれることを重視している。金融革新と内生的な経済の発展および不安定性には密接な関係があり，これは Schumpeter の新結合による技術革新が経済発展に繋

がるとした理論構造に通じるものがある。金融革新は資金の流動性を高め経済成長に資することができる一方，過度な成長の後には反対に流動性が低下し，それが金融不安定性を引き起こす要因にもなる。

　本章では，Minskyの金融不安定性理論を金融技術革新と関連させてマクロ経済活動の動態的プロセスを明らかにする。さらに，最終目的変数である国民所得と最も安定した関係にある金融政策の中間目標変数が何であるかを明らかにすることである。植田（2006）では，利潤率や将来期待が変化すれば金融機関の貸出行動に影響を与え，マクロ的には信用創造の内生化を通じて信用量（貸出）が変化し国民所得水準に影響を及ぼすことを明らかにした。また，将来期待等の変化が過度な信用量の変化をもたらし，マクロ経済活動を不安定にする可能性があることを導出した。このときミクロ的な金融要因によって，信用量は過度に変化する場合が生じるが，信用量と国民所得水準は常に密接な関係にある。換言すれば，信用量が不安定性を有するため国民所得水準も不安定性を有すると言うことができる。

　本分析において，金融政策のトランスミッション・メカニズムとしてマネー・ストックを重視しているマネー・ビューと銀行の貸出行動を重視しているクレジット・ビューを比較検討して進めていく。銀行の貸出行動，企業の資金調達行動，投資家の資産選択行動に焦点を当て，様々な変化が生じても常に国民所得と安定した金融指標が，どのような条件の下で支持されるのかを明確にする。マネー・ストックの動きが，もはや実体経済活動を忠実に反映していないと指摘され久しい中，上記の点を明らかにすることは今後の金融政策の運営方針を考える上で最も大切なものと思われる。そして，金融制度の進展が，マネー・ビューまたはクレジット・ビューが成立するための条件にどのような影響を与えるのかを分析する。

　本章の分析において，近年になるほどマネー・ビューが支持される条件が満たされなくなり，代わりにクレジット・ビューが支持される傾向にあることが明らかにされる。この場合，信用量の変化がマクロ経済活動を規定することとなり，信用量がどのような要因によって変化するかを理論的にまとめている。このため信用量が過度に変化する場合，Minskyに従えば金融不安定的な状況になる。これを，2007年以降から世界的に深刻な影響を与えているサブプライ

ム・ローン問題と関連させて展開することによって，Minsky 理論の現実的妥当性を確認することができる。

なお，本章の構成は以下の通りである。

第2節では，金融機関の貸出行動とマクロ経済活動の関係について，フィナンシャル・アクセラレーター仮説を用いて分析する。さらに，第3節ではリスク・プレミアムがいかなる要因によって変化するかを明確にする。第4節では，マネー・ビューとクレジット・ビューについて考察し，近年の金融制度の進展と関連させて，どちらが金融政策の中間目標として適切なのかを分析する。このことは，マクロ経済の動向をみる上で，貨幣（マネー）が重要なのか，あるいは，信用量（クレジット）が重要なのかを明らかにすることを意味している。最後の第5節は，まとめである。

第2節　エージェンシー・コストと信用量

(1) 企業の資本構造とリスク——内生的貨幣供給

はじめに，経済活動と（貸出・借入）利子率の関係に焦点をおき，Minsky の議論に基づいて検討する。利子率の変化は，企業の投資水準に影響を与え，マクロ的な経済活動と密接な関係がある。通常，投資の増加に対応して経済活動が増加する場合，資金需要も比例的に増加するため利子率は上昇し，やがて企業の資金コストの上昇に繋がる。この一連の作用により投資が過大に行われることを防ぎ，経済活動の加速化を抑制することになる。そして，さらに利子率が上昇すれば，経済活動が下方に反転することになる。利子率の変化が，いわばビルト・イン・スタビライザーの機能を担い，マクロ経済規模が過度に乱高下することを抑える役割を果たしている。

しかし，銀行を中心とした金融仲介機関の貸出行動を組み入れた場合，仮にベース・マネーが一定の下でも，以下の2つの要因によって信用乗数が上昇し，景気拡大期において資金需要の増加があっても，利子率水準を一定，あるいは低下させる場合さえある。第1の要因は金融仲介機関の貸出行動を考慮した貨幣供給量の内生的変化，第2の要因は金融的技術革新の誘発に伴う制度的進化

を考慮した場合である[注1]。

　まず第1に，経済活動が活発化し，さらに将来期待の見通しが十分に強い場合，金融仲介機関にとっては貸倒れの懸念が減退し貸出意欲が増加する。また経済活動が活発化しているときには，貸出先企業の株価の上昇や担保価値が増加し，エージェンシー・コストの低下を通じて，益々貸出を増加させることができる。具体的に，金融機関は収益の源泉にはならない準備金の超過準備分を減少させ，企業への貸出を増加させることによって可能となる。すなわち，経済の成長に伴う金融仲介機関の積極的な貸出行動の変化は，信用乗数を増加させ，内生的貨幣供給増加のプロセスを経て，さらにマクロ経済活動に影響を与えることとなる。

　このことは，植田(2006)に基づき信用（貸出）市場における資金需給を用いた図1に従って説明することができる。当初，借入需要L^Dと貸出供給L^SはA点で均衡し，均衡利子率はr_A，貸出量（借入量）はL_Aである。ここで企業の設備投資需要の増加から資金需要が増加し，借入需要曲線がL'^Dのように上

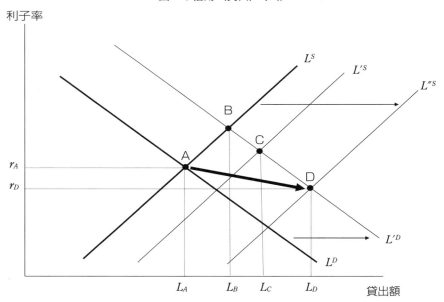

図1 ◆信用（貸出）市場

方シフトすれば，均衡貸出量は増加し，均衡利子率も資金需要の増加を通じて上昇しはじめ新たな均衡はB点となる。これが内生的貨幣供給の変化を考慮しない通常の場合であり，利子率の上昇は経済活動水準が過度に増加しないように作用する。しかし，景気拡大期には金融仲介機関の貸出意欲も増加し，信用乗数の増加を通じて貸出供給曲線も同時に右方シフトする。貸出供給曲線が，L'^s までシフトしたときの均衡点はC点となり，先のB点と比較すれば，均衡貸出量はさらに増加し，一方で均衡利子率は低下している。

また，金融仲介機関が将来経済の見通しに対して強気になればなるほど，信用創造メカニズムを通じて，貸出供給曲線は L''^s のように一段と右方シフトする。このとき信用市場はD点で均衡し，均衡貸出量は大幅に増加し，均衡利子率は当初の均衡点であるA点の利子率水準をも下回っている。この場合，経済活動が活発化し資金需要も大きく増加しているにもかかわらず，それを上回る資金供給増が発生しているため，結果として景気拡大と利子率の低下が同時に生じていることになる。利子率の低下は，企業の資金コストの低下をもたらし，投資意欲の増加を通じて資金需要が増加し，借入需要曲線がさらに上方シフトすることも考えられる。このとき，先と同じような理由から，資金供給の増加が資金需要の増加を上回れば（貸出供給曲線の右方シフトの幅が，借入需要曲線の右方シフトの幅を上回る），結果として均衡貸出量はもう一段と増加し，均衡利子率はさらに低下することとなる。この場合は，利子率の変化がもはやビルト・イン・スタビライザーとしての機能を果たすどころか，むしろマクロ経済活動を過度に変動させる要因になる[注2]。

反対に，マクロ経済活動が後退するときは，借入需要曲線が左下へシフトし，貸出供給曲線は左上にシフトする。この際，資金供給量の変化分が資金需要分を上回れば，貸出供給曲線の左方シフト幅が借入需要曲線の左方シフト幅を上回り，均衡貸出量の減少と利子率の上昇が同時に発生するという現象が現れる。景気後退期に利子率が上昇するため，さらに企業の資金需要は減少し，マクロ経済活動は一段と収縮していくことになる。

バブル期とその崩壊後の日本経済の実態に鑑みれば，民間企業に代表される資金の需要サイドのみならず，金融仲介機関を中心とした資金供給サイドの影響がいかに大きいかを容易に理解することができる。

また，近年の例ではリーマンショックに端を発するユーロ危機をあげることができる。ギリシャ，スペイン，ポルトガル等をはじめ多くの欧州諸国ではユーロ危機に直面した。とりわけギリシャは経済危機が最も深刻で不況に陥った。それまではユーロ諸国としてギリシャに資本が流入していたが，ユーロ危機後はギリシャ経済に対する不信感から大量の資金が流出し，ギリシャ国内は厳しい資金不足となった。このため，ギリシャの利子率は大幅に上昇した。ギリシャ経済が不景気の中で利子率が上昇したため，さらに経済活動が停滞した。海外資本の大規模な流出は，ギリシャ国内の利子率の水準に大きな影響を与え，深刻な経済不況を招くことになった。同じような現象は，スペイン，ポルトガル，アイルランドでも発生した[注3]。

(2) フィナンシャル・アクセラレーター仮説

　近年，情報の経済学における資金の貸し手と借り手間の情報の非対称性から生じるエージェンシー・コストを通じて，金融仲介機関の貸出行動がマクロ的な経済活動に影響を及ぼすクレジット・ビュー（Credit View）に関する理論実証分析が盛んである。これは不完全な金融市場における，銀行を中心とした金融仲介機関の貸出経路が議論の対象となっているものである。このような中で，企業の保有する正味資産価値あるいは担保価値の変化の影響を重視し，金融的な要因とマクロ経済活動の関連性を分析するフィナンシャル・アクセラレーター仮説が，Bernanke and Gertler(1989)，Bernanke, Gertler and Gilchrist(1996)等によって提唱され議論が展開されている。企業保有の時価資産価格や土地担保価値等の変化，すなわち企業のバランスシート構造が，まさに金融加速因子として，金融仲介機関の貸出行動に影響を与え実体経済の変動を増幅させることを論じている。本節では，まずこのフィナンシャル・アクセラレーター仮説を説明し，その後，Minskyの不安定性理論と比較検討する。

　一般に企業の投資需要は限界生産力で規定され，完全な資本市場の下では，一定の資本の実質レンタル・コストと限界生産力が等しいところで最適資本ストック水準が決定される。このことを貸出（信用）市場を用いて表せば，**図2**のようになる。企業の投資に必要な資金需要曲線は右下がりである。また資本

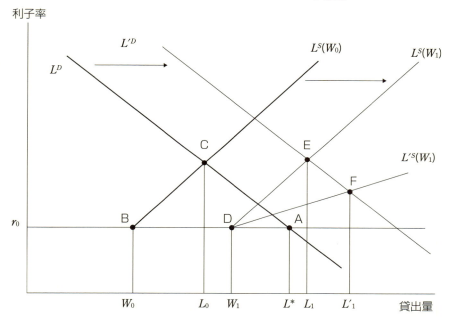

図2 ◆ファイナンシャル・アクセラレータ仮説

市場が完全であるならば、企業は一定の資金コスト r_0 でいくらでも資金調達を行うことができ、このため資金供給曲線は横軸に水平になる。MM定理が成立している下では、資金を需要するとき、それを内部資金あるいは外部資金のいずれで賄うかは無差別であり、資金調達方法の違いは資金調達コストに全く影響を与えない。この結果、資金需要曲線と資金供給曲線が交わるA点で、貸出（借入）量が決定し、設備投資水準が L^* と求められる。

　資本市場が完全な場合は、MM定理で明らかにされている通り、確かに投資水準の決定に企業の内部資金や純資産は何の制約にもならない。しかし、現実的な側面として情報の非対称性や契約の不完備性などが存在し、資本市場が不完全となれば、外部資金の方が内部資金よりも資金調達コストが上昇する。

　通常、資金の借り手である企業は、外部資金の調達を必要とする投資プロジェクトの収益性やリスク等の情報を詳しく理解している。一方、資金の貸し手である金融仲介機関は、プロジェクトに関する情報量は当該企業に比べて十

分ではない。このような情報の非対称性があれば,企業には不利な情報を隠したり,成果を偽るインセンティブが生じる。また Jensen and Mechling（1976）によって,企業家が有限責任の下では,自己資本と借入で実行される投資プロジェクトを選択するとき,結果的に高リスク・高リターン型の社会的には望ましくないプロジェクトが選択される可能性のあることが明らかにされている。これは本来なら健全で望ましいはずのプロジェクトが実行されないという意味で「逆選択（Adverse Selection）」の問題と呼ばれている。さらに資金が融資された後,金融仲介機関は企業側が融資申請時の契約通りに経営努力を行っているかを完全に監視（Monitoring）することはできない。このため借り手は社会的に望ましいだけの努力をしようとせず,過小努力が発生し効率性が損なわれるという「モラル・ハザード（Moral Hazard）」の問題が発生する。

このように情報の非対称性があれば,貸し手にとって将来の資金返済についての不確実性が上昇し,また企業のモニタリング・コストが上昇する。資本市場の完全性が失われたとき,この金融契約特有の取引費用であるエージェンシー・コスト（Agency Cost）が発生することになる。このため,貸し手である金融仲介機関は,企業の内部資金以上に貸出を行う場合,その部分についてはリスク・プレミアムとして貸出金利を上昇させる。このことを,図2を用いて説明する。

企業は当初,W_0 の純資産を保有し,借入を必要とする投資プロジェクトを持っているとする。つまり,企業は内部資金等の純資産のみで投資を実行することができず資金制約下にある。純資産水準までの借入については,一定の借入利子率 r_0 で融資を受けることができるが,それを超える借入についてはエージェンシー・コストを反映し借入利子率は上昇していく。したがって貸出供給曲線は,B点を境に屈折し $L^s(W_0)$ 曲線のように右上がりになる。このため最適な融資水準 L^* は実現されず,それよりも少ない L_0 の水準で均衡する。エージェンシー・コストが利子率に上乗せされたため,企業は資本市場が完全な場合よりも借入が抑えられ,投資水準が減少している。また,金融仲介機関が危険回避的になったり,情報の非対称性の程度が大きくなればなるほど,限界的エージェンシー・コストは上昇するので,右上がりの $L^s(W_0)$ 曲線の傾きは急になり,均衡貸出（借入）量はさらに減少する。

ここで貸出が純資産水準 W_0 までは、貸出利子率が一定であることを別の側面から考えれば次のようになる。金融仲介機関は、企業保有の純資産分までの貸出については、その純資産を担保にとることによって、情報の非対称性問題を回避することができる。なぜなら企業が、投資プロジェクトに失敗し債務不履行となっても、金融仲介機関は担保を処分することによって資金を回収することができるからである。このことは、金融仲介機関が貸出のときに企業が保有する純資産分を担保として設定することができれば、エージェンシー・コストを引き下げることができる有効な手段になることを意味している。企業自身も、経営努力を怠れば担保を処分されるため、非効率的経営は行わなくなるはずである。

次に、経済は当初の状態から将来の見通しが強くなり成長が見込まれるようになったとき、企業家マインドの上昇も加わり、投資需要の増加に伴って資金需要曲線が図2に表されているように右上にシフトしたとする（$L^D \rightarrow L'^D$）。このとき、同時に企業の保有する純資産価値は将来期待の上昇を反映して、W_0 から W_1 に上昇したとする。景気好況局面において純資産の時価が、将来期待の変化により上昇するためである。この結果、先に議論したように、純資産の上昇は担保価値の上昇をもたらす。新しい資金供給曲線 $L^S(W_1)$ は、D点で屈折する右上がりの曲線となる。均衡貸出量は、E点で決定され L_1 となる。

このように好況期には資金需要と資金供給がともに増加し、投資は大幅に増加し、マクロ経済活動が加速的に拡大されることになる。また、好況期には金融仲介機関の危険回避度も低下することが容易に想像できる。この場合、限界的エージェンシー・コストの低下を通じて、資金供給曲線の右上がりの傾きは $L'^S(W_1)$ 曲線のように緩やかになる。資金需給の均衡点はF点となり、投資水準はさらに拡大する。反対に不況期には、資金需要と資金供給曲線が同時に左方へシフトするため、投資量は大幅に減少し、マクロ経済活動の停滞を招くことになる。

この住宅ブームのようにフィナンシャル・アクセラレーター仮説は、企業保有の純資産価値が資産価格や地価の変動とともに変化するため、担保価値の変化を通じ企業の資金調達量が変化し、投資水準も加速的に変化することによって、マクロ経済活動の変動を増幅させる経路を重視している。Bernanke,

Gertler and Gilchrist(1996)によると，フィナンシャル・アクセラレーター仮説は，とりわけ大企業よりも中小企業への影響が強いことを論じている。特に不況期には，規模の小さい企業ほど金融仲介機関にとって不確実性が高く，エージェンシー・コストが高くなる。金融仲介機関による，いわゆる「質への逃避（Flight to Quality）」が生じるため，大企業よりも中小企業の資金調達は一段と困難化していく。また，中小企業は借入に対する他の代替的資金調達手段を有していないため，さらに資金調達は抑えられることになる。

2007年に生じたサブプライム危機は，その前に住宅ブームがあり（特に2004年以降），それが崩壊したことを意味する。第Ⅱ章で論じたように住宅ブームのときは，担保価値が上昇することを前提に膨大な証券化商品が組成され世界から資金が流入した。この資金流入が，さらに地価の上昇をもたらし，不動産の担保価値を上昇させ住宅ブームが一段と加速された（日本でも1980年代後半のバブル経済のときに同じように住宅ブームが生じた）。

しかし，一旦，地価が下がりはじめれば不動産の担保価値が低下し，住宅投資は大きく減少した。地価の下落は，さらに将来も低下し続けるという懸念から不動産が売却され地価は一段と下落した。また，住宅ブーム時の過大な投資に伴う債務が負担となり，不動産の売却が増加し深刻な地価の下落を招いた。また，地価が上昇することを期待してアメリカに流入していた海外からの資金が流出したことも大幅な地価の下落をもたらした要因となり，世界的な金融危機の発生に繋がった。このような現象は，フィナンシャル・アクセラレーター仮説によって説明できるものであり，金融的要因が実物経済の変動を大きく増幅させる機能を有していることが確認できる。

第3節　リスク・プレミアムの可変性

(1)　リスク・プレミアムと経済活動

植田(2006)では，景気変動期における優良企業と劣悪企業の資金調達行動を分析し，好況期には両企業の発行する社債（借入も含む）間のリスク・プレミアムが縮小し，不況期にはそれが拡大することを明らかにしている。不況期に

は，貸し手リスクを反映して，質の劣る企業から優良企業への投資が増加するため，リスク・プレミアムは拡大することになる。これは，不況期に資金の「質への逃避」が生じたことを示している。すなわち，前節で説明した金融不安定性現象の一つであるフィナンシャル・アクセラレーター仮説が成立しているときに，景気動向とリスク・プレミアムが密接に関連していることを明らかにした。

実際に，アメリカをはじめ欧州諸国では，このリスク・プレミアムの動きで景気動向を判断しており，今ではマネー・ストックに代わる主要な景気動向指数の一つとなっている(注4)。

植田(2006)では，金融不安定性が生じている中で，いかなる要因が成立しているときに上述したような現象が生じるのかを明らかにしている。またその際，銀行の貸出行動等の金融的要因が極めて重要な要因になることが明らかにされている。さらに，銀行による貸出先の担保価値評価を考慮したモデルを構築し，銀行のミクロ的な信用供給行動からマクロ経済に与える影響を論じている。特に経済ブーム期には，銀行の担保評価を通じた貸出の増加が一段と金融の不安定性を引き起こす要因になることを導出している（フィナンシャル・アクセラレーター仮説）。将来期待の上昇が，地価の上昇等を通じて貸出先の担保価値を高め，銀行の貸出意欲を促進させる。この結果，好景気の中で利子率低下という現象が生じる可能性が高くなることを理論的に導出している。このことから銀行がどのように担保評価を行っているかが，マクロ経済に対して重要な影響を及ぼすことが確認されている。

また，上記の分析では，不確実性下の資産選択理論における相対的危険回避度が富に対して減少関数になっている場合を明示的に用いた金融市場モデルを展開している。この分析により，相対的危険回避度減少の程度が大きくなるほど，金融不安定性の生じる可能性を増加させ，反対に，相対的危険回避度増加の程度が大きくなるほど金融不安定性の生じる可能性を低下させることが明らかにされた。

将来期待が上昇すれば資産選択行動において，まず代替効果によって安全資産である貨幣から危険資産である株式に需要がシフトする。次に，相対的危険回避度の効果によって，各金融資産間で需要の変化が起こる。家計の相対的危

険回避度が富に対して減少関数であるならば、さらに貨幣から株式への需要シフトが増加するため一段と貨幣市場が超過供給になる可能性が高まる。Taylor and O'Connell(1985)は，貨幣需要が減少する要因を代替効果のみとし，結果として貨幣市場が超過供給の状態になれば金融の不安定性が生じることを導出している。これは，かなり強い仮定が必要であるが，資産選択行動に相対的危険回避度を導入することによって，より現実的に金融の不安定性が生じることが明らかにされた(注5)。

(2) リスク・プレミアムと相対的危険回避度

ここでは，リスク・プレミアムと相対的危険回避度の連動性について，消費と資産選択行動を通じて考察する(注6)。

仮に，利子率（割引率）が一定であってもリスク・プレミアムが大きく変動すれば，株価が大幅に変動する可能性が生じる。一方，リスク・プレミアムは消費の決定と深く関わりがある。なぜなら，人々が金融資産を保有するのは，購買力を将来に移転して将来の消費を増大させるためだからである。異時点間の消費の最適条件より，危険資産に要求される割引率は，現在と将来の消費の限界代替率（MRS）の予想値で決まる。以上の考えに基づいて，消費と資産収益との相関で決定されるリスク・プレミアムを導出する。これは，Mehra and Prescott(1985)に基づき，消費に基づく資産市場価格形成モデル（C-CAPM）から求められる。

個人は予算制約の下で，消費から得られる期待効用の無限期間にわたる現在割引価値が最大になるように行動するものとする。

$$\text{Max} \quad E\left\{\sum_{t=0}^{\infty}(1+d)^{-t}U(C_t)\right\} \quad (1)$$
$$s.t. \quad A_{t+1}=(1+n)(A_t-C_t)$$

ここで，A は金融資産残高，C は消費，d は主観的割引率を示す。この一階条件は，異時点間における資源配分の「Keynes-Ramsey Rule」と呼ばれている次の Euler 方程式に対応している。

$$E\left[\frac{U'(C_{t+1})/(1+d)}{U'(C_t)}(1+n)\right]=1$$

左辺の分数は，異時点間の消費の限界代替率 MRS である。したがって，金融資産が安全資産の場合は，

$$E[\{MRS_t\}(1+r_{ft})]=1$$

となる。r_{ft} は安全資産の利子率である。他方，金融資産が危険資産の場合には，

$$E[\{MRS_t\}(1+n)]=1 \tag{2}$$

と表すことができる。この(2)式より，

$$E[\{MRS_t\}(1+n)]$$
$$=E[\{MRS_t\}E(1+n)]+COV(MRS_t,1+n)$$
$$=\frac{E(1+n)}{E(1+r_{ft})}+COR(MRS_t,1+n)\sigma_{MRS}\sigma_{1+n}=1$$

を得る。さらに変形すると，

$$\frac{E(1+n)}{E(1+r_{ft})}-1=-COR(MRS_t,1+n)\sigma_{MRS}\sigma_{1+n} \tag{3}$$

となる。この式からリスク・プレミアムの上限を求めることができる。つまり相関係数 COR の絶対値の上限は1であることを考慮すると(3)式は，

$$n-r_{ft}=-(1+r_{ft})COR(MRS_t,1+n)\sigma_{MRS}\sigma_{1+n}$$
$$\leq(1+r_{ft})\sigma_{MRS}\sigma_{1+n} \tag{4}$$

と書き換えられる。ここで，上式の右辺における限界代替率を特定するために，次の相対的危険回避度一定の効用関数を仮定する。

$$U(C_t)=\frac{C_t^{1-a}-1}{1-a} \tag{5}$$

a は，相対的危険回避度を表す。このとき限界代替率は，

$$MRS_t = \left(\frac{C_{t+1}}{C_t}\right)^{-a} \frac{1}{1+d} \tag{6}$$

となる。(6)式を(4)式に代入すれば，

$$r_t - r_{ft} \leq \frac{1+r_{ft}}{1+d} \sigma_{\{(C_{t+1}/C_t)^{-a}\}} \sigma_{1+r_t} \tag{7}$$

を得ることができる。リスク・プレミアムの上限は，安全資産の収益率・主観的割引率・消費増加率・相対的危険回避度・株式収益率の標準偏差に依存していることがわかる。このようにリスク・プレミアムの大きさが相対的危険回避度に依存することを確認できる。

　消費 CAPM 理論に基づき，株式等の危険資産の投資収益率と国債等の安全資産の投資収益率の格差（すなわち，リスク・プレミアム）は，相対的危険回避度および危険資産の収益率と消費の共分散に比例する。まず相対的危険回避度が大きいほど，家計は消費水準の変動を避けようとし，そのため消費水準を一定にする確実性等価を得るため，危険資産への投資を減少させるのでリスク・プレミアムは拡大する。次に，消費と高い相関を持つ危険資産は，家計の消費水準を大きく変動させる要因となるため，危険回避的な投資家は危険資産への投資を控えるためリスク・プレミアムは上昇する。

　Mehra and Prescott(1985)は，アメリカにおいて株式等の危険資産の収益率が安全資産の収益率を大きく上回り，その格差は消費者行動理論では説明がつかないほど大きいリスク・プレミアム・パズルが生じていることを示した。Kocherlachota(1996)は，彼らの主張を再検討し，リスク・プレミアム・パズルが約6％あることを確認した。Jagannathan, et al.(2001) は，70年代以降リスク・プレミアムは減少し，99年にはマイナスの値になっていることを示している[注7]。多くの研究でリスク・プレミアム・パズルの存在が検証されており，家計の資産選択行動において合理性が満たされていない可能性を確認することができる。

第Ⅲ章　金融制度と貨幣および信用

第4節　マネー・ビューとクレジット・ビュー

(1)　マネー・ビューの成立条件

　本節では，マネー・ビューが成立する条件を詳細に検討し，それらの諸条件が近年満たされなくなる傾向にあり，それとの対比でクレジット・ビューが支持されていくことを金融制度改革の変遷と関連させて明らかにする。一般にマネー・ビューが成立するためには，主として以下の3つの条件が満たされなければならない。

　①　国民所得との間における高い正の相関関係
　②　国民所得に対する時間的先行性
　③　操作可能性（コントローラビリティー）

　マネー・ストックが将来経済動向のインディケータとしての役割を果たす金融情報変数になるためには，まず上記の条件①と②で示しているように国民所得と高い正の相関関係があり，また時間的な先行性がなければならない（2008年5月から日本銀行によってマネー・サプライの表記がマネー・ストックに変更され，本書はその表記に従っている）。

　①の条件については，国民所得が実体経済の豊かさの水準を表す代表的な指標であるためである。②の条件については，マネー・ストックが先に変化し，遅れて国民所得が安定した関係を維持しながら変化すれば，マネー・ストックの変化をみることによって将来の経済動向を読むことができるためである。また③が取り上げられているのは，採用されるべき金融情報変数は中央銀行によってコントロールできなければ（Controllability），政策変数として用いることができないからである。

　以降では，これらの諸条件が成立しているか否かを理論・実証分析を通じて検討し，マネー・ビューが成立する基盤が90年代後半以降揺らぎはじめ，2000年代に入ると代わりにクレジット・ビューの説明力が高くなってきていることを示す（なお，第Ⅷ章では理論的にクレジット・ビューが中間目標の金融指標として有益であることを導出している）。

(2) 国民所得との相関関係

　マネー・ビューは，マネー・ストックの増加が低金利を通じて民間投資を刺激し国民所得を増加させるため，マネー・ストックと国民所得には高い相関関係があることを強調している。しかし，**図3**からもわかるように90年代後半に入るとマネー・ストックは正の値をとっているにもかかわらずCPI（生鮮食品とエネルギー価格を除く）の変化率は低下しマイナスの域まで達した。これは2000年代に入ってからも確認することができる。2003〜2005年にかけて，マネー・ストックの変化率はプラスであるにもかかわらず，CPIの変化率はマイナスの水準のままであり日本経済は深刻なデフレ・スパイラルの状態にあった。とりわけ2000年におけるITバブル崩壊後，民間金融機関による貸出は減少し続け，信用乗数は**図4**より明らかなように大きく低下し，企業の業績は悪化の一途を辿るばかりであった。この信用乗数低下の背景には，金融機関の経営に対する不確実性から国民の預金に対する現金保有量が上昇したことと，将来見通しの悪化から金融機関による超過準備率の増加（企業への貸出比率の低下）がある。

　その後，2007年にはベース・マネーの増加は一時的に減少したが，サブプラ

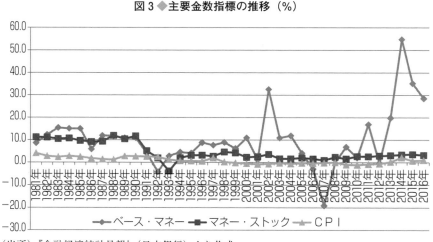

図3 ◆主要金数指標の推移（％）

（出所）『金融経済統計月報』（日本銀行）より作成

第Ⅲ章　金融制度と貨幣および信用

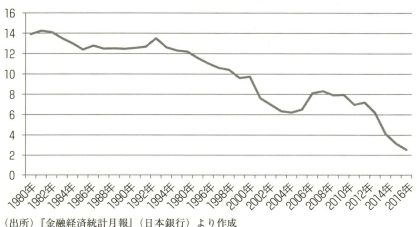

図4 ◆信用乗数の推移

（出所）『金融経済統計月報』（日本銀行）より作成

イム問題に端を発する金融危機を受けて，再び日本銀行はベース・マネーを増加させた。特に，安倍政権が発足した2013年以降の量的・質的金融緩和政策の導入後，ベース・マネーは過去にない勢いで大幅に急増した。しかし，マネー・ストックはそれに比例して伸びておらず，民間部門へ十分な資金が流れていないことがわかる。このため，景気回復も不十分であり，CPIの上昇に繋がっていない。

通常，民間金融機関の貸出が減少すれば信用創造理論を通じて預金も減少しマネー・ストックも減少するはずである。なぜならば，民間金融機関のバランスシート上で，資産項目の貸出と負債項目の預金は表裏の関係が成り立ち，両者は比例関係にあるためである。しかし，マネー・ストックの変動要因は後述するように貸出だけでなく，その他の要因も含まれるため，両者は常に安定した比例関係にあるわけではない。この側面をみるためにマネタリー・サーベイを用いて検証する。マネタリー・サーベイとは，元来IMFが国際基準に従って策定したものであり，中央銀行と民間金融機関の諸勘定を統合・調整したバランスシートである。

まず図5には，中央銀行である日本銀行と民間金融機関のバランスシートを簡単化させて示している。日本銀行は，主要な資産として日銀貸出，国債，対

図5 ◆中央銀行と民間金融機関のバランス・シート

日本銀行		民間金融機関	
日銀貸出	現金	準備	預金
国債	準備	貸出	日銀貸出
対外純資産		社債	
		株式	
		国債, 地方債	
		対外純資産	

外純資産を保有している。1990年代以降，市場オペレーションを通じた資金供給手段と為替介入による外貨購入を反映して，国債と対外純資産の保有比率が上昇傾向にある[注8]。とりわけ，近年の量的金融緩和政策が採用されてからは，国債の保有比率が急増している。一方，負債は現金と民間金融機関による準備（日銀預け金）によって構成され，両者を合計したものがベース・マネーとなる。民間金融機関の資産としては，準備金，民間企業に対する資金供給（民間部門向信用＝貸出＋社債＋株式），公的部門に対する資金供給（公的部門向信用＝国債＋地方債）および対外純資産としての外貨保有から構成されている。また負債勘定としては，日銀貸出と預金があげられている。

　日本銀行と民間金融機関のバランスシートをまとめた統合勘定が**図6**である。先の2つのバランス・シートを統合する際，準備と日銀貸出を捨象することによって銀行部門全体をまとめたバランスシートを得ることができる。図6より，明らかなように銀行部門を統合すれば，資産勘定は民間部門向信用，公的部門向信用，対外純資産から構成され，その残高は，負債勘定の現金と預金を合計

図6 ◆統合バランス・シート

銀行部門（統合）

民間部門向信用 { 貸出 / 社債 / 株式 }
公的部門向信用 ← 国債, 地方債
対外純資産

現金 (C) / 預金 (D) } M（マネー・ストック）

したマネー・ストックと等しくなる。以上より，マネタリー・サーベイをまとめれば以下の恒等式が成立する。

マネー・ストック＝民間部門向信用＋公的部門向信用＋対外純資産　　(8)

現実のマネー・ストックは，(8)式の右辺で示されている3つの要因によって変化する。仮に，公的部門向信用と対外純資産が一定であれば，民間部門向信用とマネー・ストックは完全に正の相関関係にあり，民間金融機関の貸出が増加（減少）すればマネー・ストックも増加（減少）する。しかし(8)式より明らかなように，たとえ民間部門向信用が一定であっても，公的部門向信用や対外純資産が変化すればマネー・ストックも変化する。1990年代半ばまでは，(8)式の右辺全体に占める民間部門向信用の比率が高かったため，銀行貸出とマネー・ストックは比例した関係にあった。

しかし，1990年代半ば以降，公的部門向信用と対外純資産の比率が高まり両変数によるマネー・ストックへの影響力が上昇した。これは，90年代後半に政府がバブル経済崩壊に伴う深刻な不況を乗り切るため大量の国債を発行したことと，円高阻止のための為替介入による外貨準備が急増したためである。そして，2000年代入ると，さらにこの傾向が強くなっていった。このため，公的部門向信用と対外純資産が大きく増加したため民間部門向信用が減少しても，前者の変化の絶対額が後者のそれを上回り，(8)式よりマネー・ストックが増加する事態が生じた。この現象について図7を用いて検証する。図7では，2004年4月～2016年4月までの四半期データを用いて(8)式右辺の各項目におけるマネー・ストックへの変動寄与率を示している[注9]。

マネー・ストックの変化率は，2004年8月以降上昇しているが，この多くの要因は公的部門向信用が急拡大したためであり，民間部門向信用の変化率は負の値を示している。公的部門向信用は，日本銀行によるゼロ金利政策と量的緩和政策によって，政府の発行した国債を日本銀行が大量に購入したことと，民間金融機関が「質への逃避」を通じて貸出を減少させ安全な国債の購入に踏み切ったためである。

また，2004年9月以降は対外純資産の増加がマネー・ストックの上昇に貢献していることがわかる。一方，民間部門向信用は将来見通しの悪化から減少し

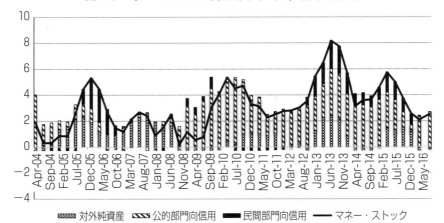

図7 ◆ マネー・ストック変動寄与率（％，前年同期比）

(出所)『金融経済統計月報』（日本銀行）より作成

ている。このことからも，銀行による企業への貸出を意味する民間部門向信用が増加しなくても，マネー・ストックの値自体は上昇する場合があることを確認できる。民間部門向信用が増加すれば，信用創造効果がよりはたらきマクロ経済活動は拡大するが，このプロセスが機能していないためマネー・ストックが上昇しても実体経済の活動に反映されることはない。

　その後，2005年〜2006年にかけて，民間部門向信用はプラスの値に増加したが，2006年末からは再びマネー・ストックの変動要因の多くは対外純資産の変動により説明される。これは，日本銀行による円売ドル買の為替介入により，外貨準備残高が増加したためである。2008年以降は，マネー・ストックの変化率は上昇傾向にあるが公的部門向信用が主要な変動要因になっている。これは，非伝統的金融緩和政策に伴い，日本銀行によって大量の国債が購入されたためである。しかし，民間部門向信用は減少し，経済全体の成長はみられなかった。2012年末から民間部門向信用がようやくプラスに転じ，マネー・ストックの上昇要因となっているが，やはり主たる要因は公的部門向信用と対外純資産であり，民間部門における資金の取引は十分活発化しているとは言えない。

　図8では，民間金融機関による国公債保有残高と貸出残高をまとめている。1990年代後半以降，貸出残高は2005年まで減少し，一方で国公債の保有残高は

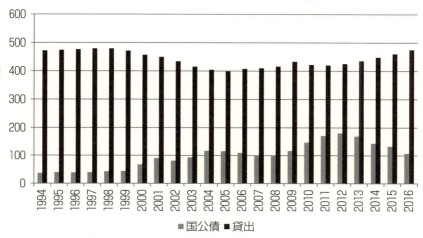

図8 ◆民間金融機関の保有資産残高（兆円）

（出所）『金融経済統計月報』（日本銀行）より作成

約40兆円（94年）から約180兆円（2012年）に増加した。この間，民間金融機関の総資産に占める国公債の保有比率は4.7％から28.1％に上昇した。反対に，貸出比率は，64.3％から42.4％にまで低下している。この事実は，日本銀行による金融緩和政策があっても民間金融機関は安全志向から国債を大量に購入し，貸出を減少していったため企業に十分な資金が供給されず不況が長期化していった側面を確認することもできる。なお，2012年以降は図7でも確認できるように貸出が緩やかに増加しはじめている。反対に，国公債の保有残高は減少傾向にある。これは，民間金融機関によって大量の国債が市場で購入されているが，利ザヤを得るためにすぐに日本銀行に売却しているためであり，結果的に保有残高は減少している

また，この時期は民間金融機関による貸出は減少していきマクロ経済活動は深刻なデフレ下にあったにもかかわらず，年次データではマネー・ストックはプラスの値をとり続けていた（図3と図7より）。このため，マネー・ストックと国民所得水準の間における正の相関関係は著しく低下した。マネー・ストックが上昇しているにもかかわらず，マクロ経済活動が反対に停滞すれば，もはやマネー・ストックは適切な金融情報変数とはなりえずマネー・ビューも

成立しなくなる。代わりに，マクロ経済活動の停滞期には民間部門向信用も大きく減少していることからクレジット・ビューが成り立っている可能性を高めることとなった[注10]。政府の大量の国債発行，日本銀行による量的緩和政策および民間金融機関の資産選択行動の変化が，結果としてクレジット・ビューの現実妥当性を実証的に確認することができるようになったと位置づけられる。次節以降では，理論的にマネー・ビューが成立しなくなってきていることを検討する。

(3) 時間的先行性

ここでは，マネー・ビューが成立するための国民所得の相関性と，二番目の条件であるマネー・ストックの国民所得に対する時間先行性について理論的に考察し，直接金融の比率が上昇するほど（市場型間接金融も含む），マネー・ストックの時間的先行性が失われ金融情報変数としての機能を果たさなくなることを明らかにする。この側面については，金子(1991)が信用創造理論を通じて明らかにしているとともに，植田(2006)でも金融政策のターゲットと関連させて論じている。

はじめに企業が投資の意思決定を行い，銀行が超過準備等を減少させて銀行貸出が増加すれば，その段階において信用創造機能を通じてマネー・ストックは内生的に増加する。すなわち，企業からみれば銀行から必要な資金を調達した段階でマクロ的には信用乗数が上昇しマネー・ストックは増加する。この後に，企業は銀行から調達した資金を用いて投資を実行し，経済活動が活発化することとなる。つまり，時間的な流れに注目すれば，まず企業が資金を銀行から調達した段階でマネー・ストックは先に増加する。このとき，ベース・マネーは変化していないのでマネー・ストックは内生的に増加していることとなる。この時点で，マネー・ストックに時間的な先行性があることを確認できる。調達した資金が実際に投資に使われるのはその後の段階であり，また投資増加による経済活動が刺激され国民所得水準の上昇に繋がるには一定の時間（3ヶ月〜1年間）を要する。

これらのことから，間接金融によって企業の必要な資金が調達される場合，

はじめにマネー・ストックが変化し，その後一定のタイムラグを伴って国民所得水準が変化する。したがって，間接金融が優位な時代であれば，マネー・ストックの国民所得水準に対する時間的先行性に関する条件は満たされマネー・ビューが支持されることとなる。

上記の議論を適用すれば，1980年代前半までは，日本では間接金融が圧倒的に優位であったためマネー・ビューが成立していたと主張できる。しかし，1980年代後半から直接金融の比率が上昇し，さらに90年代に入ってからも資産の証券化を通じた直接金融の比率がさらに上昇している。このように直接金融が優位になってくると，上述したマネー・ストックの国民所得に対する時間的先行性の条件が満たされなくなってくる。これらのことを，金子（1991）を応用し**図9**を用いて説明する。

企業が投資の意思決定を行い，必要な資金を社債あるいは株式を通じて一般投資家から調達したとする（銀行による社債・株式購入が存在する場合につい

図9 ◆ 直接金融とマネー・ビューおよびクレジット・ビュー

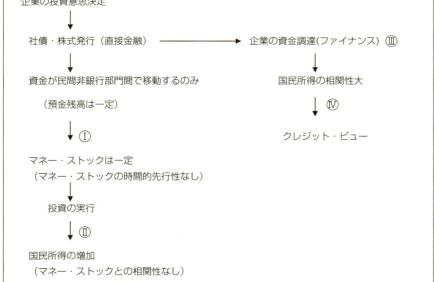

ては後述する)。このとき一般投資家から企業に資金が供給されるが，資金循環面では資金が両者間で移動するのみで，社会全体の預金残高は変化せずマネー・ストックも同様に変化しない（①）。一般投資家が預金を引き出し，その資金で企業が発行する社債または株式を購入すれば企業の預金残高は増加するが，社会全体の預金残高は一定である。これは，間接金融を通じて必要な資金が銀行貸出によって調達された場合と顕著な違いを有している。間接金融では企業の必要な資金が調達されれば，その段階でマネー・ストックは内生的に増加するが，直接金融によって資金が調達された場合，マネー・ストックは信用創造が生じないため一定である。マクロ的にみれば，企業はマネー・ストックの値を変化させることなく資金を調達したと換言することができる。

社債・株式等を発行して直接金融によって資金を調達した企業は，この後に投資を実行し，そしてタイムラグを伴って経済活動は活発化する。このとき，マクロ的な現象としてマネー・ストックは事前に変化していない。しかし，投資は実行されているため国民所得水準は総需要の増加を通じて上昇する。このことから，マネー・ビューが成立するための条件であるマネー・ストックの国民所得に対する時間的先行性はもはや存在していない。また，マネー・ストックが一定であるにもかかわらず国民所得は増加するので，両者間における相関関係もなくなりマネー・ビューが成立するための第一の条件も満たされなくなる（②）。

上記の場合，銀行貸出が行われていないためマネー・ストックは変化しないが，企業の資金調達額は社債と株式発行を通じて増加している（③）。これは，一般投資家による企業への資金供給である。クレジット・ビューは，企業がどれだけ資金を調達（ファイナンス）できるかを重視し，その金額がマクロ経済活動水準に影響を及ぼす経路を強調している[注11]。この場合，企業が直接金融で資金を調達した後，投資を実行し国民所得は増加する。したがって，企業が市場からどれだけ信用を得て資金を調達できるかが最も重要な要素になり，その資金調達額が国民所得水準と連動するためクレジット・ビューが成立することとなる。以上のことから，間接金融優位な状況から直接金融優位の状況に変われば，マネー・ビューよりもクレジット・ビューが支持されると結論づけることができる（④）。

次に、企業の社債および株式発行に対する資金供給者が民間金融機関の場合について検討する。この場合、直接金融と言えども結果的には銀行貸出による間接金融の場合と同様である。銀行が超過準備を減少させ、その資金を用いて企業が発行する社債・株式を購入すれば内生的にマネー・ストックは増加する。したがって、マネー・ビューも成立することとなる。日本においては、1980年代半ば以降に直接金融の比率が上昇していたが、その背景には銀行による社債・株式購入が支配的であった。したがって、その間はマネー・ビューがまだ成立していたと言い換えることができる。

しかし、機関投資家を含む一般投資家による社債や株式購入が増加するほど、上述した理由によりクレジット・ビューが成立する。2000年代に入り、資産の証券化を通じた市場型間接金融について、最終的な資金提供者として一般投資家の比率が今後とも上昇していることを考慮すればクレジット・ビューの重要性は益々高くなってくる。

(4) 政策変数としてのコントローラビリティー

次に、中央銀行によるマネー・ストックのコントローラビリティーについて検討する。マネー・ストックが政策変数としてコントロールできなければ金融情報変数としての機能を果たさないためである。一般に、マネー・ストックは信用創造理論に基づけば以下のようになる。

$$M = \phi H \tag{9}$$

$$\phi = \phi(\alpha, \beta_1, \beta_2) \tag{10}$$

(9)式では、マネー・ストック（M）はベース・マネー（H：ハイパワード・マネー）を信用乗数（ϕ）倍したものであることを示している。(10)式では、具体的に信用乗数が3つの変数に依存していることを示している。αは現金/預金比率であり、この値が高まれば信用乗数は減少する（$\phi_\alpha < 0$）。β_1は銀行に課せられた法定準備率であり、信用乗数とは負の関係ある（$\phi_{\beta_1} < 0$）。β_2は銀行による超過準備率であり、これも信用乗数とは負の関係にある（$\phi_{\beta_2} < 0$）。

このように簡単化されたモデルにおいてでもマネー・ストックは，政策変数である法定準備率（β_1）とベース・マネー（H）以外の変数（αとβ_2）に依存している。αとβ_2に関しては，政府や中央銀行が間接的に影響を及ぼすことができても直接操作することができる変数ではなく，あくまでも民間部門における家計や銀行の判断で決定される。

　先に図3を用いて確認したように，1990年代半ばまでは，ベース・マネーとマネー・ストックは同じような動きを示している。このことは，信用乗数（＝マネー・ストック/ベース・マネー）が安定していることも意味する。実際，この時期における信用乗数は，11〜13の間で推移していた。

　しかし，90年代末以降，両者の乖離幅は拡大している。ベース・マネーは大きく変化しているが，マネー・ストックはそれほどの上昇をみせていない。ベース・マネーは，2000年代はじめに日本銀行が深刻な不況からの脱却を目指して大規模な量的金融緩和政策を実施したため急増した。その後，2006年前後には経済が成長軌道に入った判断から，金融緩和の程度を弱めベース・マネーの変化率はマイナスとなった。また，2013年にはアベノミクスの一環として，歴史的にない水準での超金融緩和政策が採用され，ベース・マネーの上昇率は50％を超えた。

　上記のように，2000年代に入って以降，ベース・マネーは大きく変化しているが，マネー・ストックは比例して変化していない。このことは，信用乗数が安定的ではなく変動していることを示している。この時期における実際の信用乗数の値は，11前後から4弱にまでの水準に低下した。

　マネー・ストックを日本銀行が外生的にコントロールすることができれば，このような問題は生じない。信用乗数が仮に一定であれば，日本銀行はベース・マネーの水準を操作するだけで，マネー・ストックを意図する水準に近づけることができるからである。

　日本銀行によるベース・マネーの増加にもかかわらず，マネー・ストックが十分に増加しないのは，信用乗数が内生的に低下したためである。いくら日本銀行がベース・マネーを増加させても，貸出行動が消極的で企業の資金需要が乏しければ，超過準備率が上昇するだけであり，その結果，信用乗数が低下しマネー・ストックの増加は抑えられる。また，破綻金融機関の続出およびペイ

オフの部分解禁等により，家計の民間銀行に対する信頼性が低下したため，預金に対する現金保有比率が上昇したことも，信用乗数の低下に繋がっている。

以上のように，日本銀行がベース・マネーを増加させても，信用乗数が低下すればマネー・ストックを増加させることはできず，金融政策の限界が生じる。したがって，信用乗数が民間部門内部で内生的に変化すれば，もはや中央銀行によってマネー・ストックをコントロールすることはできなくなる。このことは，1990年代後半以降のマネー・ストックの推移をみれば容易に理解できる。以上から，マネー・ビューが成立するための中央銀行によるマネー・ストックのコントローラビリティーに関する条件も満たされていないことを確認することができる[注12]。

第5節　まとめ

本章では，はじめに Minsky の金融不安定性理論を金融技術革新と関連させてマクロ経済活動の動態的プロセスを明らかにするとともに，2000年代初頭のアメリカを中心とした住宅ブームとその崩壊による金融危機発生メカニズムを明確にした。

具体的に第2節では，フィナンシャル・アクセラレーター仮説について考察し，金融機関の貸出行動は企業保有の純資産価値の変動とともに変化するため，担保価値の変化を通じ企業の資金調達量が変化し，投資水準も加速的に変化することを通じてマクロ経済活動の変動を増幅させる経路を明らかにした。このことにより，資金を供給する金融機関の貸出行動が経済の安定性を規定する重要な要因になることを導いた。

また，景気変動とリスク・プレミアムが逆に連動していることを確認し（第3節），その背景には金融機関や投資家の相対的危険回避度がどのような性質を有しているかによって決定されることを導出した。投資家の資産選択行動において，相対期危険回避度が減少するほどリスク・プレミアムと景気動向が現実の動きに対応することを確認した。

また，金融革新は資金の流動性を高め経済成長に資することができる一方，過度な成長の後には反対に流動性が低下し，それが金融不安定性を引き起こす

要因にもなることを，2000年代初頭のアメリカの住宅ブームとその崩壊による金融危機を組み合わせて論じた。

金融危機が生じるということは，その事前に経済ブームが生じていたことに起因している。したがって，金融機関や機関投資家の貸出・投資行動を自制あるいは抑制させることによって，金融ブームを引き起こさせず，その結果として金融危機の発生も防ぐことが大切であることも確認された。なぜなら，過度な資金の移動を制度改革によって防ぐことができれば，長期的には景気循環の幅を小さくして，経済活動変動の安定化を図ることができるからである。

さらに，第4節では最終目的変数である国民所得と最も安定した関係にある金融政策の中間目標変数が何であるかについても検討した。ここでは，金融政策のトランスミッション・メカニズムとしてマネー・ストックを重視しているマネー・ビューと銀行の貸出行動を重視しているクレジット・ビューを比較検討して分析を行った。1990年代後半まではマネー・ビューは支持されていたが，金融制度改革とともに近年になるほど，その説明力は低下している。

理論的に，マネー・ビューが支持されていた3つの条件が1990年代後半以降満たされなくなってきていることを明らかにした。3つの条件とは，①国民所得との高い相関性，②時間的先行性，③操作可能性（コントローラビリティー）である。金融制度改革により，直接金融の取引が増加するほど，マネー・ストックの国民所得との相関性が低くなり，また，国民所得の動きに先行する特徴が失われていくことを示し，さらに実証的にも確認した。中央銀行によるマネー・ストックのコントローラビリティーに関しては，国民の現金・預金比率や民間金融機関の超過準備率が経済の動きの中で変化するようになってきているため，マネー・ストックは内生変数として変動する傾向が強まり，外生変数として中央銀行が操作できる範囲は限定的になることが確認された。

一方，企業の投資水準と安定した関係にある変数は，企業の総資金調達額（クレジット）であり，マクロ経済との連動性も高いことからクレジット・ビューの説明力が高くなり支持されるようになってきたことが示された。

【注】
（注1）　次節では，Minsky の金融技術革新が進展する議論を Schumpter の企業家

第Ⅲ章　金融制度と貨幣および信用

精神と関連させて考察する。
（注2）　足立(1993)は，景気上昇期に，資金需要を上回る資金供給が発生し，利子率が低下することによって経済が不安定になることを導出している。
（注3）　これらの国々で生じた資本流出の動きを抑制させ，ユーロ危機を防ごうとしたのはフランスとドイツである。しかし，ドイツ国内ではギリシャ等の経済危機に直面している国々への財政援助には厳しい批判の声が上がっている。EUからの離脱を決定し，元々ユーロ通貨を導入していないイギリスは，上述した国々への財政援助に極めて消極的である。最も財政援助が積極的なのはフランスであった。ユーロ通貨の価値を維持することが最大の目的であるが，ギリシャ等への資本投資が欧州諸国の中で最も多く，それらを守るため積極的な姿勢にならざるを得なかったという側面も否めない。
（注4）　具体的に，植田(2006)では，危険資産と安全資産の利子率格差（リスク・プレミアム）が将来経済動向のインフォメーションになることを分析している。一般的に，危険資産と安全資産の利子率格差が縮小すれば一定期間後の経済は成長し，逆にその利子率格差が拡大するとその後の経済成長は低くなる傾向にある。Mishkin(1990)は，アメリカで過去約100年にわたる前述の利子率格差の変動と経済成長率の変動を分析したところ，両者間に高い相関関係があることを示している。またFriedman, B.M. and Kuttner, K.(1992)では，回帰分析において被説明変数を経済成長率，説明変数を利子率格差，マネー・ストックおよび財政支出として実証分析を行っている。彼らによれば，一期前の利子率格差の説明力が高く有意であるのに対して，マネー・ストックや財政支出は年々説明力が低下している。特に利子率格差以外の変数は，有意でないという結果を得ている。これらの実証結果は，リスク・プレミアムとして表される利子率格差の変化をみることによって将来の経済動向を判断できることを示している。
（注5）　これはUchida(1987)の結果とも整合的である。さらに，家計の相対的危険回避度がどのような性質なのかによって，金融政策の有効性が左右されることも示されている。
（注6）　一般に，投資家はリスク中立的な行動をとると仮定されている。しかし，危険回避的な行動をとるならば，裁定式においてリスク・プレミアムを加えて分析する必要がある。このことにより，企業の業績や利子率が一定であっても，投資家のリスク・プレミアムが変化するだけで株価が大きく変化しうることを求めることができる。
（注7）　これに対して，Attanasio, et al.(2002)は，イギリスのパネルデータを用いて，株式保有世帯に限定してみれば，彼らの消費水準と危険資産収益率の共分散は高いため，株式におけるリスク・プレミアム・パズルはある程度解消できるとしている。
（注8）　従来は，日銀貸出を通じた資金供給手段を主としていたが，1980年代以降，市場オペレーションを重視した結果，日銀の総資産に占める日銀貸出比率は0.1％以下である。しかし，日銀の金融政策の方針を明確にするため，市場に対するアナウンスメント効果が期待されている。
（注9）　マネー・ストックは，(8)式の右辺以外にも準通貨等が含まれているが本節では取り入れていない。このため，年次データで示した図3とは一部異なっている。

(注10) これらの現象を反映して，2003年よりマネー・ストックは景気動向指数の対象から外されている。

(注11) 信用供与と言えば，一般に債権・債務者関係を意味し，直接金融手段の中では社債が対象となる。しかし，クレジット・ビューでは社債（あるいは銀行借入）のみをクレジットとしているわけではない。すべての資金調達手段を対象とし，企業が外部から得ることができる資金を市場による企業への信用と反映させてクレジットと定義している。

(注12) 仮に，マネー・ストックをコントロールすることができても，先の①と②の条件が満たされていない以上，金融情報変数としての役割を発揮できずマネー・ビューは支持されないことには変わりない。

第 IV 章

金融不安定性理論の基本モデル

第1節　はじめに

　本章の目的は，Minsky の金融不安定性理論に基づきマクロ経済モデルを構築し，金融面と実物面との相互関連を考察することによって，金融的要因がどのように実物経済の不安定性をもたらすのか，またそのような事態が生じたときの金融政策の効果と限界について分析することである。ここで不安定性とは，経済活動の水準を代表する利潤率（または所得）と，さらに金融指標として債券・株式価格が将来期待に対して過敏になり，変動がより大きくなる現象を意味している。

　近年の情報通信技術の革命的発展とともに，金融の自由化，国際化，証券化が急速に進展し，著しい金融環境の変化が生じた。これらの現象は，自由競争を通じて資金の効率的配分を促し，また投資家のニーズに応じた金融新商品の開発導入が図られ，経済の発展に大きく寄与するものと期待されていた。

　しかし同時に，実物取引を大幅に上回る国内外の金融取引の肥大化が起こり，金利・為替相場・株価をはじめとした金融指標の volatile な変動が続出している。また，その肥大化が各国のファンダメンタルズに合致しない，いわゆるバブル現象を引き起こしたのも事実である。一連の金融革命により，企業・家計の資産選択行動が利子率や将来期待の変化に敏感に反応するようになってきて

いると考えられる。

　本章では，自由放任的な市場経済において，金融過熱（ブーム）とその崩壊は不可避であると主張するMinsky(1975, 1982, 1986)の議論に従いながらモデルを展開していく。Minskyは，ミクロの金融的要因がマクロ経済に与える影響を分析しており，特に以下の点を重視している。

(1)　企業の貸借対照表の構造（企業の債務構造）
(2)　不確実性下の意思決定（期待形成）
　　a．貸し手リスク・借り手リスクを考慮した投資行動
　　b．家計の資産選択行動
(3)　信用（供与）の拡張・収縮を行う金融仲介機関の役割

　従来，Minsky理論を（直接・間接的に）モデル化したものの代表としてTaylor and O'Connell(1985), Uchida(1987), Gertler(1988), Lavoie(1988), 足立(1993), 宇恵(2000), 二宮(2006)等があげられる。

　Taylor and O'Connell(1985)は一般均衡体系で資産選択行動における代替効果に注目し，足立(1993)はミクロ的な銀行行動に基づく内生的信用乗数を重視し，各々，金融の不安定性が生じることを導出している。Uchida(1987)は，Arrow-Pratt流の不確実性モデルを用いてTobinのqと関連させて金融不安定性理論を展開している。本章ではUchida(1987)の相対的危険回避度を考慮した資産選択行動を用い，財市場と金融市場の一般均衡体系の枠組みにおいて，金融の不安定性が生じることを明らかにする。本章では，常に金融的要因と実物的要因との関係を念頭において議論を展開する。なお，金融不安定性モデルは植田(2006)で詳細に展開されており，本章ではその基本的な部分を整理してまとめる。

　本章の構成は，以下の通りである。第2節では，金融市場の分析において家計のミクロ的資産選択行動が，金融市場全体の動向に対していかなる役割を果たしているのかを，金融不安定性の観点に基づいて考察する。特にUchida(1987)で論じられているように，不確実性下の資産選択理論において相対的危険回避度が富に対して減少関数になっている場合を明示的に導入した金融市場モデルを展開する。なお，本章における財市場の分析は，足立(1993)で展開された基本モデルに従っている。実物部門の変動を金融部門が増幅させるメカニ

ズムを明らかにし,金融の不安定性が生じる要因を分析する。第3節では,金融仲介機関の貸出行動をモデル分析に組み入れ信用創造の内生化が金融の不安定性に与える影響について論じる。第4節では,相対的危険回避度が反対に富に対して増加関数になっている場合,マクロ経済に与える影響を金融不安定性理論と関連させて論じる。最後の第5節は,まとめと今後の課題である。

第2節　金融的要因と不安定性モデル

政府（中央銀行を含む）は,国債Bとハイパワード・マネーHを発行する。但し,本節では金融仲介機関の存在は考慮していないため,Hとマネー・ストックMは等しい（金融機関の存在を明示的に取り扱った上での議論の展開は次の第3節で行う）。本節における経済主体は,政府,企業,家計の3主体である。

(1) 企業の投資行動

現行の利潤率rは,以下の通りである。

$$r = \frac{PY - wN}{PK} \tag{1}$$

Yは産出水準（所得）,Pは消費財と投資財の共通価格（Taylor and O'Connell(1985)同様に,マーク・アップ原理に従って決定される）,Kは資本ストック,wは賃金率,Nは雇用量である。

投資Iからの予想収益の流列をQ_j ($j=1, 2 \cdots n$)とする。ここで,足立(1993)と同様に議論の簡単化のため,次式を満たすQが存在すると仮定する。したがって,現在割引価値は,

$$\sum_{j=1}^{\infty} \frac{Q_j}{(1+i)^j} = \frac{Q}{i} \tag{2}$$

となる。Qは予想収益の流列Q_jの加重平均値であり,一期当たりの平均予想

収益である。Q は，投資 I，現行利潤率 r，将来期待 e に対して次のように依存しているとする[注1]。

$$Q = Q(I, r, e)$$
$$Q_I > 0, Q_{II} < 0, Q_r > 0, Q_{Ir} > 0, Q_e > 0, Q_{Ie} > 0 \tag{3}$$

(1)～(3)式より投資は，

$$\frac{Q}{i} - PI = \frac{Q(I, r, e)}{i} - PI \tag{4}$$

を，最大にするように決定される。(4)式を I について解けば，次の投資関数を得る。

$$I = I(\underset{+}{r}, \underset{+}{e}, \underset{-}{i}) \tag{5}$$

右辺の変数の下にある符号は，偏微係数の符号を示している。投資は，現行利潤率 r と将来期待 e に関して増加関数であり，利子率 i に関して減少関数となる。

(2) 貯蓄関数

社会全体の貯蓄 S は，家計による所得からの貯蓄と，企業による利潤からの貯蓄（内部留保）の合計である。家計の貯蓄性向を s，企業の内部留保の比率を h とすると，社会全体の貯蓄 S は次のようになる。なお，s と h は一定である（但し，$h > s$ とする）。

$$S = s(PY - rPK) + hrPK \tag{6}$$

家計の所得は，企業の産出額から内部留保を差し引いた額に等しくなる。したがって，右辺の第1項が家計の貯蓄，第2項が企業の貯蓄である。貯蓄 S を利潤率 r について整理すれば，次の貯蓄関数を得る。

$$S = S(r), \quad S_r > 0 \tag{7}$$

貯蓄は，利潤率 r の増加関数となる。

(3) 財市場の均衡

(5)式と(7)式が等しいとき，財市場の均衡が達成される。財市場では，r が調整変数となる。

$$I(r,e,i) = S(r) \quad (8)$$
$${\scriptstyle +\ +\ -}{\scriptstyle +}$$

財市場均衡が安定的であるためには，$I_r < S_r$ が満たされなければならない。ここで，財市場の均衡を表す利潤率 r と利子率 i の関係を CM 曲線と呼ぶ。安定条件が満たされていれば，r の上昇は，財市場を超過供給の状態にするため i は低下しなければならない。したがって，右下がりの CM 曲線（**図 1**）を得ることができる。また(8)式より，将来期待が上昇すれば CM 曲線は図 1 のように上方シフトする。なお，本モデルは短期分析であり，r の変化は所得 Y の変化を意味する。

図 1 ◆ CM 曲線のシフト

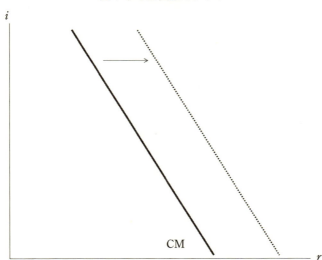

(4) 資産選択行動

　Taylor and O'Connell(1985)では，不確実性下における資産選択理論の内容が十分に生かされていない。金融資産に対する需要は，標準的な価格理論の展開に沿った場合，資産の価格あるいはその収益率に依存するのみならず，Arrow-Pratt流の不確実性下の資産選択理論が示すように，相対的危険回避度の関数の形状にも依存する。

　わが国でも金融自由化が急速に進み，家計の資産構成において自由金利商品のウェイトが高まり，資産需要が金利や債券・株式価格に対して敏感に反応するようになってきている。また持続的な経済水準の拡大を背景に金融資産保有額が増大した2000年代はじめは，利子率の低い安全資産よりもハイリスク・ハイリターンの株式等の危険資産への投資が増加した。反対に2007年のリーマン・ショック以降以降，保有金融資産額の減少に伴い，安全志向の高まりも加わり危険資産への投資が激減した。

　このことから各金融資産への投資は，その時点で家計がどれだけ金融資産を保有しているかにも依存している。したがって，一般投資家の資産選択行動において，各金融資産保有比率が全く変化しないという想定下（相対的危険回避度一定）での分析では，現実経済を適切に捉えることができない。Uchida(1987)では，相対的危険回避度を考慮した資産選択モデルを導入し，金融不安定性理論を展開している。本章ではUchida(1987)モデルを用い，さらに財市場と金融市場の同時均衡モデルを構築し，将来期待が変化すれば所得水準が過度に変動することを明らかにする。さらに，そのような事態に対処すべく金融・財政政策の有効性が，家計の資産選択行動における相対的危険回避度の水準に大きく影響を受けることを明らかにする。

　まず本節では，相対的危険回避度が富に対して減少関数（以後，相対的危険回避度減少と呼ぶ）である場合を主に分析し，第4節では，相対的危険回避度が富に対して増加関数である場合について検討する。金融市場の分析では，一般均衡モデル体系において，家計の危険回避行動を組み入れることによって，現行利潤率が将来期待に過敏に反応する金融の不安定性が生じる要因を明らかにしていく。

富の所有者である家計は，貨幣 M，債券 B，株式 P_eE を，債券利子率 i，現行利潤率 r，将来期待を表す期待超過利潤率 e と相対的危険回避度に依存して保有するものとする（P_e は株価，E は株式発行数）。Uchida(1987)に基づき，家計は各時点において，次の市場均衡式に従って富を3つの資産に割り当てる。

$$A(W)\alpha(i, r+e)W = M \tag{9}$$

$$B(W)\beta(i, r+e)W = B \tag{10}$$

$$C(W)\gamma(i, r+e)W = P_eE \tag{11}$$

金融市場では，これらの3式の方程式の中で2式だけが独立である。ここでは，貨幣市場と株式市場を表す(9)式と(11)式を取り扱うことにする。債券市場では，他の2つの金融市場で均衡が達成されれば自動的に均衡は満たされる。通常の資産需要式との相違点は，各需要式に以下で説明されている相対的危険回避度を示す項 $(A(W), B(W), C(W))$ が含まれていることである。

家計の富の総体は，次式で表される。

$$W = M + B + P_eE \tag{12}$$

また，3資産は粗代替の関係にあり，ある資産の収益率の上昇は当該資産への需要を増加させるが，他の資産への需要を減少させる。したがって，以下の不等式が成り立っている。

$$\alpha_i < 0, \beta_i > 0, \gamma_i < 0$$
$$\alpha_r < 0, \beta_r < 0, \gamma_r > 0$$
$$\alpha_e < 0, \beta_e < 0, \gamma_e > 0$$

資産制約より

$$A'(W)\alpha W + A\alpha + B'(W)\beta W + B\beta + C'(W)\gamma W + C\gamma = 1 \tag{13}$$

が成立している。金融市場での調整変数は利子率 i と株価 P_e であり，r は財市場での調整変数となる。

(9)式より総資産に対する貨幣の保有比率は，

$$\frac{M}{W} = A(W)\alpha(i, r+e) \tag{14}$$

となる。(14)式より W が変化したときの貨幣保有比率の変化を下記のように示すことができる。

$$\frac{\partial (M/W)}{\partial W} = A'(W)\alpha(i, r+e) \tag{15}$$

総資産に対する貨幣保有比率は，$A'(W)$ の符号に基づいて変化し，同時に相対的危険回避度が富に対して増加・一定・減少関数（以後各々を，相対的危険回避度増加，一定，減少と呼ぶ）であるかを判断することができる。

Taylor and O'Connell(1985)では，総資産に対する貨幣の保有比率は，$M/W = \alpha(i, r+e)$ であり，相対的危険回避度は常に $\partial (M/W)/\partial W = 0$ となり一定である。これは本章の(15)式では，$A'(W) = 0$ を仮定していることと対応している。他の資産の保有比率に対しても同様であり，相対的危険回避度一定の場合は，

$$A'(W) = 0, B'(W) = 0, C'(W) = 0$$

となる。しかし，相対的危険回避度減少の場合は，

$$A'(W) < 0, B'(W) > 0, C'(W) > 0$$

と，表すことができる。つまり，富が増加するほど総資産に対する安全資産である貨幣の保有割合は低下し，危険資産である債券と株式の保有割合は上昇する。なお，各金融資産の需要関数を(9)〜(11)式のように表すことができることを第Ⅴ章においてミクロ的基礎付けを行っている。

総資産は，Taylor and O'Connell(1985)同様に現在利潤率と将来期待に依存して，マクロ経済モデルの中で決定される。まず(12)式を(11)式に代入し，PeE を消去し W について解くと，

$$W^D = W(\underset{-}{i}, \underset{+}{r}, \underset{+}{e}, \underset{+}{M}, \underset{+}{B}) \tag{16}$$

となる。上付添字 D は，相対的危険回避度が減少（decreasing）である場合

を示している。Wの各変数に対する偏微係数は次のようになる。下付添字は，その変数で偏微分したことを表している。

$$
\begin{aligned}
W_i^D &= C(W)\gamma_i W / \Delta_1 < 0 \\
W_r^D &= C(W)\gamma_r W / \Delta_1 > 0 \\
W_e^D &= C(W)\gamma_e W / \Delta_1 > 0 \\
W_M^D &= 1 / \Delta_1 > 0 \\
W_B^D &= 1 / \Delta_1 > 0 \\
\Delta_1 &= 1 - C'(W)\gamma W - C(W)\gamma > 0
\end{aligned}
\tag{17}
$$

iの上昇は，株式需要を減少させるため株価の低下を通じて資産を減少させる。rとeの上昇は，株価の上昇を通じて資産を増加させる[注2]。

一方，相対的危険回避度が一定のときは，(17)式の分母において$C'(W)=0$とおき，Wについてまとめると，

$$
W^C = W(\underset{-}{i}, \underset{+}{r}, \underset{+}{e}, \underset{+}{M}, \underset{+}{B}) \tag{18}
$$

となる。上付添字 C は，相対的危険回避度が一定（constant）であることを表している。このとき，すべての変数について相対的危険回避度減少の場合と偏微係数の符号は一致するが，それぞれの絶対値には以下のような大小関係が生じている。

$$
|W_x^D| > |W_x^C|, \quad (x = i, r, e, M, B) \tag{19}
$$

これは，例えばrまたはeが上昇すると貨幣需要を減らし株式需要を増やすが，相対的危険回避度減少の場合の方がより多く株式需要へシフトするため，株価もより高くなり結果としてWの上昇幅が大きくなるためである[注3]。

(5) 金融市場の均衡——FM曲線の導出

以上の体系の下で，金融市場を均衡させる利子率iと利潤率rの関係（FM曲線）を導出する。(16)式を(9)式へ代入すれば貨幣市場の需給均衡式を，次のように書き換えることができる。

$$A\{W(i,r,e,M,B)\}\alpha(i,r+e)W(i,r,e,M,B) = M \qquad (20)$$

(20)式を用いることにより，各資産選択行動に相対的危険回避度を組み入れた場合の FM 曲線を求めることができる。Taylor and O'Connell (1985) モデルでは，W の関数を線形にすることができたので貨幣市場の需給均衡式を簡単な形で表すことができたが，本章では上式のように貨幣市場の需給均衡式は一般型で表される。本モデルにおいて，相対的危険回避度一定を前提とする Taylor and O'Connell モデルは，$A'(W) = B'(W) = C'(W) = 0$ と仮定している場合であり，r に対する i の関係を表せば次のようになる。

$$\frac{di^C}{dr} = -\frac{\alpha_r W + \alpha W_r^C}{\alpha_i W + \alpha W_i^C} < 0 \qquad (21)$$

Taylor and O'Connell は，貨幣と株式が極めて強い代替関係（α_r の絶対値が十分に大きい）にあるという厳しい仮定をおくことによって，はじめて利子率 i は現行利潤率 r に対して負の関係となることを導出し，金融不安定性理論を展開する布石とした。これを本モデルでは，次の条件を満たすとき i は r に対して減少関数となると表すことができる。

$$\left| \frac{d\alpha}{dr_-} \cdot \frac{r}{\alpha} \right| > \left| \frac{dW}{dr_+} \cdot \frac{r}{W} \right| \qquad (22)$$

r に対する α の弾力性が，W の弾力性よりも大きいとき，右下がりの FM 曲線を求めることができる。この条件が貨幣と株式の強い代替性を仮定した Taylor and O'Connell (1985) モデルに対応している。以後，この(22)式を「Taylor-O'Connell 条件」と呼び，この条件が満たされているとする。

一方，相対的危険回避度減少の場合，FM 曲線の傾きは，

$$\frac{di^D}{dr} = -\frac{A'(W)W_r^D \alpha W + A(W) \cdot (\alpha_r W + \alpha W_r^D)}{A(W)\alpha_i W + W_i^D \{A'(W)\alpha W + A(W)\alpha\}} < 0 \qquad (23)$$

となる。(21)式の相対的危険回避度一定の場合との主な相違点は，分子の第一項（マイナス）が加わっていることである。(21)式では，(23)式の第 2 項の一部分で

ある $a_rW + aW^D$ のみであり,貨幣と株式の代替性が極めて大きいという強い仮定（Taylor-O'Connell 条件）をおくことによってはじめて,i は r の減少関数になることを導いた。しかし,相対的危険回避度減少の場合は,分子の第 1 項で示されているように,r の上昇が W を増加させ,貨幣から株式により多く需要をシフトさせるため貨幣市場が相対的危険回避度一定のときより超過供給の程度が大きくなる。したがって,貨幣市場均衡のためには債券利子率 i が下落する程度は,相対的危険回避度が減少すればするほど大きくなる。仮に,(22)式で Taylor-O'Connell 条件が成り立っていなくても,第 1 項の $A'(W)$ の絶対値が十分に大きければ,i は r に対して減少関数になることを導出することができる。これは,ir 平面において,FM 曲線が右下がりになる可能性が高くなることを示している（**図2**）。

Taylor-O'Connell 条件が成り立っている下で,(21)式と(23)式より,傾きの大きさの違いを次のようにまとめることができる。

図2 ◆相対的危険回避度別の FM 曲線

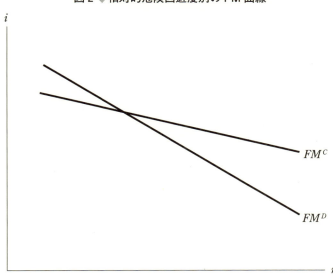

$$\frac{di^D}{dr} - \frac{di^C}{dr} = C(W)W \cdot (\alpha_i \gamma_r - \alpha_r \gamma_i)[\{A'(W)\alpha W + A(W)\alpha\}\{C(W)-1\}$$
$$+ A(W)\{1 - C'(W)\gamma W - C(W)\gamma\}]/\Delta_2 < 0 \qquad (24)$$
$$\Delta_2 = \{A'(W)W_i^D \alpha W + A(W) \cdot (\alpha_i W + \alpha W_i^D)\}(\alpha_i W + \alpha W_i^C) > 0$$

(24)式より，FM 曲線の傾きは相対的危険回避度減少の場合の方が常に急であることがわかる．さらに，$A'(W)$ の値が小さくなるほど（すなわち相対的危険回避度減少の程度が大きくなるほど），以下の(25)式で示されているように FM 曲線の傾きは急になる．

$$\frac{\partial (di^D/dr)}{\partial A'(W)} = \alpha W[W_r^D\{A'(W)W_i^D \alpha W + A(W)(\alpha_i W + \alpha W_i^D)\}$$
$$+ W_i^D\{A'(W)W_r^D \alpha W + A(W)(\alpha_r W + \alpha W_r^D)\}]/\Delta_3 > 0 \qquad (25)$$
$$\Delta_3 = [A(W)\alpha_i W + W_i^D\{A'(W)\alpha W + A(W)\alpha\}]^2 > 0$$

以上の結果より，相対的危険回避度減少を組み入れることによって，Taylor and O'Connell (1985) モデルの場合より，i が r に対し減少関数になり FM 曲線の傾きがマイナスになる可能性が高くなることが確認できる．さらに，相対的危険回避度減少の程度が大きくなるほど，FM 曲線の傾きはマイナスで急になる．相対的危険回避度が減少すると r の変化に対して，貨幣需要が大きく減少し，貨幣市場がより超過供給の状態になっていくため，図2のように i が大きく下落することになる．

また，相対的危険回避度減少の程度が最も大きい場合では，Taylor-O'Connell 条件がなくても FM 曲線が右下がりになることがわかる．相対的危険回避度減少の度合いが最も高い場合とは，W が上昇しても安全資産である貨幣需要が（絶対量で）全く増加しない場合であり，

$$A'(W)\alpha W + A(W)\alpha = 0 \qquad (26)$$

の条件を満たすときである（各金融資産は下級財ではないと仮定している）．この状態では，W が1％上昇すると，貨幣保有比率が1％減少することを意味する．(26)式を(23)式と(24)式に代入すると一意的に，

$$\frac{di^D}{dr} < 0, \quad \frac{di^D}{dr} - \frac{di^C}{dr} < 0 \tag{27}$$

が成立する。富が増加しても，貨幣需要が全く増加しないという相対的危険回避度減少の程度が最も進んだ場合は，必ず FM 曲線は右下がりになる。

(6) 将来期待の変化

次に将来期待 e が上昇したときの，利子率 i の反応を相対的危険回避行動別に表すと次のようにまとめることができる。

$$\frac{di^D}{de} = -\frac{A'(W)W_e^D \alpha W + A(W) \cdot (\alpha_e W + \alpha W_e^D)}{A(W)\alpha_i W + W_i^D \{A'(W)\alpha W + A(W)\alpha\}} < 0 \tag{28}$$

$$\frac{di^C}{de} = -\frac{\alpha_e W + \alpha W_e^C}{\alpha_i W + \alpha W_i^C} < 0 \tag{29}$$

将来期待 e の上昇は，株式需要を高める結果，貨幣市場を超過供給にするため利子率 i は低下しなければならない。そのとき，相対的危険回避度別における FM 曲線の下方シフトの大きさの違いは，(28)～(29)式より

$$\begin{aligned}\frac{di^D}{de} - \frac{di^C}{de} &= C(W)W \cdot (\alpha_i \gamma_e - \alpha_e \gamma_i)[\{A'(W)\alpha W + A(W)\alpha\}\{C(W)-1\} \\ &+ A(W)\{1 - C'(W)\gamma W - C(W)\gamma\}]/\Delta_2 < 0 \end{aligned} \tag{30}$$

となり，相対的危険回避度減少の場合の方が下方シフトの幅が大きくなる。
また，(28)式より，

$$\begin{aligned}\frac{\partial (di^D / de)}{\partial A'(W)} &= \alpha W[W_e^D \{A'(W)W_i^D \alpha W + A(W)(\alpha_i W + \alpha W_i^D)\} \\ &+ W_i^D \{A'(W)W_e^D \alpha W + A(W)(\alpha_e W + \alpha W_e^D)\}]/\Delta_3 > 0\end{aligned} \tag{31}$$

が得られる。将来期待が上昇すると，相対的危険回避度減少の場合，株式への需要がより大きくなるため，貨幣市場の超過供給の程度が大きくなる。その結

果，均衡のためには利子率は大きく下落しなければならない。さらに相対的危険回避度が減少すると，それに比例して貨幣市場の超過供給の幅は大きくなるため，FM曲線は一段と下方シフトすることになる。この結果を図示すると，**図3**のようになる。

　本節では相対的危険回避度減少の場合について検討することによって，相対的危険回避度一定を仮定していたTaylor and O'Connell(1985)モデルの場合より，FM曲線の傾きはマイナスで急であり，将来期待eが上昇すると大きく下方シフトすることを明らかにした。その結果，次節で示しているように相対的危険回避度が減少すればするほど，景気の変動幅が大きくなり，利潤率r（もしくは所得水準）が上昇するにもかかわらず，利子率iがより低下するというパラドックスの起こる可能性が一段と高くなる。このような状況においては，さらに投資水準が増加し，マクロ経済活動水準を加速的に上昇させることとなる。反対に，将来期待eが低下したときは，rが減少するにもかかわらず，貨幣需要が増加するので利子率は上昇するという事態が起きる。この場合，景気は累積的に悪化していくことになる。利子率の変化が経済活動の変動を抑制す

図3 ◆ 相対的危険回避度別のFM曲線のシフト

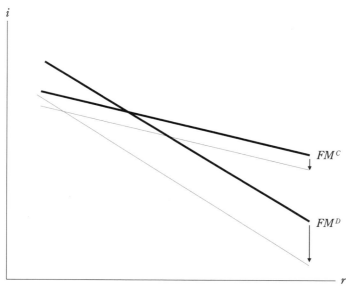

るどころか，一方向に加速的に変化させる要因になっていることが確認できる。
　Uchida(1987)を応用した本モデル分析によって，LM曲線が右上がりである通常のIS-LMモデル，さらにTaylor and O'Connell(1985)モデルの場合よりも，右下がりのFM曲線が導出される可能性が高くなることが明らかとなった。それは，家計の資産選択行動において相対的危険回避度を組み入れたことによるものである。

(7) 全体系の均衡

　前節で求めた右下がりのFM曲線とCM曲線を組み合わせることによって，総需要水準の決定を明らかにすることができ，同時に金融不安定性の生じる要因を分析することができる。(8)式と(20)式より，現行利潤率rと債券利子率iが同時決定される。

$$I(r,e,i) = S(r) \qquad (8)$$

$$A\{W(i,r,e,M,B)\}\alpha(i,r+e)W(i,r,e,M,B) = M \qquad (20)$$

　本体系モデルにおいてFM曲線が右下がりのとき，短期均衡の安定性のためには，Routh-Hurwitzの安定条件よりCM曲線の傾きがFM曲線のそれよりも急でなければならない[注4]。
　外生変数が変化したときのCM曲線とFM曲線のシフト方向は，先に示した通りである。まず，将来期待eの上昇による景気変動の幅への効果を，各相対的危険回避度別で表すと図4のようになる。
　将来期待eの上昇は，企業の投資を促進させるためCM曲線を上方シフトさせる。金融市場では，強い代替効果（Taylor-O'Connell条件）と相対的危険回避度による効果によってFM曲線は下方シフトする。
　図4より，相対的危険回避度を一定と仮定していたTaylor and O'Connell(1985)モデルと，相対的危険回避度減少の場合で分析した本モデルを比較することによって，将来期待が変化したときのマクロ経済に与える影響の違いを明確化することができる。相対的危険回避度減少の程度が大きくなるほど，

図4 ◆将来期待の上昇

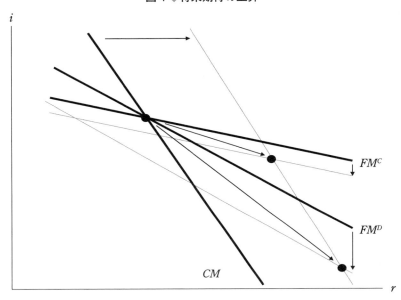

　FM曲線の傾きは急になり，下方シフトの幅も大きくなる。なぜなら，貨幣需要がより大幅に減少し，貨幣市場における超過供給の程度を大きくさせるからである。その結果，利潤率（および所得水準 Y）は大きく変動することになる。

　Taylor and O'Connell(1985)では，貨幣と株式の代替性が極めて強く，かつ，債券 B の値が十分に小さいという厳しい条件をおくことによって，はじめて右下がりのFM曲線を導出し，金融不安定性が生じることを論じた[注5]。しかし，Uchida(1987)に基づき，家計の資産選択行動において相対的危険回避度が減少の場合，FM曲線がより右下がりになり（Taylor-O'Connell 条件が成り立たないときでも右下がりになる場合がある），景気変動の幅を図4のようにさらに拡大させることが確認された。相対的危険回避度が減少するほど，景気拡張期に利子率が大きく低下するため投資がさらに増加し，景気は一段と拡大する。換言すれば，相対的危険回避度減少の程度が大きくなるほど，金融不安定性の生じる可能性が増大することになる。

第3節　金融仲介機関と金融不安定性

(1)　金融仲介機関の貸出行動とマクロ経済

　前節では，家計の資産選択行動に着目して Minsky モデルの展開を試みた。Minsky は，さらに資本主義経済過程の循環的性格，および投資と金融の密接な関係を幅広く考察している。とりわけ銀行を中心とした金融仲介機関を通じての企業貸出行動を明示的に分析し，信用の拡張や収縮がマクロ経済活動を加速させることを多角的に論じている。彼は，ミクロ的な金融要因を考慮した不確実性下での投資理論を提示し，投資と資金調達の関係，金融市場と実物市場の相互連関性を組み合わせた内生的な景気循環理論を導出し，その上で経済は結果的に不安定になる可能性が大きくなることを論じた。

　企業が投資に必要な資金をどれだけ調達できるかは，自己資金の水準の他に金融仲介機関の貸出態度にも依存する。企業の金融構造が健全であれば，貸出資金が返済される可能性は高くなり，資金を供給することのコスト（貸し手コスト）が低下し貸出は増加する。反対に企業の金融構造が脆弱であれば，貸し手コストが上昇し貸出は減少する。金融構造の健全性を決定する主要因は将来のキャッシュ・フローであり，これは主観的な将来期待にも依存するため元々不安定的な傾向を有している。企業の金融構造が脆弱になるほど，企業と金融仲介機関の双方の行動が将来期待に過敏に反応するようになり，大幅な経済活動の変動をもたらす要因となる。

　例えば，投資拡大に伴い借入が増加すれば外部資金への依存度が高まり，企業のレバレッジ比率は上昇する。利払いに対するキャッシュ・フローの比率が減少していけば財務状態は悪化し，投資プロジェクトを実行することのリスクは高まる。すなわち金融構造が脆弱になるほど資金を借りることのコスト（借り手コスト）が上昇し，不確実性下での投資決定に影響を及ぼし投資水準の減少を招くことになる。このようなことからも，企業の金融構造と資金を供給する金融仲介機関の行動が，マクロ経済活動に対して重要な役割を有していることがわかる。

本節では，家計の資産選択行動における相対的危険回避度を組み入れたモデルに，金融仲介機関の存在を新たに加えたモデルへと発展させ，金融不安定性理論をさらに展開させる。具体的には，基本モデルを示し企業の金融構造と金融仲介機関の貸出行動がマクロ経済に与える影響について検討する。経済活動の成長（不況）期には，金融仲介機関による貸出も増加（減少）するため，経済成長（不況）期に金利が低下（上昇）し，さらに経済活動を拡大（収縮）させる動きがはたらくことを明らかにする。

(2) 信用創造の内生化

　本モデル分析における各経済主体のバランスシートが，以下の**表1**で示されている。

表1 ◆各経済主体のバランスシート

中央銀行	市中銀行		企業		家計	
H	R　L^B	D	$\dfrac{(r+e)PK}{i}$	L^B　L^p　PeE	D　L^p　PeE	W

H：ハイパワード・マネー　　　L^p：社債（家計向け）
R：銀行準備　　　　　　　　　Pe：株価
L^B：銀行貸出　　　　　　　　E：株式発行数
D：預金　　　　　　　　　　　W：総資産

　市中銀行のバランスシートは，資産として中央銀行への預け金である銀行準備と，企業への融資すなわち銀行貸出から構成され，一方，負債として家計からの預金がある。企業の資金調達は，大別すると銀行借入 L^B，社債 L^p の発行，および株式発行 PeE である。本章では，銀行貸出（借入）のマクロ経済に対する影響を明確にするため，株式の発行は既存発行のみであり新規発行を行わないとする（株式の新規発行をも取り入れたケースは，植田（2006）で取り上げられている）。社債は，すべて家計向けに発行されるとする。したがって家計の資産は，預金・社債・株式から構成される。なお，r は現行利潤率，i は貸出（借入）利子率，e は将来期待を示している。

(3) 財市場の均衡

現行の利潤率 r は,前節と同様に以下の通りである.

$$r = \frac{PY - wN}{PK} \tag{32}$$

Y は産出水準(所得),P は消費財と投資財の共通価格(Taylor and O'Connell (1985) 同様に,マーク・アップ原理に従って決定される),K は資本ストック,w は賃金率,N は雇用量である.

投資 I からの予想収益の流列を $Q_j (j=1, 2\cdots n)$ とする.ここで,足立 (1993) と同様に次式を満たす Q が存在すると仮定する.したがって,現在割引価値は,

$$\sum_{j=1}^{\infty} \frac{Q_j}{\{1+i+\rho(\overline{L})\}^j} = \frac{Q}{i+\rho(\overline{L})} \tag{33}$$

となる.Q は,予想収益の流列 Q_j の加重平均値であり,1期当たりの平均予想収益である.ρ は,Minsky の主張する「貸し手リスク」に相当するものであり,企業の主観的判断で変化する.貸し手リスク ρ は,既存の銀行借入 $(\overline{L})$ の水準に依存し,さらに既存の銀行借入が増加するほど貸し手リスク ρ は危険プレミアムを反映して上昇すると仮定する(ρ の一階微分と二階微分はともに正である).Q は,投資 I,現行利潤率 r,将来期待 e に対して次のように依存しているとする.

$$Q = Q(I, r, e)$$
$$Q_I > 0, Q_{II} < 0, Q_r > 0, Q_{Ir} > 0, Q_e > 0, Q_{Ie} > 0 \tag{34}$$

(32)〜(34)式より投資は,

$$\frac{Q}{i+\rho(\overline{L})} - PI = \frac{Q(I, r, e)}{i+\rho(\overline{L})} - PI \tag{35}$$

を,最大にするように決定される.(35)式を I について解けば,次の投資関数を得る.

$$I = I(r, e, i, \bar{L}) \quad \quad (36)$$
$${+}\ {+}\ {-}\ {-}$$

次に，貯蓄 S は以下のように表すことができる。なお，家計の貯蓄性向 s と企業の内部留保率 h は一定とする（但し，$h > s$）。

$$S = s\{PY - h(rPK - i_{-1}\bar{L})\} + h(rPK - i_{-1}\bar{L}) \quad (37)$$

上式を簡単に表せば，貯蓄関数は次のようにまとめられる。

$$S = S(r, \bar{L}), \quad S_r > 0, \ S_{\bar{L}} < 0 \quad (38)$$

以上の体系より，財市場の均衡条件式は(36)式と(38)式より，

$$I(r, e, i, \bar{L}) = S(r, \bar{L}) \quad (39)$$
$${+}\ {+}\ {-}\ {-}{+}\ {-}$$

となる。なお，財市場における安定条件として，$I_r < S_r$ が満たされているとする。ここでも，財市場の均衡を表す現行利潤率 r と利子率 i の関係を CM 曲線と呼ぶ。CM 曲線は，前章と同様に右下がりの曲線である。また $|I_{\bar{L}}| > |S_{\bar{L}}|$ が成立しているとし，企業の既存借入 $\bar{L}$ が増加すれば，総需要が減少するので CM 曲線は下方シフトする。

(4) 家計の資産選択

家計は，資産として銀行預金，社債，株式を次のように保有する。

$$A(W)\alpha(i, r+e)W = M \quad (40)$$

$$B(W)\beta(i, r+e)W = L^p \quad (41)$$

$$C(W)\gamma(i, r+e)W = PeE \quad (42)$$

$$W = M + L^p + PeE \quad (43)$$

また，3資産は粗代替の関係にあり，ある資産の収益率の上昇はそれ自身への需要を増加させるが，他の資産への需要を減少させる。したがって，以下の不等式が成り立っている。

$$\alpha_i < 0, \beta_i > 0, \gamma_i < 0$$
$$\alpha_r < 0, \beta_r < 0, \gamma_r > 0$$
$$\alpha_e < 0, \beta_e < 0, \gamma_e > 0$$

資産制約式より,

$$A'(W)\alpha W + A\alpha + B'(W)\beta W + B\beta + C'(W)\gamma W + C\gamma = 1 \tag{44}$$

を得る。

(5) 銀行行動

銀行の準備は，最低必要準備（v：法定預金準備率）と超過準備で構成される。その関数形は，次のように仮定する。なお ε は，銀行が最低必要準備金を積んだ後，自由に使うことができる預金残高に占める超過準備比率を示す。

$$R = vD + \varepsilon(\underset{-}{r}, \underset{-}{e}, \underset{+}{\overline{L}})(1-v)D \tag{45}$$

現行利潤率 r と将来期待 e の上昇は，企業への貸出に伴う危険を減少させるため，企業貸出を増加させ，超過準備を減少させる。反対に，企業の既存負債 $\overline{L}$ が上昇すると，貸出に伴う危険が増加するため超過準備を増加させる。すなわち r, e の上昇は，Minsky の主張する貸し手リスクを減少させ，反対に $\overline{L}$ の増加は貸し手リスクを上昇させる。(45)式より，貨幣供給（現金はゼロであるため預金のみが対象となる）を銀行準備の信用乗数倍として，次のように表すことができる。

$$M = \phi(\underset{+}{r}, \underset{+}{e}, \underset{-}{\overline{L}}, \underset{-}{v})R \tag{46}$$

ϕ は信用乗数関数であり，銀行部門を組み入れた本モデルにおいて内生的に変化する。この信用乗数 ϕ は，後の理論分析において重要な役割を果たす。また各変数の ϕ に対する偏微係数の大きさが，FM 曲線の傾きとシフトの大小を決定することとなる[注6]。

企業への銀行貸出は，(45)～(46)式とおよびバランスシートの制約式より次のよ

うに導出される。

$$L^{BS} = L^{BS}(\underset{+}{r},\underset{+}{e},\underset{-}{\bar{L}})(1-v)D \tag{47}$$

最終的な企業への総貸出（企業の負債）は，銀行による企業への貸出と家計による社債購入を合計したものである（$L^S = L^{BS} + L^p$）。現行利潤率rと将来期待eについては，銀行の貸出供給の大きさの方が，家計のそれを大きく上回ると仮定すれば，貸出供給関数は次のようになる^(注7)。

$$L^S = L^S(\underset{+}{r},\underset{+}{e},\underset{-}{\bar{L}},v) \tag{48}$$

企業の既存借入水準$\bar{L}$が増大すれば，銀行の貸し手リスクも上昇するため企業への銀行貸出は減少する。

一方，企業の借入需要は，次のように仮定する。

$$L^d = L^d(\underset{-}{i},\underset{+}{r},\underset{+}{e},\underset{-}{\bar{L}}) \tag{49}$$

利子率iの上昇は企業の利払い負担を増加させ，また既存借入額$\bar{L}$の増加は借り手リスクを増大させるため，企業は借入を減少させようとする。反対に，現行利潤率rと将来期待eの上昇は，投資の現在割引価値を増加させるため，投資需要が増加し，それに比例して借入を増加させる。

(6) 金融市場の均衡

以上の枠組みの下で，各金融市場の需給均衡式をまとめると以下のようになる。

(A) 預金市場需給均衡条件

$$A(W)\alpha(i,r+e)W = \phi(r,e,\bar{L},v)R \tag{50}$$

(B) 貸出市場均衡条件

$$L^d(i,r,e,\bar{L}) = L^S(r,e,\bar{L},v) \tag{51}$$

(C) 株式市場均衡条件

第Ⅳ章　金融不安定性理論の基本モデル

$$C(W)\gamma(i,r+e)W = PeE \tag{52}$$

金融市場では，利子率iと株価Peが調整変数としてはたらく。上の3つの金融市場の中で1つは独立ではないため，(51)式の貸出市場式を捨象して分析する。前節と同様な手続きにより，(43)式を(52)式に代入してPeを消去し，Wについて解くと次のようになる。

$$W^{BD} = W^{BD}(\underset{-}{i},\underset{+}{r},\underset{+}{e},\underset{-}{\bar{L}},\underset{+}{R}) \tag{53}$$

但し，右上添字Bは銀行部門が存在する場合を示している。したがって，添字BDは，銀行部門が存在し，かつ，家計は資産選択行動において相対的危険回避度が減少（decreasing）である場合を示している。各変数に対する偏微係数は以下の通りである（右下の添字が，偏微分した変数を示している）。

$$W_i^{BD} = C(W)\gamma_i W / \Delta_1 < 0$$
$$W_r^{BD} = \{C(W)\gamma_r W + \phi_r R\} / \Delta_1 > 0$$
$$W_e^{BD} = \{C(W)\gamma_e W + \phi_e R\} / \Delta_1 > 0$$
$$W_v^{BD} = \phi_v R / \Delta_1 < 0$$
$$W_{\bar{L}}^{BD} = \phi_{\bar{L}} R / \Delta_1 < 0$$
$$\Delta_1 = 1 - C'(W)\gamma W - C(W)\gamma > 0$$

利子率iの上昇は，株価の低下を通じて総資産Wを減少させる。現行利潤率rと将来期待eが変化したときのWに対する影響は，第2式と第3式の分子にϕ_rとϕ_eがあることで示されているように，預金の信用創造の効果が加わるため，銀行部門が存在しないときよりも大きくなることが明らかである。したがって，$|W_r^{BD}| > |W_r^D|$と$|W_e^{BD}| > |W_e^D|$が成立する。

最後に，vまたは$\bar{L}$の上昇は，銀行の貸出意欲を低下させるため貨幣供給は低下し，結果的に家計の総資産にとってもマイナス要因となる。

(53)式を(50)式に代入すれば，銀行部門を含む預金市場（貨幣市場）の均衡条件式を次のように書き換えることができる。

$$A\{W^{BD}(i,r,e,v,\bar{L},R)\}\alpha(i,r+e)W^{BD}(i,r,e,v,\bar{L},R) = \phi(r,e,\bar{L},v)R \tag{54}$$

上式を用い前節と同じ手続きから，信用創造を行う銀行部門が存在する場合と存在しない場合に分けて，各々の金融市場における現行利潤率 r に対する利子率 i の反応の大きさを示し，その差を求めると以下のようになる。これにより，FM 曲線の傾きの差をみることができる（添字 BD は，銀行部門が存在し，家計は相対的危険回避度減少の資産選択をする場合である。添字 D は，前節で示したように銀行部門はなく，家計は相対的危険回避度減少のもとで資産選択を行う場合を示す。）

$$\frac{di^{BD}}{dr} - \frac{di^D}{dr}$$
$$= -\frac{A'(W)W_r^{BD}\alpha W + A(W)(\alpha_r W + \alpha W_r^{BD}) - \phi_r R}{A(W)\alpha_i W + W_i^{BD}\{A'(W)\alpha W + A(W)\alpha\}}$$
$$+ \frac{A'(W)W_r^D \alpha W + A(W)(\alpha_r W + \alpha W_r^D)}{A(W)\alpha_i W + W_i^D\{A'(W)\alpha W + A(W)\alpha\}} \tag{55}$$
$$= \phi_r R\{A'(W)\alpha W + A(W)\alpha + C'(W)\gamma W + C(W)\gamma - 1\} / [A(W)\alpha_i W +$$
$$W_i^{BD}\{A'(W)\alpha W + A(W)\alpha\}] \cdot [A(W)\alpha_i W + W_i^D \{A'(W)\alpha W + A(W)\alpha\}] \cdot$$
$$[C'(W)\gamma W + C(W)\gamma - 1] < 0$$

同様に，家計の相対的危険回避度が減少で銀行部門の存在する場合（添字 BD）と，相対的危険回避度は減少であるが銀行部門の存在しない場合（添字 D），および相対的危険回度が一定で銀行部門も存在しないいわゆる Taylor and O'Connell モデル（添字 C）の3つのケースを同時に比較することができ，

$$\left|\frac{di^{BD}}{dr}\right| > \left|\frac{di^D}{dr}\right| > \left|\frac{di^C}{dr}\right| \tag{56}$$

を得る[注8]。

また家計の相対的危険回避度の程度が変化した場合，FM 曲線の傾きに対する影響は，

$$\frac{\partial(di^{BD}/dr)}{\partial A'(W)} > 0 \tag{57}$$

となる。上式は，ある相対的危険回避度減少の下で金融仲介機関の存在を組み

入れている場合，$A'(W)$ が変化したときに FM 曲線の傾きがどのように変化するのかを求めたものである。相対的危険回避度が減少するほど，FM 曲線の傾きは急になることが確認できる。

上記(56)式と(57)式は，銀行部門を組み入れた本理論分析において重要な意味を有している。同じ相対的危険回避度の下で，信用創造を内生化させる金融仲介機関の導入は，現行利潤率 r が上昇すると貨幣供給が増加するため，利子率を低くする効果を持ち，FM 曲線の傾きをより急にする。換言すれば，FM 曲線が右下がりになる可能性を高める要因となる。さらに，金融仲介機関の存在を考慮している場合，相対的危険回避度が一段と減少すれば貨幣市場の超過供給の程度を大きくする。したがって利子率はさらに低下し，FM 曲線の傾きが急になる。

(7) 金融不安定性と信用創造効果

上述したマクロ経済モデルにおいて，将来期待 e が変化したときの FM 曲線のシフトの大小関係は，

$$\left|\frac{di^{BD}}{de}\right| > \left|\frac{di^{D}}{de}\right| \tag{58}$$

となる。さらに，先の3つ場合において将来期待 e が，各々の利子率 i へ与える影響の違いを次のようにまとめることができる。

$$\left|\frac{di^{BD}}{de}\right| > \left|\frac{di^{D}}{de}\right| > \left|\frac{di^{C}}{de}\right| \tag{59}$$

また，相対的危険回避度が減少するほど FM 曲線の下方シフトの幅は，次のように大きくなる。

$$\frac{\partial(di^{BD}/de)}{\partial A'(W)} > 0 \tag{60}$$

以上の(58)式と(60)式を図示すれば，**図5**のようになる。将来期待 e が上昇すれ

ば，FM 曲線は下方シフトすることは前章でも示した。銀行部門が存在すれば，e の上昇は利子率を同様に低下させるが，貨幣供給量が一段と増加するため利子率をより低くさせる。したがって，貨幣市場の均衡のために FM 曲線は，銀行部門の存在しない場合よりも大きく下方へシフトしなければならない(注9)。

この結果，将来期待が上昇した場合のマクロ経済に与える影響は，図5を用いることによって明確に理解することができる。相対的危険回避度が減少し，さらに銀行部門が存在する場合（FM^{BD} 曲線），e が上昇すると現行利潤率は大きく上昇し，他の場合よりも景気変動の幅が大きくなる。金融仲介機関の存在が，実物経済の変動幅を拡大させる要因になっていることが確認できる。

図5 ◆ FM 曲線のシフト

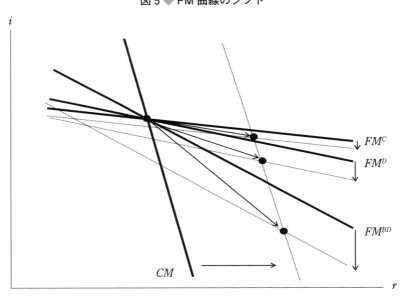

第4節　相対的危険回避度増加のケース

前節まででは，主に相対的危険回避度減少の場合について考察してきた。本節では，相対的危険回避度増加の場合を分析するとともに，各々の相対的危険回避度別（3ケース）にマクロ経済に対する影響を分析しその特徴を論じる。

相対的危険回避度増加とは，W が上昇すれば安全資産である貨幣の保有比率を高め，他の危険資産の保有比率を低下させることであり，次の不等式が成立している場合に対応している。

$$A'(W) > 0, B'(W) < 0, C'(W) < 0 \tag{61}$$

この場合，FM 曲線の傾きは，⒇式より，

$$\frac{di^I}{dr} = -\frac{A'(W)W_r^I \alpha W + A(W) \cdot (\alpha_r W + \alpha W_r^I)}{A(W)\alpha_i W + W_i^I \{A'(W)\alpha W + A(W)\alpha\}} \gtreqless 0 \tag{62}$$

となる。添字 I は，家計の相対的危険回避度が増加 (increasing) する場合を示している。相対的危険回避度減少や一定の場合と異なり，Taylor-O'Connell 条件が成立している場合でも符号は一意的ではない。それは，(62)式の分子の第1項が相対的危険回避度増加の場合プラスになるためである。しかし，仮に FM 曲線が右下がりであっても，各相対的危険回避度別に次のように傾きの大小が順序づけられる。

$$\frac{di^D}{dr} < \frac{di^C}{dr} < \frac{di^I}{dr} \tag{63}$$

3つの傾きの差は，以下のような要因により説明することができる。はじめに，利潤率 r の上昇は代替効果から株式の需要を高め貨幣市場を超過供給の状態にする。また，r の上昇は W も増加させるため貨幣需要が増加する。この資産効果による貨幣需要量の増加は，相対的危険回避度減少や一定の場合よりも，相対的危険回避度増加の場合の方が，貨幣保有割合を高めるために大きくなる。これは相対的危険回避度増加の場合の方が，他の場合に比べて，貨幣市場の超

過供給の程度が小さいことを意味している。したがって，利子率は十分には下落せず，(63)式のような傾きの差が生じる。言い換えれば，相対的危険回避度の効果を通じて貨幣需要量の変化に差が生じるため傾きが異なるとまとめることができる。

さらに，将来期待 e が上昇したとき，FM 曲線の下方シフトの幅の大きさは次のようにまとめられる。

$$\frac{di^D}{de}<\frac{di^C}{de}<\frac{di^I}{de} \tag{64}$$

(63)～(64)式の結果より，**図6**のように各相対的危険回避度別にマクロ経済に与える影響をまとめることができる。相対的危険回避度が減少する程度が大きくなるほど，貨幣市場の超過供給の程度が大きくなるため FM 曲線の下方シフトの幅も大きくなる。反対に，相対的危険回避度が増加するほど貨幣市場の超過供給の程度が小さくなるため FM 曲線の下方シフトの幅は小さくなる。さ

図6◆相対的危険回避度毎の変化

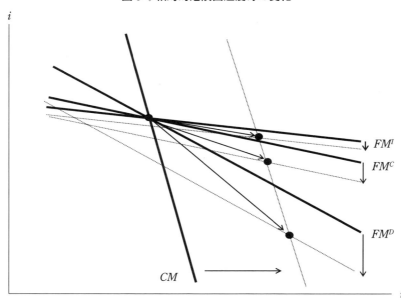

らに，相対的危険回避度増加の程度が十分に大きくなればFM曲線は通常のIS-LM分析と同様に右上がりになる[注10]。

第5節　まとめ

本章の分析により明らかになったことは以下の通りである。

まず，第2節の理論分析によって，相対的危険回避度減少の程度が大きくなるほど，金融不安定性の生じる可能性を増加させ，反対に，相対的危険回避度増加の程度が大きくなるほど金融不安定性の生じる可能性を低下させることが明らかにされた。利潤率rや将来期待eが上昇すれば資産選択行動において，まず代替効果によって安全資産である貨幣から危険資産である株式に需要がシフトする。次に，相対的危険回避度の効果によって，各金融資産間で需要の変化が起こる。仮に，相対的危険回避度が減少するならば，さらに貨幣から株式への需要シフトが増加するため一段と貨幣市場が超過供給になる可能性が高まる。Taylor and O'Connell（1985）は，貨幣の需要減少を代替効果のみとし，貨幣市場が超過供給の状態になれば金融の不安定性が生じると分析した。これには，かなり厳しい仮定が必要である。しかし，本章では資産選択行動に相対的危険回避度を導入することによって，より現実的に金融の不安定性が生じることが明らかにされた。

実際に，家計は将来の不確実性から安全資産を需要するか危険資産を需要するかの決定を行わなければならない。それは，金融資産の収益率と富の量に依存する。経済の変動過程で生じる富の変化が，家計の資産選択を変化させる。その影響をみるためには相対的危険回避度の導入は必要不可欠であると思われる。本章では，富の変化によって変化する資産選択行動から金融の不安定性が生じる可能性が，より一層高くなることが明確にされた[注11]。

次に，第3節では金融仲介機関の行動を考察することによって金融不安定性の生じる要因を分析し，マクロ経済に与える影響とその特徴を論じてきた。ここでの結論は以下のようにまとめることができる。

ある一定の相対的危険回避度の下で，現行利潤率が上昇すれば，銀行の貸出意欲が強い場合，経済全体の貨幣供給量は銀行部門の存在しない場合よりも増

加する。したがって，利子率を一段と低下させることになるためFM曲線の勾配を急にする。また将来期待の上昇は，同様に，銀行の貸出意欲を高めるため，銀行部門が存在しないときよりも利子率をより低くさせる。したがって，FM曲線はより大きく下方シフトする。このため金融仲介機関の存在は，景気の変動幅を大きくするという金融不安定性を引き起こす可能性を高めることが明らかになった。つまり，経済変動の幅を大きくするという点で，マクロ経済に対して強いインパクトを持っていると主張することができる。

なお，残された課題として以下の点が挙げられる。

第一に，期待形成についての検討である。銀行の将来に対する期待形成は，信用の拡張・収縮を通じて経済全体へ影響を及ぼすという意味で極めて重要な役割を発揮する。銀行がどのように期待形成をするかというミクロ的分析（発散的期待，回帰的期待等）を行い，それに基づいて金融不安定性の観点から応用する必要がある。なお，投資家の期待形成について，第Ⅶ章ではthreshold効果を有する期待形成モデルを用いて分析している。

第二は，銀行の貸出行動についての詳細な分析である。わが国でみられるようにメインバンクの機能がはたらいているときは，一種の救済融資が存在していた。しかし1990年代～2000年代において，銀行の不良債権処理に伴い自己資本比率が低下すれば貸出が急速に減少した。マクロ経済の状況によって，企業と銀行の関係が変化することを取り入れた分析をすることが望まれる。

第三は，信用創造関数についての詳細な検証である。日本銀行は，Suzuki, Kuroda and Shirakawa(1988)以来，グレンジャーの因果性テストから日本銀行は，ハイパワード・マネー需要の変動に対しては短期的には同調的であり，能動的コントロールは行っていないと論じている。マネー・ストックのコントロールは，あくまでも操作変数としてのコール・手形レートの変動を通ずるものであると分析している。この点については，より一層の検討が必要である。

【注】

（注1）　本章では，Q_j は次のように仮定されている。

$$\sum_{j=1}^{\infty} \frac{Q_j}{(1+i)^j} = \sum_{j=1}^{\infty} \frac{Q}{(1+i)^j}$$

(注2) Pe についての効果は，(16)式を(11)式に代入し，Pe について解くことによってみることができる。$C'(W)\gamma W + C\gamma > 0$ と粗代替の仮定より（さらに，各金融資産は下級財ではないとする）．

$$\frac{dPe}{di} = [C(W)\gamma_i W + W_i \{C'(W)\gamma W + C\gamma\}] / E < 0$$

$$\frac{dPe}{dr} = [C(W)\gamma_r W + W_r \{C'(W)\gamma W + C\gamma\}] / E > 0$$

となる。他の変数についても同様に求めると，次のようにまとめることができる。

$$Pe = Pe(\underset{-}{i}, \underset{+}{r}, \underset{+}{e}, \underset{+}{M}, \underset{-}{B}, \underset{+}{E})$$

(注3) Pe についても，符号条件は相対的危険回避度が一定の場合と減少の場合では一致する。しかし，絶対値については同じ理由により相対的危険回避度減少の場合の方が大きい。

$$|Pe_x^D| > |Pe_x^C| \quad , \quad (x = i, r, e, M, B)$$

(注4) この CM-FM 曲線の傾きに関する条件は，Taylor and O'Connell (1985)，足立(1990)と同じである。

(注5) 先進国では，財政赤字の拡大と金融自由化により債券 B の発行を益々上昇させており，B の値が十分に小さいという仮定は現実的とは言えない。

(注6) Tobin は，現金預金比率 C/D の値は，家計や銀行のポートフォリオの調整によって volatile に変動するために，銀行信用乗数は決して安定的とは言えないと主張している。一般的にも信用乗数は，決して外生変数として一定ではなく，本モデル分析と同様に経済状況に応じて内生的に変化するものと考えられる。

(注7) r と e が上昇すれば，家計に関してはポートフォリオ行動より株式需要を増加させ，企業向貸出を減らす要因となる。しかし，バランスシートより銀行は株式保有をしない分，r と e が上昇すれば企業向貸出を大きく増加させる結果，家計のマイナス分を上回るとするものであり，これは現実的であると思われる。

また，(48)式の銀行の貸出供給関数には，貸出利子率が入っていない。通常，貸出利子率の上昇は，銀行の貸出供給を増加させるはずである。しかし，この点を考慮しても本節の議論において本質的な影響は受けない。

(注8) 銀行の信用創造関数において貸出利子率 i を用いても 3 つのケース（Taylor and O'Connell モデル，相対的危険回避度を明示的に導入し金融仲介機関を含むモデル，同じく金融仲介機関を含まないモデル）における i の r に対する傾きの絶対値と，e に対するシフトの絶対値の大小関係は変わらない。

(注9) このとき CM 曲線は，前節と同様に右方シフトする。

なお，企業の既存借入が上昇したときのマクロ経済に与える影響は以下の通りである。まず，既存借入 $\bar{L}$ の上昇は，CM 曲線を下方シフトさせる。FM 曲線への影響は，(54)式より，

$$\frac{di}{d\bar{L}} = \frac{\phi_{\bar{L}} R}{A(W)\alpha_i W} > 0$$

となる（但し，ここでは簡単化のため $A'(W)\alpha W + A(W)\alpha = 0$ としている）。

　企業の既存借入 $\bar{L}$ の増加は，銀行にとって企業への貸出に伴う貸し手リスクが上昇するため銀行貸出を減少させる。この結果，貨幣供給は減少し，貨幣市場は超過需要の状態になる。このとき金融市場の均衡のためには，貨幣需要が減少するように利子率は上昇しなければならない。したがって，FM曲線は上方にシフトする。

　以上より，既存借入 $\bar{L}$ の増加は利子率 i を上昇させ利潤率 r を低下させる要因となる。利子率の上昇は，企業の負担を一層重いものとし，有効需要を減少させる。さらに r の減少は，銀行の貸し手リスクを上昇させ，貸出を減少させるためにマクロ経済活動を一段と収縮させる。

（注10）　$A'(W)\alpha W + A(W)\alpha = 1$，あるいは $C'(W)\gamma W + C(W)\gamma = 0$ の場合は，次のように必ずFM曲線は右上がりとなる。

$$\frac{di^I}{dr} = \frac{B(W)\beta_r W}{A(W)\alpha_i W + C(W)\gamma_i W} > 0$$

　上述の仮定は，W の増加はすべて安全資産である貨幣への需要になり，相対的危険回避度増加の程度が最も強い場合である。

（注11）　植田（2006）では，本章のモデルを用いて金融政策の有効性が投資家の相対的危険回避度に依存することを明らかにしている。基本的な結論は，以下の通りである。

　金融政策の効果については，相対的危険回避度減少の場合の方が大きいことが示された。貨幣供給量 M の増加は富を増加させる。このとき，資産効果によって各金融資産の需要は比例的に増加する。しかし，相対的危険回避度が減少であるならば，富の増加に伴い，危険資産である株式の需要が増加し，安全資産である貨幣の需要は減少する。したがって，貨幣市場では相対的危険回避度を考慮していない場合より，貨幣の需要の増加分は少ない。このため利子率は，相対的危険回避度一定の場合よりも上昇の程度が低くなる。

　反対に，相対的危険回避度増加である場合は，一段と安全資産である貨幣の需要が高まるため，利子率が上昇する要因が生じる。したがって，利子率は相対的危険回避度一定の場合よりも上昇する。このことから，相対的危険回避度減少の方が金融政策の効果が大きくなる。貨幣供給量の増加は，相対的危険回避度が減少である場合，利子率は大きく低下し，投資需要は増加するため経済活動をより活発にさせるからである。このように，ミクロ的な家計の資産選択行動が，マクロ経済に対して重要な役割を果たしていることが明確化された。

第Ⅴ章

資産選択行動と金融政策の動学分析

第1節　はじめに

　本章の目的は，資産選択行動がマクロ経済活動にどのようなプロセスを通じて影響を与えるかを金融不安定性理論の観点から分析し，さらに金融政策と期待形成モデルを動学的に展開させ定常均衡の特徴を明らかにすることにある。

　第Ⅳ章では，金融面を重視した経済モデルを構築し，金融面と実物経済面との相互関連を分析することによって，金融的要因によってどのような経路を通じてマクロ経済活動が不安定になるのかを明らかにした。その分析過程において，Minsky理論を展開したTaylor and O'Connell(1985)を基礎にCM（財市場が均衡しているときの利潤率と利子率の組み合わせの軌跡）-FM（金融市場全体が均衡しているときの利潤率と利子率の組み合わせの軌跡）体系の枠組みを発展させて，実際のマクロ経済活動の動向と関連させ諸事象の解明を試みた。

　ここで金融不安定性とは，マクロ経済活動（実物市場）が将来期待の変化によって変動幅が大きくなることを意味している。具体的には，好景気（不景気）時に，金融的要因によって，利子率が低下（上昇）し，投資需要を増大（減少）させ，さらに景気を拡大（縮小）させるということである。これは，実物サイドへのショックの影響を金融市場がさらに増幅させることを意味している。一

般的に実物サイドにおいて将来期待が上昇すれば，好景気下においてクラウディング・アウトが発生し利子率が上昇するため，マクロ経済活動はある意味において適切に抑えられ一方向に累積的に上昇することが回避される。しかし，好景気下で金融的要因によって利子率が低下すれば，マクロ経済活動は加速的に上昇する。反対に，不景気下では金融市場の作用により（実質）利子率が上昇すれば，マクロ経済活動はデフレ・スパイラルに陥る。このとき，①家計の資産選択行動，②金融仲介機関の貸出行動，③企業の財務行動と投資行動等の金融的要因がマクロ経済活動の安定性あるいは不安定性に重要な役割を果たしていることが明らかとなった。

本章では，上記の金融不安定性が生じている中で，利子率の動きだけでなく金融市場全体の均衡状態から導出される株価がどのように反応しているかを明確にするとともに，期待形成がマクロ経済活動の動向に対して変化する場合，金融政策の安定条件について動学分析を通じて導出する。本章の構成は，以下の通りである。

第2節では，本書で用いる金融資産需要関数のミクロ的基礎付け（Micro Foundation）を行う。続く第3節では，第Ⅳ章の分析，および植田（2006）から得られた内容をまとめて論じる。第4節では，金融市場と財市場との同時均衡体系下で，期待形成と金融政策の有効性について動学的に分析する。最後の第5節は，まとめと今後の課題である。

第2節　資産需要関数の定式化

(1) 相対的危険回避度と資産需要関数

植田（2006）において，金融の不安定性と金融政策の効果の有効性を分析する場合，家計の資産選択行動において各金融資産間の代替効果（Taylor-O'Connel条件）と，相対的危険回避度がどのような大きさにあるのかが重要であることを論じた。

資産選択行動の分析は，Tobin（1958）以後，飛躍的に発展している。Tobinは，期待収益－分散の2パラメータ・アプローチを用いて各個人レベルでの安全資

産と危険資産の需要関数を導出した。Tobin(1958)以前の貨幣需要は，各個人レベルでは，ある収益率の水準を境に保有資産すべてを安全資産である貨幣で需要する（危険資産の需要はゼロ）か，あるいはすべてを危険資産で需要するかであった（貨幣需要はゼロ）。各個人によって，境となる収益率の水準は異なっている。このことから，市場に参加している各個人の貨幣需要を合計することによって，Keynesの流動性選好仮説のように滑らかな右下がりの貨幣需要曲線をマクロ・レベルで導出した。しかし，Tobin(1958)では各個人のミクロ・レベルで，滑らかな右下がりの貨幣需要関数を導出した点に顕著な特徴がある。さらにMarkowitz(1959)は，危険資産がn種類ある場合の最適ポートフォリオ理論を展開した。その後，各危険資産の収益率の決定分析として，Sharpe(1964)がCAPM（Capital Asset Pricing Model）を提示し，いわゆるβ革命を引き起こした。また，Arrow(1970)は，危険回避度を明示化させて，保有金融資産Wの変化に応じて各金融資産の需要が変化することを明らかにした。

本節では，まず第Ⅳ章で展開した相対的危険回避度（RRA：Relative Risk Aversion）を組み入れた場合，Uchida(1987)が用いたように以下の資産需要関数型として表すことができることのミクロ的基礎付けを与える。

$$A(W)\alpha(i, r+e)W = M \tag{1}$$

$$B(W)\beta(i, r+e)W = B \tag{2}$$

$$C(W)\gamma(i, r+e)W = PeE \tag{3}$$

$$W = M + B + PeE \tag{4}$$

Mは安全資産の貨幣である。BとPeEは，各々，危険資産である債券，株式時価総額（Peは株価，Eは株式発行量）を示している。iは債券の利子率，rは国民所得水準と比例する企業の現行利潤率，eは将来期待である。通常の資産需要関数との違いは，各資産需要関数のはじめに資産水準に依存する$A(W)$，$B(W)$，$C(W)$があり，これは以下のように相対的危険回避度を表している。

相対的危険回避度が減少であるとき，

$$A'(W)<0, \quad B'(W)>0, \quad C'(W)>0 \tag{5}$$

相対的危険回避度が一定であるとき,

$$A'(W)=0, \quad B'(W)=0, \quad C'(W)=0 \tag{6}$$

相対的危険回避度が増加であるとき,

$$A'(W)>0, \quad B'(W)<0, \quad C'(W)<0 \tag{7}$$

また, α, β, γ は金融資産間の代替効果を示している。金融資産の需要関数が上記のように表されることを以下で合理的な資産選択行動を通じて導出する。

(2) 資産需要関数の Micro Foundation

はじめに, 1種類の危険資産と安全資産のみから構成される最も単純化された金融市場を考え, この下で最適資産選択行動における相対的危険回避度を明示的に用いて定式化する(注1)。

（仮定1） 投資家はリスク回避行動をとる。

（仮定2） 安全資産市場は, 取引コスト等のない完全な市場で, 安全利子率 i_f で任意の額だけ貸借可能である。

投資家は期末資産 W_1 から得る効用が最大になるように, 初期資産を安全資産と危険資産に分けて保有する。c を危険資産の保有比率, r を危険資産の収益率（確率変数）とすると（簡単化のために将来期待は変化しないとする）, 投資家の資産選択は, 以下の(9)式の制約式の下で期待効用を最大化することを通じて決定される。

$$\underset{c}{Max} \ E\{U(W_1)\} \tag{8}$$

$$s.t. \quad W_1 = \{(1-c)(1+i_f)+c(1+r)\}W_0 \tag{9}$$

この期待効用関数を富の期待値（$=E(W_1)$）についてテーラー展開し, 2次よりも上の項を消去すると,

$$E\{U(W_1)\} = U\{E(W_1)\} + E[U'\{E(W_1)\} \cdot \{W_1 - E(W_1)\}]$$
$$+ E\left[\frac{1}{2}U''\{E(W_1)\} \cdot \{W_1 - E(W_1)\}^2\right] \quad (10)$$

と表される。(10)式に(9)式を代入して，c について微分すると，

$$U'\{E(W_1)\} \cdot \{E(r) - i_f\}W_0 + \frac{1}{2}2cU''\{E(W_1)\} \cdot \{r - E(r)\}^2 W_0^2 = 0 \quad (11)$$

が得られる。

(11)式を，c について解くと以下のようになる。

$$c = -\frac{U'\{E(W_1)\}}{W_0 U''\{E(W_1)\}} \cdot \frac{E(r) - i_f}{\sigma_r^2} \quad (12)$$

ここで，単位期間の長さが十分に短ければ，c は次式で近似できる（投資期間が無限に分割可能であると仮定されているモデルでは，近似ではなくequalが成立する）。なお σ は，標準偏差を表している。

$$c = -\frac{U'\{E(W_0)\}}{W_0 U''\{E(W_0)\}} \cdot \frac{E(r) - i_f}{\sigma_r^2} \quad (13)$$

ここで，相対的危険回避度を

$$RRA(W) = -\frac{WU''(W)}{U'(W)} \quad (14)$$

とおくと，(13)式は以下のように書き換えることができる。

$$c = \frac{1}{RRA(W)} \cdot \frac{E(r) - i_f}{\sigma_r^2} \quad (15)$$

(15)式より，限界効用の資産に対する弾力性をも意味する相対的危険回避度 $RRA(W)$ が総資産 W の増加（減少）関数であるとき，W の増加とともに危険資産への投資比率 c は減少（増加）し，$RRA(W)$ が一定のとき，W に関係な

く c は一定である。(15)式の $1/RRA(W)$ が，(3)式の $C(W)$ に対応している。また，(15)式の $\{E(r)-i_f\}/\sigma_r^2$ が(3)式の代替効果を表す γ となる[注2]。以上より，(1)〜(3)式で表される資産需要関数の体系には，ミクロ的な資産選択行動に基づく整合性が背景にあることを確認できる。

なお，効用関数を相対的危険回避度一定型の，

$$U(W) = \frac{W^{1-a}-1}{1-a} \tag{16}$$

とすれば，相対的危険回避度は a となる[注3]。

第3節 金融不安定性理論の展開

(1) 金融不安定性モデル

第Ⅳ章では，Minsky の議論に基づいて，ミクロ的な金融要因からマクロ経済への影響を金融不安定性仮説の観点から理論分析を行った。さらに，金融部門の不安定性の現れの一つである株価の変動を決定する資産選択行動の特徴を検討した。本書での金融不安定性とは，実物サイドのショックを金融部門がさらに増幅させ，経済変動の幅を大きくすることを示している。具体的には，現行利潤率や証券価格が将来期待の変化に過度に反応し，その変動幅が結果的に非常に大きくなることを意味している。

第Ⅳ章において，金融の不安定性が生じるか否かは，大きく分けて以下の要因によって決まることが明らかにされた。

(A) 家計の資産選択行動における安全資産と危険資産の代替効果
(B) 家計の資産選択行動における相対的危険回避度
(C) 貸し手リスクの評価（担保価値）を反映した金融仲介機関の貸出行動
(D) 企業の債務構成（資金ポジション）に依存する借り手リスクを通じた投資行動

家計，金融仲介機関および企業の経済主体は，ともに将来に関する不確実性

の下で意思決定をしなければならず，現行利潤率や将来期待の変化といった実物サイドのショックに対して過度に反応する可能性がある。この3主体の経済行動の変化は，各々，資産選択，信用供給，資金調達といった金融行動に反映され，金融市場からマクロ経済活動に大きく影響を及ぼすことが確認された。第Ⅳ章の主要な結論は，以下の通りである。

　はじめに，家計の資産選択行動と金融不安定性の関係性について論じた。Taylor and O'Connell(1985)は，安全資産である貨幣と危険資産である株式の間で，代替効果が十分に大きければ金融不安定性が生じる可能性があることをCM（財市場が均衡しているときの現行利潤率と利子率の組み合わせの軌跡）－FM（金融市場が均衡しているときの現行利潤率と利子率の組み合わせの軌跡）体系の下で導出している。経済の活況局面で，貨幣から株式需要に大きな代替効果が生じれば，貨幣市場は超過供給の状態になり利子率が低下し，マクロ経済活動の水準はさらに大きくなる。このとき，内田(1988)に基づき不確実性下の資産選択行動において相対的危険回避を明示的に取り入れた本モデルでは，相対的危険度が富に対して減少関数であるならば，金融の不安定性が生じる可能性が一段と高まることが示された。

　現行利潤率や将来期待の上昇は，まず代替効果を通じて貨幣から株式への需要を増加させる。次に，富の増加に伴い資産効果と相対的危険回避の効果によって，金融資産への需要が変化する。このとき相対的危険回避度が富に対して減少関数であるならば，さらに貨幣から株式への需要シフトが多くなり，貨幣市場における超過供給の程度を大きくする。このため利子率はさらに低下し，投資を増加させる。これらの金融的要因を通じて，マクロ経済活動水準を急速かつ大幅に増加させ，金融の不安定性を引き起こすことが示された。

　さらに，第Ⅳ章では，金融仲介機関の貸出行動を導入した理論分析を展開した。経済の好況過程において，信用創造の内生化を通じて貨幣市場がより超過供給の状態になり金融不安定性が生じる可能性がさらに高くなることが示された。なぜならば，金融仲介機関の貸出行動を組み入れていない場合と比べると，FM曲線の傾きが急になり，さらに将来期待が上昇したときFM曲線は大幅に下方シフトするためである。これは，ある一定の相対的危険回避度の下で，現行利潤率が上昇すれば，銀行の貸出意欲が強い場合，金融仲介機関が存在しな

い場合よりも経済全体の貨幣供給量は内生的に増加するためである。また，植田(2006)では，家計の資産選択行動における相対的危険回避度の性質によって金融政策の有効性が左右されることが確認された。

(2) 金融不安定性理論の応用

　植田(2006)では，上述した金融不安定性の基本モデルに基づいて，現実的な経済の諸現象が生じることを理論的に導出している。

　まず，金融の不安定性が生じている中で，危険資産と安全資産の利子率格差が将来経済動向のインフォーメーションになることが示された。将来期待が上昇するほど，銀行の貸し手リスクが低下するため，優良企業への貸出（金融仲介機関にとって安全資産）に対する非優良企業への貸出（金融仲介機関にとっての危険資産）が相対的に増加する。この結果，優良企業への貸出利子率の低下幅よりも，非優良企業への貸出利子率の低下幅が大きくなる。通常，非優良企業に適用される貸出利子率は，リスク・プレミアムを反映して優良企業に適用される貸出率利子率よりも高い。このとき，上述したように将来期待が上昇すると，両企業への貸出利子率はともに低下するが，非優良企業への貸出利子率の方が大きく低下するため利子率格差は縮小する。

　反対に，将来期待が低下すれば金融仲介機関は，将来への不安から非優良企業への貸出を優良企業への貸出にシフトさせる（質への逃避）。これは現実的には，不況期に中小企業が大企業に比べて資金調達がより困難になるという二重構造に対応している。この結果，利子率格差は拡大する。このように，マクロ経済活動が活発化するとき利子率格差は縮小し，反対に，停滞化するときは利子率格差が上昇することが明らかにされた。

　また，金融仲介機関の貸出先担保評価の変化がマクロ経済に影響を及ぼすことが確認された。将来期待が上昇すれば，担保の評価も上昇するため，金融仲介機関の貸出も増加する。これは，近年のリレーションシップ・バンキングの推進に伴い，金融仲介機関は担保を要請せずリスクに見合った形で金利調整によって対応することを求められているが，依然として担保に依存した貸出は多く，必然的にその担保に対する評価が変われば貸出水準も変化するため，現実

的な側面を描写している。第Ⅳ章で示された金融の不安定性が生じている中で，担保評価の上昇を通じて貸出が増加すれば，貸出市場での超過供給の程度が大きくなり，好景気の中で利子率はさらに低下し，経済は不安定化の様相を呈することとなる。1980年代半ば以降，金融仲介機関は企業が提供する土地を中心とした担保を非常に高く評価し貸出を急増させた。この結果，好景気の中で金融的要因によって，さらに金利水準を低下させマクロ経済の大きな変動をもたらした。上述の分析は，このようなプロセスを理論的に導出したものとして位置づけることができる。

さらに，長短貸出（借入）構成比率の変化をみることによって，企業の長短債務構成の変化が実物経済に影響を及ぼすことが明らかにされた。将来期待が上昇すれば，金融仲介機関の貸し手リスクが低下し，短期貸出に対する長期貸出が相対的に増加する。これは，景気上昇期待によって長期貸出に伴うリスクが低減するためである。この結果，金融不安定性が生じている中で，長期貸出利子率の水準は低下する。企業にとって長期借入を増加させることが容易となり，設備投資の増加を通じてマクロ経済活動は加速的に増加する。設備投資に必要な資金は，短期借入よりもどれだけ長期資金を借り入れることができるかに依存している。このことからも将来期待の変化が，長短貸出（借入）利子率の変化を通じてマクロ経済活動に影響を及ぼすことが理解できる。

反対に，将来期待が低下する場合，金融仲介機関は長期貸出を抑制し短期貸出を増加させる。これは企業側からみれば，満期の短い資金調達の比率が高まることを意味し，将来再び資金の調達を余儀なくされることになる。このような状況は，Minskyも論じているように企業の資金ポジションを脆弱化させ，投資需要へ負の影響を及ぼす。このときマクロ経済活動は，一段と停滞し不安定性の程度が強まることが示された。

最後に，企業の資金調達手段の1つである株式の新規発行を取り入れることによって，企業の財務行動がマクロ経済に対してどのような経路から影響を及ぼしていくのかを検討した。現行利潤率や将来期待の上昇は，株価の上昇を反映して新規株式発行による資金調達を増加させる。反対に，債務である借入需要の絶対水準は，新規株式発行を取り入れていない場合よりも減少する（第Ⅳ章の理論モデルでは，株式発行は既存発行分のみで新規の発行は行わないと仮

定していた)。このとき,経済が活況化している中で,貸出市場が超過供給になる可能性が一層高くなる。これは,金融不安定性が生じているとき,企業の借入資金需要の一部が株式の新規発行によって減少し,貸出市場における資金需要が減少し,相対的に貸出市場の超過供給の程度が大きくなるためである。この結果,貸出市場の均衡のために利子率は低下し,右下がりのFM曲線の傾きは急となり,さらに将来期待が上昇すればFM曲線の下方シフト幅は一段と大きくなり,金融不安定性が生じる可能性が益々高くなることが導出された。

1990年代以後,わが国において企業の資金調達が,相対的に銀行借入から新規株式発行へシフトしたが,本モデル分析によって,そのような財務行動が金融の不安定性を助長させたプロセスが明確化されたと言えよう。

第4節　動学モデルにおける金融政策の有効性

(1)　金融市場均衡と株価

前節までにおいて,金融の不安定性が生じる条件を理論的に考察した。本節では,マクロ経済活動と株価の連動性について理論的に分析した上で,金融政策の有効性について検討する。植田(2006)では,金融政策の有効性が投資家の相対的危険回避度の特徴によって異なることが静学モデルを通じて明らかにされた。本節では,これを動学モデルに展開して分析する。

第Ⅳ章では,株式需要関数と資産制約式を貨幣需要関数に代入することにより,金融市場全体の均衡を表す状態を以下の(17)式のように1つの式の集約させることができ,これをFM曲線と呼び分析した。

$$A\{W(i,r,e,M,B)\}\alpha(i,r+e)W(i,r,e,M,B) = M \tag{17}$$

しかし,ここではもう1つの内生変数である株価 Pe が,金融市場の均衡が満たされている場合,相対的危険回避度にどのように依存しているかが明示化されていない。このため,財市場も含めた全体系の均衡分析へ移る前に,ここでは金融市場の動きと株価の動きを資産需要関数の特徴と関連させて確認する。

債券市場を消去しているので対象となる需給均衡式は，以下の２式である。

$$A(W)\alpha(i,r+e)W = M \qquad (18)$$

$$C(W)\gamma(i,r+e)W = PeE \qquad (19)$$

ここで，上記２式に資産制約式 $M+B+PeE=W$ を代入する。利子率 i は貨幣需給均衡式，株価 Pe は株式需給均衡式により動学的に調整される。この場合，以下の式を得ることができる[注4]。なお，$0<C'(W)\gamma W+C(W)\gamma-1<0$ が成立している。

$$Trace = A(W)\alpha_i W + \{C'(W)\gamma W + C(W)\gamma - 1\}E < 0 \qquad (20)$$

$$\begin{aligned} Det &= A(W)\alpha_i W\{C'(W)\gamma W + C(W)\gamma - 1\}E - C(W)\gamma_i W\{A'(W)\alpha W + A(W)\alpha\}E \\ &= \Delta_3 > 0 \end{aligned} \qquad (21)$$

以上より，短期的な金融市場の安定条件は満たされている。なお，相対的危険回避度が減少の場合，現行利潤率の変化に対して利子率は以下のように反応する。

$$\begin{aligned} \frac{di^D}{dr} &= -\frac{A(W)\alpha_r W\{1-C'(W)\gamma W - C(W)\} + C(W)\gamma_r W\{A'(W)\alpha W + A(W)\alpha\}}{A(W)\alpha_i W\{1-C'(W)\gamma W - C(W)\gamma\} + C(W)\gamma_i W\{A'(W)\alpha W + A(W)\alpha\}} \\ &= -\frac{A'(W)W_r^D \alpha W + A(W)\cdot(\alpha_r W + \alpha W_r^D)}{A(W)\alpha_i W + W_i^D\{A'(W)\alpha W + A(W)\alpha\}} < 0 \end{aligned} \qquad (22)$$

上式は，FM曲線の傾きを表し，第Ⅳ章で求めた場合と等しいことを確認できる。その他の変数に対しても同様に分析すれば，一般に次のようにまとめられる。

$$i = i(r,e,M,B,E) \qquad (23)$$

$$Pe = Pe(r,e,M,B,E) \qquad (24)$$

まず，利子率の各変数に対する偏微係数は以下の通りである。

$$\frac{di}{de} = -\frac{A(W)\alpha_e W\{1-C'(W)\gamma W - C(W)\} + C(W)\gamma_e W\{A'(W)\alpha W + A(W)\alpha\}}{A(W)\alpha_i W\{1-C'(W)\gamma W - C(W)\gamma\} + C(W)\gamma_i W\{A'(W)\alpha W + A(W)\alpha\}} < 0$$

(25)

$$\frac{di}{dM} = \frac{1}{\Delta_3} E\{A'(W)\alpha W + A(W)\alpha + C'(W)\gamma W + C(W)\gamma - 1\}$$
$$= -\frac{1}{\Delta_3} E\{B'(W)\beta W + B(W)\beta\} < 0$$

(26)

$$\frac{di}{dB} = \frac{1}{\Delta_3}\{A'(W)\alpha W + A(W)\alpha\}E > 0$$

(27)

$$\frac{di}{dE} = \frac{1}{\Delta_3} PeE\{A'(W)\alpha W + A(W)\alpha\} > 0$$

(28)

(25)式より,将来期待が上昇した場合,貨幣市場から株式市場へ資金が流出し,結果的に貨幣市場が相対的危険回避度の効果を通じて超過供給となるため利子率が低下することがわかる。これは,FM曲線を下方シフトさせることを意味する。また,この値は数式上の表現は異なるが第Ⅳ章で示したFM曲線の傾きの値と同様である。これは,金融市場の均衡状態を(17)式のように1つの式に集約させて表した場合とは異なり,本節では(18)～(19)式の体系化から求めているためである。(22)式でも確認したように,両者は当然等しくなる。

また,(26)式よりマネー・ストックの増加は利子率の水準を低下させるようにFM曲線を下方シフトさせる。このとき,

$$\frac{\partial(di/dM)}{\partial A'(W)} = -\frac{1}{\Delta_3^2} E\{B'(W)\beta W + B(W)\beta\}C(W)\gamma_i \alpha W^2 > 0$$

(29)

が成立することから,相対的危険回避度が減少するほど利子率水準は低下することがわかる。なぜならば,相対的危険回避度が低下するほど株式需要が大きく増加し,それに比例して貨幣需要が大きく減少するためである。なお,(27)～(28)式より債券発行量と株式発行量が増加すれば利子率は上昇する。

次に,株価の各変数に対する偏微係数は以下の通りである。これにより,株価の変化を相対的危険回避度の水準と関連させて捉えることができる。

$$\frac{dPe}{dr} = \frac{1}{\Delta_3} A(W)C(W)W^2\{\alpha_r\gamma_i - \alpha_i\gamma_r\} > 0 \tag{30}$$

$$\frac{dPe}{dM} = -\frac{1}{\Delta_3}[A(W)\alpha_i W\{C'(W)\gamma W + C(W)\gamma W\} \\ + \{1 - A'(W)\alpha W - A(W)\alpha\}C(W)\gamma_i W] > 0 \tag{31}$$

$$\frac{dPe}{dB} = \frac{1}{\Delta_3}[-A(W)\alpha_i W\{C'(W)\gamma W\} + C(W)\gamma_i W\{A'(W)\alpha W + A(W)\alpha\}] \gtreqless 0 \tag{32}$$

$$\frac{dPe}{dE} = \frac{1}{\Delta_3} PeE[C(W)\gamma_i\{A'(W)\alpha W + A(W)\alpha\} - A(W)\alpha_i\{C'(W)\gamma W + C(W)\gamma\}] \gtreqless 0 \tag{33}$$

まず，(30)式より企業の利潤率が上昇すれば株価も上昇する。このとき，相対的危険回避度の程度によって株価は次のように変化する。

$$\frac{\partial(dPe/dr)}{\partial A'(W)} = \frac{1}{\Delta_3^2} A(W)C(W)W^2\{\alpha_r\gamma_i - \alpha_i\gamma_r\}C(W)\gamma_i\alpha W^2 < 0 \tag{34}$$

上式より，相対的危険回避度が減少するほど利潤率が上昇したときの株価の上昇幅は大きくなる。これは，相対的危険回避度が減少すると，株価上昇局面で保有金融資産水準が上昇し，そのことがさらに株式需要を高めるためである。また，(31)式よりマネー・ストックが増加すれば株価水準を上昇させる。これも，家計の金融資産残高の増加が株式需要を増加させるためである。

次に，(32)式より債券発行量が増加した場合の株価への影響は不確定である。債券発行量の増加は利子率を増加させるため代替効果を通じて株式から債券へ需要がシフトし株価を低下させるが，同時に債券発行の増加により資産残高も増加するため相対的危険回避度効果と資産効果により株式需要が増加し株価を上昇させる要因にもなるからである。したがって，符号は確定しない。また，株式発行量が増加した場合も株価の変化は一意的ではない。通常の資産需要関数ならば，株式発行量の増加は株価を押し下げる要因となるが，本モデルでは株式時価総額が低下しない限り相対的危険回避度の程度によって株式需要が増

加する側面があるためである。

(2) 全体系の均衡（金融市場と財市場）

本節(1)では，はじめに金融市場のみの安定条件について分析したが，ここでは，金融市場と財市場の同時均衡体系の下で，資産選択行動が経済の変動にどのようなプロセスを通じて影響を与えるのかを分析する。まず，財市場の均衡条件については第IV章での議論を踏襲し以下のように表す。

$$I(i,r,e) = S(r) \tag{35}$$

I は投資水準であり，利子率の減少関数，利潤率と将来期待の増加関数である。S は貯蓄であり，利潤率の増加関数である。(35)式は財市場の均衡条件を表し，第IV章において CM 曲線として表されたものである。

金融市場の均衡条件式は，前に示したように1式に集約させた(17)式を用いる。

$$A\{W(i,r,e,M,B)\}\alpha(i,r+e)W(i,r,e,M,B) = M \tag{36}$$

利潤率は，国民所得水準の動きと正に対応し財市場で調整される。利子率は，金融市場において調整されるとする。このとき，内生変数である利潤率と利子率の動学的調整方程式は以下のようになる。

$$\begin{pmatrix} \dot{r} \\ \dot{i} \end{pmatrix} = \begin{pmatrix} a_{11} & a_{12} \\ a_{21} & a_{22} \end{pmatrix} \begin{pmatrix} r - r^* \\ i - i^* \end{pmatrix} \tag{37}$$

$$\begin{aligned}
a_{11} &= I_r - S_r < 0 \\
a_{12} &= I_i < 0 \\
a_{21} &= W_r^D \{A'(W)\alpha W + A(W)\alpha\} + A(W)\alpha_r W \\
&= A'(W)W_r^D \alpha W + A(W)(\alpha_r W + \alpha W_r^D) < 0 \\
a_{22} &= W_i^D \{A'(W)\alpha W + A(W)\alpha\} + A(W)\alpha_i W < 0
\end{aligned} \tag{38}$$

ヤコビ行列の符号について，a_{11} は財市場の安定条件のために満たされているとする。次に，全体体系均衡の安定性をみるために固有方程式の *Trace* と

Det をまとめれば以下のようになる。

$$Trace = (I_r - S_r) + W_i^D \{A'(W)\alpha W + A(W)\alpha\} + A(W)\alpha_i W < 0 \tag{39}$$

$$\begin{aligned} Det = \Delta_4 &= (I_r - S_r)[W_i^D \{A'(W)\alpha W + A(W)\alpha\} + A(W)\alpha_i W] \\ &\quad - I_i[W_r^D \{A'(W)\alpha W + A(W)\alpha\} + A(W)\alpha_r W] \gtreqless 0 \end{aligned} \tag{40}$$

(39)式の条件は，常に満たされている。しかし，(40)式について符号は一意的ではないがFM曲線の傾きが負であってもCM曲線の傾きよりも緩やかであれば負となり安定条件が満たされる[注5]。本論では，これが成り立っているものとする。

家計の資産選択行動において相対的危険回避度が減少で，Taylor-O'Connell条件が成立している場合，将来期待水準が変化したとき内生変数に与える影響は次の通りである。

$$\begin{aligned} \frac{dr}{de} &= \frac{1}{\Delta_4}[-I_e\{(A'(W)\alpha W + A(W)\alpha)W_i^D + A(W)\alpha_i W\} \\ &\quad + I_i\{(A'(W)\alpha W + A(W)\alpha)W_e^D + A(W)\alpha_e W\}] > 0 \end{aligned} \tag{41}$$

$$\begin{aligned} \frac{di}{de} &= \frac{1}{\Delta_4}[-(I_r - S_r)\{(A'(W)\alpha W + A(W)\alpha)W_e^D + A(W)\alpha_e W\} \\ &\quad + I_e\{(A'(W)\alpha W + A(W)\alpha)W_r^D + A(W)\alpha_r W\}] < 0 \end{aligned} \tag{42}$$

将来期待の上昇は，景気拡大期に利子率を低下させるため，さらに経済活動水準を大きくする。反対に景気後退期には，むしろ利子率が上昇し経済活動水準を一段と低下させる。通常の景気循環にみられるような利子率のビルト・イン・スタビライザーとしての機能は発揮されず，結果的にマクロ経済水準を大きく変動させることを確認できる[注6]。これは，相対的危険回避度が減少しているためであり，Uchida(1987)同様に，家計の資産選択行動の特徴がマクロ経済活動に大きな影響を与えているからである。通常の資産選択行動では，相対的危険回避度が一定であることが前提とされた上でモデル分析が行われているが，現実の動きと対応させる限り適切ではないと指摘できる。

(3) 長期的安定性の分析

　ここでは，金融政策の有効性を長期的な動学分析を用いて検討する。(35)～(36)式の体系においてマネー・ストックが変化したときの内生変数に与える影響は以下の通りである。

$$\frac{dr}{dM} = \frac{1}{\Delta_4}[-I_i\{1-(A'(W)\alpha W + A(W)\alpha)\}] > 0 \tag{43}$$

$$\frac{di}{dM} = \frac{1}{\Delta_4}[-(I_r - S_r)\{1-(A'(W)\alpha W + A(W)\alpha)\}] < 0 \tag{44}$$

　上式より，相対的危険回避度が減少の場合，マネー・ストックの増加は利潤率を上昇させ，利子率を低下させる。(41)～(44)式より，

$$\begin{aligned} r &= r(e, M) \\ i &= i(e, M) \end{aligned} \tag{45}$$

とまとめることができる。次に，マネー・ストックを資本ストックの価値でデフレートした値を

$$h = \frac{M}{PK} \tag{46}$$

とする。これを，書き換えれば，

$$M = hPK \tag{47}$$

となる。(47)式を運動方程式の型で表せば以下のようになる。

$$\dot{M} = M(\frac{\dot{h}}{h} + k(i, r, e)) \tag{48}$$

$$\frac{\dot{P}}{P} = 0, \frac{\dot{K}}{K} = \frac{I}{K} = k(i, r, e)$$

　次に，将来の期待形成については，Taylor and O'Connell（1985）と同様に

長期正常利子率の水準に依存し以下のように決定されるとする。

$$\dot{e} = a(\bar{i} - i) \tag{49}$$

上式は，利子率水準が長期正常水準よりも低ければ将来期待が上昇することを意味している(注7)。反対に，利子率が長期正常水準より高ければ，将来期待は悪化する。以上より，本体系において2つの動学方程式が与えられる。

$$\dot{e} = a(\bar{i} - i)$$
$$\dot{M} = M\left(\frac{\dot{h}}{h} + k(i, r, e)\right) \tag{50}$$

上記(50)式を用いることにより，$\dot{e} = \dot{M} = 0$ の定常均衡が成立するときの安定条件を検証することができる。定常均衡が成立するとき，

$$\bar{i} = i(e^*, M^*)$$
$$\frac{\dot{h}}{h} + k(i(e^*, M^*), r(e^*, M^*), e^*) = 0 \tag{51}$$

となる。これによりマネー・ストックを資本ストックの価値でデフレートした値を一定とする政策が，期待形成の変化を通じて長期的安定条件にどのような影響を及ぼすかを検討することができる(注8)。ここでは，投資関数の性質に従ってマネー・ストックは変化する。したがって，本モデルでは金利安定化を重視した金融政策の有効性について検討していることを意味する。

この体系化で，均衡値（e^*, M^*）の近傍において一次近似し，その係数行列を求めると次のようになる。

$$\begin{pmatrix} \dot{e} \\ \dot{M} \end{pmatrix} = \begin{pmatrix} -a\dfrac{di}{de} & -a\dfrac{di}{dM} \\ \left[\dfrac{dk}{di} \cdot \dfrac{di}{de} + \dfrac{dk}{dr} \cdot \dfrac{dr}{de} + \dfrac{dk}{de}\right]M & \left[\dfrac{dk}{di} \cdot \dfrac{di}{dM} + \dfrac{dk}{dr} \cdot \dfrac{dr}{dM}\right]M \end{pmatrix} \begin{pmatrix} e - e^* \\ M - M^* \end{pmatrix} \tag{52}$$

ここでは，上記の安定条件をFM曲線が通常通り右上がりの場合（すなわち，金融資産間の代替効果が小さく，相対的危険回避度も一定のとき）と前節で示

したように右下がりの場合(Taylor-O'Connell 条件が成立，相対的危険回避度が減少のとき)に分けて比較検討する。

まず，前者の場合，投資の直接効果として，$k_e = dk/de$ (>0) の値が十分大きいとき，

$Det < 0$

が必ず成立する。すなわち均衡点は鞍点解であり，定常状態に向かう2つの安定軌道経路を意味する stable branch を有する。これらを示したのが図1である。

一方，後者の場合で相対的危険回避度減少または代替効果が十分大きい場合，

$Trace > 0$

$Det > 0$

図1◆FM曲線が右上がりの場合

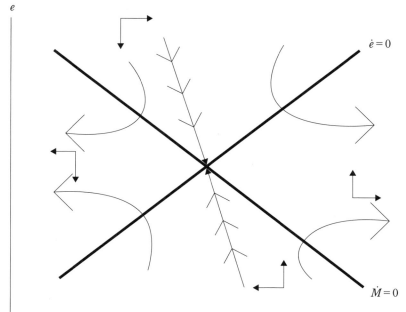

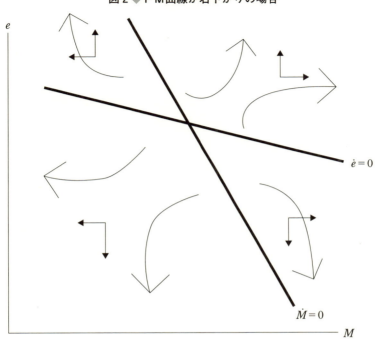

図2 ◆ FM曲線が右下がりの場合

となり，定常均衡の近傍での軌道は局所的に不安定である。これは，図2に示されている(注9)。以上より，(49)式に示されるような期待形成が行われる場合，本モデルによる金融政策の安定条件は，家計の資産選択行動に依存することが明らかである。短期の比較静学分析で安定条件が満たされていても，長期の安定条件が成立するとは限らず，とりわけ Taylor-O'Connell 条件のように金融資産間の代替効果が大きく，同時に相対的危険回避度が減少するほど，金融市場での資金シフトが大きくなり，マクロ経済活動水準を大きく変動させながら不安定になっていくことを確認できる。

第5節　まとめ

本章では，まず第2節において Uchida(1987)で用いられた資産需要関数の

ミクロ的基礎付けを与え，相対的危険回避度・代替効果・資産効果の項が積の型をした関数となることを導出した。続く第3節では，この資産需要関数を用いて金融不安定性理論を展開した第Ⅳ章の議論を改めて整理し，金融市場の中で利子率だけでなく，同時に株価が資産選択行動の性質によりどのように反応するかを明らかにした。

　Taylor and O'Connell(1985)は，安全資産である貨幣と危険資産である株式の間で，代替効果が十分に大きければ金融不安定性が生じる可能性があることをCM-FM体系の下で導出している。経済の活況局面で，貨幣から株式需要に大きな代替効果が生じれば，貨幣市場は超過供給の状態になり利子率が低下し，マクロ経済活動の水準はさらに大きくなる。このとき，内田(1988)に基づき不確実性下の資産選択行動において相対的危険回避度を明示的に取り入れた本モデルでは，相対的危険度が富に対して減少関数であるならば，金融の不安定性が生じる可能性が一段と高まることが示された。利潤率や将来期待の上昇は，まず代替効果を通じて貨幣から株式への需要を増加させる。次に，富の増加に伴い資産効果と相対的危険回避度の効果によって，金融資産への需要が変化する。このとき相対的危険回避度が富に対して減少関数であるならば，さらに貨幣から株式への需要シフトが多くなり，貨幣市場における超過供給の程度を大きくする。このため利子率は一層低下し，投資を増加させる。このとき，株価は好景気下で利子率が低下するので上昇し，さらに相対的危険回避度が減少であるほど一段と上昇する。これらの金融的要因を通じて，マクロ経済活動水準を急速かつ大幅に増加させ，金融の不安定性を引き起こすことが示された。

　このような事態が生じた場合，中央銀行は適切な介入を行う必要があるが，そのとき家計の相対的危険回避度がどのような性質であるかによって，金融政策の有効性が影響を受けることが示された。具体的に第4節では，期待形成が長期的正常利子率に依存する本モデルにおいて，一資本価値当たりのマネー・ストックを一定にする金融政策は，定常状態において相対的危険回避度減少の程度が大きくなるほど不安定になることが明らかとなった。

　最後に今後の課題について述べよう。本モデルでは，資産選択行動に焦点を当てているため金融機関の貸出行動を通じて信用創造が内生的に変化する側面を捨象している。マネー・ストックの内生性を考慮した上で動学分析に展開さ

せる必要があろう。また，金融政策の目標についても，物価水準の安定等を含めた分析が求められる。

【注】

(注1)　金融資産が3種類の場合であっても同じ論理展開から本論の金融資産需要関数を導出することができる（具体的には注3を参照されたい）。

(注2)　このように，金融資産需要関数の代替効果を表すαは，金融資産の収益率だけではなく不確実性を表すリスクσ_rにも依存する。本論では，この部分を消去して分析する。

(注3)　金融資産が3種類存在する場合の資産需要関数は以下のようになる。なお，bとcは債券と株式の保有比率であり，各々$b = B/W$, $c = C/W$である。

$$b = \frac{\sigma_r^2}{\sigma_i^2 \sigma_r^2 - 4COV(i,r)^2} \{E(i-i_f) - 2\frac{E(r-i_f)}{\sigma_r^2} \cdot COV(i,r)\} \cdot \{RRA(W)\}^{-1}$$

$$c = \frac{\sigma_i^2}{\sigma_i^2 \sigma_r^2 - 4COV(i,r)^2} \{E(r-i_f) - 2\frac{E(i-i_f)}{\sigma_i^2} \cdot COV(i,r)\} \cdot \{RRA(W)\}^{-1}$$

上記の2式より，債券と株式の最適保有比率は次のように簡単に表すことができる。

$$b = \{RRA(W)\}^{-1} \cdot \beta\{i,r;i_f,\sigma_i,\sigma_r,COV(i,r)\}$$

$$c = \{RRA(W)\}^{-1} \cdot c\{i,r;i_f,\sigma_i,\sigma_r,COV(i,r)\}$$

このように，金融資産保有比率の需要関数は相対的危険回避度を表す部分と代替効果を表す部分から構成されることが確認できる。

(注4)　各々の需給均衡式における安定条件は，代替効果の性質(17)式から一意的に満たされている。

(注5)　全体系の安定性が満たされるためには，

$$Det = a_{11}a_{22} - a_{12}a_{21} > 0$$

が成立しなければならない。これを書き換えれば，

$$a_{11}/a_{12} > a_{21}/a_{22}, \quad \text{または，} \quad -a_{11}/a_{12} < -a_{21}/a_{22}$$

となる。(37)式より，CM曲線とFM曲線の傾きは各々，

$$\left.\frac{di}{dr}\right|_{CM} = -\frac{a_{11}}{a_{12}} < 0, \quad \left.\frac{di}{dr}\right|_{FM} = -\frac{a_{21}}{a_{22}} < 0$$

である。したがって，安定条件を満たすためには

$$\left.\frac{di}{dr}\right|_{CM} < \left.\frac{di}{dr}\right|_{FM}$$

が,成立しなければならない。故に,FM 曲線の傾きが負であっても,CM 曲線の傾きの方が急でなければならない。

（注6） このことは,フィナンシャル・アクセラレーター仮説が成立していることと同様である。

（注7） 植田(2006)では,下記の ARCH モデルを用いて,一度将来期待が上昇し株価が上昇すれば,その後も一定期間株価が上昇する傾向にあることを明らかにしている（Y_t は t 期の株価）。

$$Y_t = \beta_t Y_{t-1} + \beta_2 Y_{t-2} + \cdots + u_t$$

$$u_t = \varepsilon_t v_t^{1/2}$$

$$v_t = \alpha_0 + \alpha_1 u_{t-1}^2 + \alpha_2 u_{t-2}^2 + \cdots + \alpha_p u_{t-p}^2$$

（注8） マネー・ストック成長率をある一定水準に維持する金融政策モデルに展開しても後の議論と同様な結論が得られる。また,二宮(2008)では,相対的危険回避度を内包したモデル分析において Hopf 分岐点が存在することを導出している。

（注9） 判別式の符号は,代替効果が十分大きい場合に正となり,定常均衡は不安定結節点となる。逆に,それが小さい場合は不安定渦状点となる。

第Ⅵ章

動学的マクロモデルにおける負債と経済活動

第1節　はじめに

　本章の目的は，動学的マクロモデルにおいて景気循環と負債水準の関連性をMinsky理論に基づいて分析することによって，いかなる条件が経済の安定性・不安定性の要因になるかを明らかにすることである。

　近年の金融技術の進展により，企業の資金調達行動および投資家の資産選択行動を通じて，経済の成長期には高レバレッジ化が可能となり，それがマクロ経済活動を拡大させることに寄与している。この経済活動の進展が，さらに金融取引を促進させ経済の成長を益々高めていくことになる。しかし，経済のブーム期に負債水準の増加や借入コストの上昇から将来期待が低下すると，好景気下で蓄積した既存の多大な負債が企業活動に厳しい影響を及ぼし，マクロ経済活動の深刻な停滞を招く。この経済活動の縮小は，金融取引を消極化させ企業の資金調達を悪化させるため，さらに経済活動を沈滞化させていくこととなる。

　実体経済から大きく乖離したレバレッジの変化等にみられる金融市場での動向は，マクロ経済活動の変動を一段と増幅させ経済の不安定性を助長させることになる。金融技術の発展により，経済の成長期には高レバレッジ化が進展し経済活動を一段と高めることができても，その反作用は厳しく甚大なものであ

れば，健全な景気循環とはかけ離れ，いわば好景気のはじまりは同時に経済危機のはじまりと換言せざるを得ない状況が生じることとなる。

　経済主体の期待形成が，資産選択行動や投資行動を通じて金融市場における資産価格や利子率に反映され，マクロ経済活動水準を変化させるという意味において，金融市場と実体経済は密接に関連している。この実体経済の変化は，さらに経済主体の期待形成に影響を及ぼすことから相互に因果関係を有していると理解する必要がある。本章では，企業の投資行動，投資家の資産選択行動，金融仲介機関の貸出行動を中心とした金融的要因が負債水準の変化を伴ってマクロ経済活動にどのような経路を通じて影響を及ぼすかを導出する。さらに，その結果が経済主体の期待形成に作用することによって，新たな金融取引が行われ，経済活動水準が動学的に変化することをMinskyの不安定性理論の観点から分析する。

　本章の構成は，以下の通りである。第2節では，Minsky理論による景気循環と負債の蓄積過程について説明し，それをモデル化して動学的に分析したFranke and Semmler(1989)を考察する。続く第3節では，投資家の危険回避度と金融仲介機関の信用創造効果を取り入れて短期均衡における金融の不安定性を分析した植田(2006)についてまとめる。第4節では，このモデルをFranke and Semmler(1989)の動学分析に適用し，長期均衡における安定性の条件を導出する。最後の第5節は，まとめと今後の課題について述べる。

第2節　負債と景気循環

(1)　負債と経済活動

　本節では，Minsky理論をはじめに確認し，次にその理論をモデル化し金融の不安定性が生じる過程を明らかにしたTaylor and O'Connell(1985)に基づき，景気循環と負債の動学的蓄積過程を分析したFranke and Semmler(1989)を取り上げる。本モデルの経済主体は，中央銀行（政府），企業，金融機関，投資家の4主体で構成されている。本モデルを基礎として，次節では内生的な信用創造効果と相対的危険回避度を組み入れたモデルに発展させ，経済成長と負債

の関係を動学的に明らかにしていく。

　Minskyは，借り手リスクと貸し手リスクを通じた負債と投資の関係および各債務契約タイプを同時に考察することによって，マクロ経済変動のメカニズムを一般化している。まず，ブーム期には，利潤が予想を上回って増加するため資本需要価格が上昇し，借り手リスクも低下するので資本需要曲線の傾きは緩やかになる。このとき，資本の需要価格が供給価格を大きく上回るため投資が増加する。投資増大は，総需要を拡大し企業利潤を高める。企業収益の増加は企業や銀行の長期期待を一層強気なものにするため，さらに資本需要価格の上昇を通じて投資が増加するという好循環の投資ブームが実現される。また貸し手リスクも低下すれば，貸出が一段と増加し，マクロ経済活動水準は加速的に増加する。

　しかし，投資が拡大すれば企業の債務水準も増加する。投資ブームと併せて借入による資金調達の水準が高まると，やがて粗利潤に占める支払債務額の比率も増加する。このため企業の資本構造は，健全な状態からSpeculative金融の状態に移行する。なぜならば投資水準に対して，粗利潤は一般に逓減的であるが，資金コストを示す利子率は上昇する傾向にあるためである。このような中で，さらに投資ブームが持続するか否かは，投資家の主観的な将来期待に大きく依存する。しかしSpeculative金融が進む中で，さらに利子率や賃金率が上昇すれば，利潤は減少しはじめ将来期待水準を低下させる。将来に対する見通しが悲観的となれば，投資水準は減少する。これに伴い利潤も減少するが，投資ブーム期に借り入れた債務水準は残存し返済していかなければならない。

　1990年代後半から2000年代前半に多くみられたように，わが国の企業はバブル期に発行した転換社債が株価の低迷で株式に転換されず社債のまま満期を迎え，その返済のために保有資産の売却を余儀なくされた。これらは，いずれも企業の資本構造の劣化を意味している。また，同じ時期にSpeculative金融の状態からPonzi金融の状態に転化した企業も多く現れた（Keen(2010)，Tymoigne(2010)では，リーマン・ショック前には投資銀行のレバレッジ比率が急上昇し30倍を超えPonzi金融の状態にあったことを明らかにしている）。

　一方，家計の資産選択行動においては，景気上昇期には将来期待が上昇するため，家計は安全資産である貨幣よりも危険資産である債券・株式投資を増加

させる(貸し手リスクの減少)。この結果,債券・株式価格は上昇し,利子率は下落する可能性が生じる。すなわち景気上昇期に,利子率が低下する現象が生じる。これは,さらに景気を上昇させ経済ブームを引き起こす可能性を高める。反対に,景気下降期には,企業に対する不安から貨幣需要が増加するため(貸し手リスクの上昇),債券価格は下落し利子率は上昇する。したがって,景気をさらに低迷させる可能性がある。

このときに,中央銀行の最後の貸し手としての適切な機能が存在しなければ,資産価格は急落する。このため,いくら資産を売却しても債務の返済が可能になるとは限らない。その結果,債務不履行が波及し貸し手リスクと借り手リスクが急増し,投資家の流動性選好は急速に高まる。実物投資への需要を支えていた金融市場資金の枯渇は,資本需要価格の低落をもたらす。資本需要価格の低落は企業の投資減退を招き,企業収益は負債の返済か流動資産の保有に向けられる。こうして,投資額が留保利潤額に満たない事態が生じる。投資の削減は総需要の減退をもたらし,収益の一層の悪化を招く。収益の悪化は債務不履行を拡大して,投資の一段の削減を招く累積的悪循環の過程が進行する。反対に,収益の上昇は累積的好循環をもたらす。このように,金融部門が実物経済の変動を増幅させることがMinskyの金融不安定性理論の特徴である。

(2) 企業価値と株式

はじめに,上述した負債水準の変化とマクロ経済活動の関連性を重視し,両者を動学的に分析したFranke and Semmler(1989)モデルについて説明する。

企業の現行の粗利潤率はr^g,以下の通りである。

$$r^g = \frac{PY - wN}{PK} \tag{1}$$

Yは産出水準(所得),Pは消費財と投資財の共通価格(Taylor and O'Connell(1985)同様に,マーク・アップ原理に従って決定される),Kは資本ストック,wは賃金率,Nは雇用量である。負債をL,利子率をiとすると,企業の純利潤率rは次のようになる。

$$r = \frac{PY - wN - iL}{PK} \tag{2}$$

なお,企業の負債比率を $\lambda = L/PK$ とすれば,粗利潤率と純利潤率の関係は以下のように表される。

$$r^g = r + i\lambda \tag{3}$$

次に資本の需要価格は,現在の粗利潤率に将来期待水準 e を加えて次のように反映される。

$$P_K = \frac{r^g + e}{i} P \tag{4}$$

上式に(3)式を代入すれば,

$$P_K / P = \frac{r + e}{i} + \lambda \tag{5}$$

と書き換えることもできる。企業は,資金調達手段として負債(銀行からの借入と社債発行)の他に株式を発行する。株価を Pe,株式発行数を E とすれば,企業価値の制約式として次式を得る。

$$PeE = P_K K - L \tag{6}$$

これに(5)式を代入すれば,以下のようになる。

$$PeE / PK = \frac{r + e}{i} \tag{7}$$

上述した内容は,Taylor and O'Connell(1985)モデルと比べて,粗利潤率と純利潤率を区別して用いているが本質的な側面は同様である。とりわけ資本需要価格は,ファンダメンタルズとしての現行の利潤率に将来期待水準および割引率(負債金利)に依存して決定される。Minsky 理論に従えば,前者2つは借り手である企業の現状と主観的判断を反映し(借り手リスク),最後の利子

率は貸し手の主観的判断（貸し手リスク）を通じて金融市場で決定される。

(3) 資産選択行動

投資家は，預金 D（現金は保有しない），社債 L^p および株式 PeE を以下の式に従って需要する（$\alpha+\beta+\gamma=1$）。

$$\alpha(i,r+e)W = D \tag{8}$$

$$\beta(i,r+e)W = L^P \tag{9}$$

$$\gamma(i,r+e)W = PeE \tag{10}$$

なお，収益率の代替効果は以下の通りにまとめられる。

$\alpha_i < 0, \alpha_{r+e} < 0$
$\beta_i > 0, \beta_{r+e} < 0$
$\gamma_i < 0, \gamma_{r+e} > 0$

ここで，(7)を(10)式に代入すれば，

$$\frac{W}{PK} = \frac{r+e}{\gamma i} \tag{11}$$

となる．さらに，信用乗数を μ，ベース・マネーを H とすると次式が成り立つとする[注1]。

$$D + L^P = \mu H = (1-\gamma)W \tag{12}$$

(11)式と(12)式より，

$$\mu h = \frac{1-\gamma}{\gamma} \cdot \frac{r+e}{i} \tag{13}$$

を得ることができる（但し，$h = H/PK$）。これを，投資家の全資産に占める株式保有比率 γ について求めれば次のようになる。

$$\gamma = \frac{r+e}{r+e+i\mu h} \tag{14}$$

次に，(5)式を書き換えれば，

$$\frac{H+P_K K}{PK} = h + \frac{r+e}{i} + \lambda \tag{15}$$

となる。上式と次の恒等式,

$$W = M + L^p + PeE = H + P_K K \tag{16}$$

を1つにまとめることによって以下の式を得る[注2]。

$$\mu h = (1-\gamma)\left(h + \frac{r+e}{i} + \lambda\right) \tag{17}$$

この(17)式と(13)式より，株式保有比率は(14)式とは別に次のように表すことができる。

$$\gamma = \frac{r+e}{r+e+i(\lambda+h)} \tag{18}$$

さらに，(14)式と(18)式より，次式を得ることができる。

$$(\mu-1)h - \lambda = 0 \tag{19}$$

企業の負債比率 λ は，均衡状態において上記の恒等式を満たすように政策変数であるベース・マネー水準 h と信用乗数 μ に依存している。

(4) 財市場

企業の総投資額は，

$$PI = fPK \tag{20}$$

と仮定する。I は、企業の投資水準を表している。f は投資関数であり、$f=f(r+e-i)$ とする（$f'>0$）。さらに、実質政府支出 G はベース・マネーの供給によって行われるとしているため次式が成立する。

$$PG/H = \dot{H}/H = \frac{d(PK)/dt}{PK} = \frac{\dot{K}}{K} = \frac{I}{K} \tag{21}$$

(20)式と(21)式より、

$$PG = hPI \tag{22}$$

となる。労働者は、賃金をすべて消費し（$PC=wN$）、投資は投資家の貯蓄によりファイナンスされるため、貯蓄投資均衡条件は以下のようになる。

$$PI + PG = sr^g PK \tag{23}$$

(23)式に(22)式を代入し、整理すれば次のように財市場需給均衡条件を表すことができる。

$$(1+h)f(r+e-i) - sr^g = 0 \tag{24}$$

財市場では、利潤率 r が調整変数として機能する。

(5) 動学過程

上述した基本モデル体系の下で、企業の資金調達手段である負債の変化率は以下の式に従うとする。

$$\frac{\dot{L}}{L} = b(r^g + e - i, \lambda) \tag{25}$$

但し、$b_1 > 0$、$b_2 < 0$ である。経常利益率が上昇する場合、企業は新規投資に必要な借入を増加させるため負債変化率も上昇する。次に負債水準が増加すれば、企業のリスク・プレミアムを上昇させるため負債変化率を低下させる。また、

$$\frac{\dot{\lambda}}{\lambda} = \frac{\dot{L}}{L} - \frac{\dot{K}}{K}, \quad g = f(r+e-i) \tag{26}$$

より，資本ストックに対する負債水準の変化を次のように表すことができる。

$$\dot{\lambda} = \lambda \{ b(r^g + e - i, \lambda) - g \} \tag{27}$$

次に，将来期待に関する予想形成は以下の式に従うとする。

$$\dot{e} = v(r-i, \lambda)$$
$$v_1 > 0, v_2 < 0 \tag{28}$$

右辺の第1項で示される企業の利潤率と負債利子率の差が大きくなるほど，将来の経済活動に対して積極的となり期待水準が上昇する。これは，Minsky理論の資本需要価格の上昇を意味し，企業にとって資金の借り手リスクが減少するため投資の増加に繋がることになる。反対に，右辺第2項で示されているように負債水準の増加は，将来の利払い水準の増加を通じて資金の借り手リスクが上昇するため将来期待の水準は低下する。

以上の考察より，粗利潤率を表す(3)式を財市場の均衡条件(24)式と負債の蓄積率(25)式に代入し，さらに(26)式の資本蓄積関数（投資関数）を(25)式に代入し整理することによってFranke and Semmler(1989)の動学体系を以下の4本の式にまとめることができる。

$$\gamma(i, r+e) - \frac{r+e}{r+e+i(\lambda+h)} = 0 \tag{29}$$

$$(1+h)f(r+e-i) - s(r+i\lambda) = 0 \tag{30}$$

$$\dot{\lambda} = \lambda \{ b(r+i\lambda+e-i, \lambda) - f(r+e-i) \} \tag{31}$$

$$\dot{e} = v(r-i, \lambda) \tag{32}$$

まず，一時的な均衡として金融市場の一般均衡条件を表す(29)式と財市場の均衡条件を表す(30)式より，利潤率 r と利子率 i が以下のように内生変数として決定される。

$$r = r(e, \lambda) \tag{33}$$

$$i = i(e, \lambda) \tag{34}$$

これを，(31)式と(32)式の動学モデルに代入することによって，長期的な負債蓄積と将来期待に関する動学プロセスを分析することができる。長期的な動学分析では，金融市場と財市場で決定される利潤率 r と利子率 i が，外生変数である負債の変化率と将来期待に影響を与える。そして，それらの外生変数が変化すれば利潤率と利子率 i の内生的な変化をもたらすことになる。

Franke and Semmler(1989)は，上述した体系の下で内点解が存在することを証明した上で，種々のパラメータ値の大小関係によって動学的な安定条件が満たされるか否かを検討している。

第3節　危険回避度と内生的マネー・ストック

(1)　資産選択行動

前節で説明した Franke and Semmler(1989)では，金融機関の主体的な貸出行動が明示化されておらず信用創造は結果的に外生的であり，また投資家の資産選択行動においてもリスク資産に対する危険回避度が全く考慮されていない。企業の負債水準は金融機関だけでなく投資家による社債投資残高等にも依存し，危険回避度の水準が変化すればリスク・プレミアムの変化を通じて企業の負債水準に大きな影響を及ぼす。第Ⅳ章では，これらの点を重視したマクロ経済モデルを構築し金融の不安定性が生じる条件について明確にした。本章では，第Ⅳ章のマクロ経済モデルを Franke and Semmler(1989)の負債に関する動学モデルに応用することによって，長期的な金融不安定性理論を展開する。本節では，まず第Ⅳ章のモデルを Franke and Semmler(1989)モデルと整合的となるように修正して表し，次節で両者を統合させ比較検討する。

本モデル分析における各経済主体のバランスシートは，以下の**表1**の通りである。財市場については基本的に Franke and Semmler(1989)と同様であるため，ここでは金融市場の均衡条件について述べる。

第Ⅵ章 動学的マクロモデルにおける負債と経済活動

表1 ◆各経済主体のバランスシート

中央銀行		市中銀行		企業		家計	
	H	R	D	$(r+e)PK$	L^B	D	W
		L^B		i	L^p	L^p	
					PeE	PeE	

H：ハイパワード・マネー　　L^p：社債
R：銀行準備　　　　　　　　Pe：株価
L^B：銀行貸出　　　　　　　E：株式発行数
D：預金　　　　　　　　　　W：総資産

　市中銀行のバランスシートは，資産として中央銀行への預け金である銀行準備と，企業への融資すなわち銀行貸出から構成され，一方負債として家計からの預金がある。企業の資金調達は，大別すると銀行借入 L^B，社債 L^p の発行，および株式発行 PeE である。本章では，銀行貸出（借入）のマクロ経済に対する影響を明確にするため，株式の発行は既存発行のみであり新規発行を行わないとする[注3]。家計の資産は，預金・社債・株式から構成される。なお，r は現行利潤率，i は貸出（借入）利子率，e は将来期待を示している。

　家計の資産選択行動は以下の通りである。

$$\alpha(i, r+e, W)W = M \tag{35}$$

$$\beta(i, r+e, W)W = L^p \tag{36}$$

$$\gamma(i, r+e, W)W = PeE \tag{37}$$

　各資産需要関数のカッコ内は，金融資産の収益率の変化によって需要が変化する代替効果と資産残高によって変化する相対的危険回避度効果を表している。各需要関数左辺の最後の項 W は資産効果を表している[注4]。代替効果を表す符号条件は，以下の通りである。

$$\alpha_i < 0, \beta_i > 0, \gamma_i < 0$$
$$\alpha_r < 0, \beta_r < 0, \gamma_r > 0$$
$$\alpha_e < 0, \beta_e < 0, \gamma_e > 0$$

各金融資産の需要は，各々の収益率が上昇すれば増加するが，収益率が低下すれば減少する。金融資産 W は，

$$W = M + L^p + PeE \tag{38}$$

であり，金融市場内部の動向によって株価等に依存して変化する内生変数である。例えば，企業の利潤率の上昇によって株式需要が上昇すれば株価の上昇を通じて金融資産 W も増加する。金融資産が増加すれば，相対的危険回避度効果を通じて株式需要比率 γ に影響を及ぼす。すなわち，利潤率の上昇は以下の2つのプロセスを通じて株式需要の変化をもたらす。

$$\frac{d\gamma}{dr} = \frac{d\gamma}{d(r+e)} + \frac{d\gamma}{dW} \cdot \frac{dW}{dr} \tag{39}$$

右辺の第1項が代替効果，第2項が相対的危険回避度効果である。第2項については，$\frac{d\gamma}{dW} > 0$ のときは相対的危険回避度減少，$\frac{d\gamma}{dW} < 0$ のときは相対的危険回避度増加，$\frac{d\gamma}{dW} = 0$ のときは相対的危険回避度一定，とまとめられる。

(2) 銀行行動

銀行準備は，最低必要準備（v：法定預金準備率）と超過準備で構成される。その関数形は，次のように仮定する。なお ε は，銀行が最低必要準備金を積んだ後，自由に使うことができる預金残高に占める超過準備比率を示す。

$$R = vD + \varepsilon(r, e, \overline{L})(1-v)D \tag{40}$$

現行利潤率 r と将来期待 e の上昇は，企業への貸出に伴う危険を減少させるため，企業貸出を増加させ，超過準備を減少させる。反対に，企業の既存負債 $\overline{L}$ が上昇すると，貸出に伴う危険が増加するため超過準備を増加させる。すなわち r，e の上昇は，Minsky の主張する貸し手リスクを減少させ，反対に $\overline{L}$ の増加は貸し手リスクを上昇させる。(40)式より，貨幣供給（現金はゼロであるため預金のみが対象となる）を銀行準備の信用乗数倍として，次のように表すこ

とができる。

$$M = \phi(r, e, \overline{L}, v)R \tag{41}$$
$${\scriptstyle +\ +\ -\ -}$$

　ϕ は信用乗数関数であり，銀行部門を組み入れた本モデルにおいて内生的に変化する。企業への銀行貸出は，バランスシートの制約式より次のように導出される。

$$L^B = L^B(r, e, \overline{L})(1-v)D \tag{42}$$
$${\scriptstyle +\ +\ -}$$

　最終的な企業への総貸出（企業の負債）は，銀行による企業への貸出と家計による社債購入を合計したものである（$L^S = L^B + L^p$）。現行利潤率 r と将来期待 e については，銀行の貸出供給の大きさの方が，家計のそれを大きく上回ると仮定すれば，貸出供給関数は次のようになる[注5]。

$$L^S = L^S(r, e, \overline{L}, v) \tag{43}$$
$${\scriptstyle +\ +\ -\ -}$$

　企業の既存借入水準 $\overline{L}$ が増大すれば，銀行の貸し手リスクも上昇するため企業への銀行貸出は減少する。

　一方，企業の借入需要は，次のように仮定する。

$$L^d = L^d(i, r, e, \overline{L}) \tag{44}$$
$${\scriptstyle -\ +\ +\ -}$$

　利子率 i の上昇は企業の利払い負担を増加させ，また既存借入額 $\overline{L}$ の増加は借り手リスクを増大させるため，企業は借入を減少させようとする。反対に，現行利潤率 r と将来期待 e の上昇は，投資の現在割引価値を増加させるため，投資需要が増加し，それに比例して借入を増加させる。

(3) 金融市場の均衡

　以上の枠組みの下で，各市場の需給均衡式をまとめると以下のようになる。ここで，既存債務 $\overline{L}$ は，$\lambda\left(=L/PK\right)$ と置き換えている[注6]。

(A) 預金市場需給均衡条件

$$\alpha(i, r+e, W)W = \phi(r, e, \lambda, v)R \tag{45}$$

(B) 貸出市場均衡条件

$$L^d(i, r, e, \lambda) = L^S(r, e, \lambda, v) \tag{46}$$

(C) 株式市場均衡条件

$$\gamma(i, r+e, W)W = PeE \tag{47}$$

(D) 財市場均衡条件

$$I(\underset{+}{r}, \underset{+}{e}, \underset{-}{i}) = S(\underset{+}{r}) \tag{48}$$

金融市場におけるワルラス法則より(46)式を捨象し，(38)式を(47)式に代入し，それを(45)式に代入すれば，2本の体系式にまとめることができる。この体系より，利潤率 r と利子率 i が内生変数として以下のように決定される。

$$r = r(\underset{+}{e}, \underset{-}{\lambda}) \tag{49}$$

$$i = i(\underset{-}{e}, \underset{+}{\lambda}) \tag{50}$$

本体系より，将来期待の変化は利潤率 r と利子率 i に影響を及ぼすが，その度合いは相対的危険回避度の程度によって以下のように異なる。

$$\left|\frac{dr}{de}\right|_C < \left|\frac{dr}{de}\right|_D < \left|\frac{dr}{de}\right|_{BD} \tag{51}$$

$$\left|\frac{di}{de}\right|_C < \left|\frac{di}{de}\right|_D < \left|\frac{di}{de}\right|_{BD} \tag{52}$$

右下の添字に関して，C は相対的危険回避度一定，D は相対的危険回避度減少，BD は銀行の信用創造効果がプラスで投資家の相対的危険回避度が減少である場合を示している（前者2つは銀行の貸出がない場合に対応している）。

まず(51)式より，将来期待の上昇はすべてのケースで企業の利潤率を上昇させる。しかし，企業の利潤率が上昇する度合いは，投資家の相対的危険回避度が

減少するほど，および，銀行の貸出行動が積極化するほど大きくなる。投資家の相対的危険回避度が減少するほど，経済の成長過程で投資家の危険資産に対するリスク・プレミアムが減少し，社債・株式などの資産需要が大きく増加する。これにより，企業の投資水準も比例して増加するため利潤率も上昇するからである。これに銀行の信用創造が加われば，企業の資金調達がさらに増加し投資を拡大することができるので利潤率も上昇することになる。

次に(52)式より，将来期待の変化は利子率に影響を及ぼすが，その程度は先と同様に投資家の相対的危険回避度と銀行の信用創造効果に依存する。なお，Taylor and O'Connell(1985)モデルより，投資家の資産選択行動において代替効果が資産効果を上回れば，将来期待が上昇する場合に利子率は低下することが導出されている。景気上昇期に資産の代替効果を通じて安全資産の貨幣からリスクを伴う債券や株式需要が大きく増加する。一方，貨幣需要が大きく減少するため，貨幣市場では超過供給の状態が発生するので利子率が低下する。このとき，投資家の相対的危険回避度が減少するほど，貨幣から社債・株式などのリスク資産に資金が流れるため，貨幣市場の超過供給の程度が大きくなり利子率も大きく低下する。また，銀行の信用創造効果が大きくなれば，マネーストックが内生的に増加するため貨幣市場における超過供給の程度も大きくなり利子率はさらに低下する。この場合，経済の成長期に利子率が低下していくため現実の経済成長率はさらに高まり金融の不安定性が生じる。反対に，景気後退期には利子率が上昇するためマクロ経済活動はさらに収縮する。

また，(既存)債務水準の変化も投資家の危険回避度の程度によって以下のように異なることが導出される（なお，右下添字 BC は銀行の信用創造効果がプラスで投資家の相対的危険回避度は一定である場合を示している）。

$$\left| \frac{dr}{d\lambda} \right|_{BC} < \left| \frac{dr}{d\lambda} \right|_{BD} \tag{53}$$

$$\left| \frac{di}{d\lambda} \right|_{BC} < \left| \frac{di}{d\lambda} \right|_{BD} \tag{54}$$

(53)式より，債務の増加は企業の利潤率を低下させるが，投資家の相対的危険

回避度が減少するほど利潤率は大きく低下する。これは，企業債務の増加は企業の投資水準を減少させるためであり，投資家の相対的危険回避度が減少であれば景気後退期に社債・株式などのリスク資産から安全資産の貨幣へ資金が流れるからである。このため企業の資金調達が困難となり利潤率が低下する。

次に，(54)式より企業の負債水準が増加すれば利子率を上昇させるが，投資家の相対的危険回避度が減少するほど利子率は大きく上昇する。これは，企業債務の増加は企業の経常利益率を下げるため社債投資や株式投資等のリスク資産への投資を控えるようになるからである。

以上より，投資家の相対的危険回避度と銀行による信用創造効果の程度がどのような水準であるかによって，財市場でのショックの影響が異なることが示された。とりわけ相対的危険回避度が減少し，信用乗数が大きくなるほど，財市場のショックの影響を金融市場がさらに拡大させるという意味において金融の不安定性が生じることを確認することができる。

第4節　負債の動学プロセス

(1)　動学体系

本節では，第3節で展開した修正モデルを第2節で説明したFranke and Semmler(1989)に適用し，負債と将来期待の動学プロセスについて分析する。

内生変数である利潤率と利子率は，(33)～(34)式および(49)～(50)より，

$r = r(e, \lambda)$
$i = i(e, \lambda)$

である。次に，負債と将来期待の運動方程式は次のように(31)～(32)式の体系と同様である。

$$\dot{\lambda} = \lambda \{ b(r + i\lambda + e - i, \lambda) - f(r + e - i) \} \tag{31}$$

$$\dot{e} = v(r - i, \lambda) \tag{32}$$

第Ⅵ章　動学的マクロモデルにおける負債と経済活動

　短期均衡条件が成立している下で利潤率と利子率が決定し，それらが長期的分析において負債水準と将来期待に影響を及ぼし変動させる。長期均衡条件である定常状態が成立している場合，$\dot{\lambda}=0$, $\dot{e}=0$ となり以下の定常均衡が成立する。

$$b\{r(e^*,\lambda^*)+i(e^*,\lambda^*)\lambda^*+e^*-i(e^*,\lambda^*),\lambda^*\}-f\{r(e^*,\lambda^*)+e^*-i(e^*,\lambda^*)\}=0 \quad (55)$$

$$v\{r(e^*,\lambda^*)-i(e^*,\lambda^*),\lambda^*\}=0 \quad (56)$$

　本体系下で，長期均衡値 (λ^*, e^*) の近傍において一次近似させるとヤコビ行列は以下の通りである。

$$\begin{pmatrix}\dot{\lambda}\\ \dot{e}\end{pmatrix}=\begin{pmatrix}A_{11} & A_{12}\\ A_{21} & A_{22}\end{pmatrix}\begin{pmatrix}\lambda-\lambda^*\\ e-e^*\end{pmatrix}$$

$$A_{11}=\frac{d\dot{\lambda}}{d\lambda}=b_1\left(\frac{dr}{d\lambda}+\frac{di}{d\lambda}\lambda+i-\frac{di}{d\lambda}\right)+b_2-f\left(\frac{dr}{d\lambda}-\frac{di}{d\lambda}\right)$$

$$A_{12}=\frac{d\dot{\lambda}}{de}=b_1\left(\frac{dr}{de}+\frac{di}{de}\lambda+1-\frac{di}{de}\right)-f\left(\frac{dr}{de}+1-\frac{di}{de}\right) \quad (57)$$

$$A_{21}=\frac{d\dot{e}}{d\lambda}=v_1\left(\frac{dr}{d\lambda}-\frac{di}{d\lambda}\right)+v_2<0$$

$$A_{22}=\frac{d\dot{e}}{de}=v_1\left(\frac{dr}{de}-\frac{di}{de}\right)$$

　A_{21} の符号は負で確定しているが，その他の符号については銀行貸出行動，資産選択行動における相対的危険回避度および企業の投資関数の状態に依存して変化する。

　はじめに，通常のケースとして経済が安定的である場合を示す（ケース１）。この場合，投資の変化がある一定以下（$b_1>f'$）であり，負債水準については $\lambda<1$ が成り立ち，第Ⅳ章における短期不安定条件が成立せず（$di/de>0$），

$$\left|\frac{dr}{de}\right|<\left|\frac{di}{de}\right| \quad (58)$$

が成立すれば，$A_{11}<0$，$A_{12}>0$，$A_{22}<0$ となり，以下のように Routh-Hurwitz の安定条件が満たされる。

$Trace = A_{11} + A_{22} < 0$

$Det = A_{11}A_{22} - A_{12}A_{21} > 0$

長期的な均衡において上記のように定常状態が安定的であれば，定常均衡点近傍の体系運動は**図1**の位相図によって示される。横軸に負債水準 λ，縦軸に将来期待水準 e をとれば，$\dot{\lambda}=0$ を満たす曲線は右上がり，$\dot{e}=0$ を満たす曲線は右下がりとして描くことができる。この2つの曲線によって4つの領域に分けることができる。

第Ⅰ領域は，マクロ経済活動水準が低い場合であり，負債水準は上昇し，将来期待も上昇する。経済活動水準が低い場合，負債を増加させ投資を実行すれ

図1◆動学プロセス

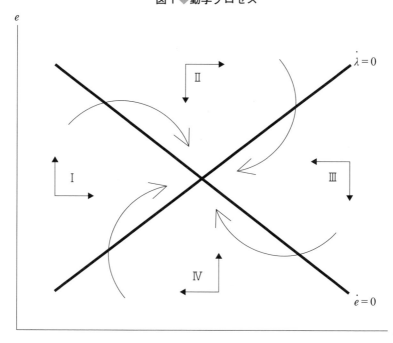

ば限界効率が高いが、利子率の上昇幅は低いため将来期待は上昇する。第Ⅱ領域では、負債水準は上昇し、将来期待が低下している。これは、マクロ経済の活動水準がある程度高くなれば、負債の増加はリスク・プレミアムを反映して利子率が上昇するため将来期待が低下するからである。次に第Ⅲ領域では、負債水準と将来期待はともに低下している。この領域では、すでにマクロ経済活動水準は高いため、投資の限界効率は十分に低く企業は負債水準を減少させる。また、企業は利子率の水準を低下させることを通じて企業の借入コストを減少させようとするため負債水準が減少する。したがって、将来期待は低下する。

(2) 負債と経済の不安定性

次に、負債水準が大きく $\lambda>1$ が成立している場合を考察する（ケース２）。これは、企業の借入水準は資本ストック PK を上回っており、レバレッジ水準も十分高い場合に対応している。このとき $A_{12}<0$ なり、符号は前のケースと反対になる。さらにレバレッジの水準が十分に高くなれば、

$Det < 0$

となり、Routh-Hurwitz の安定条件は満たされず、長期均衡解は不安定な鞍点解となる。この動学プロセスは図２に示している通りである。このとき $\dot{e}=0$, を満たす曲線は右下がりで変化しないが、$\dot{\lambda}=0$ を満たす曲線はケース１と異なり右下がりとなる[注7]。

第Ⅰ領域では、経済活動水準が低いときであり、負債水準と将来期待水準がともに上昇し定常均衡解の方へ向かう。また、第Ⅲ領域では、経済活動水準が十分に高いときであり、負債水準と将来期待がともに低下するので第Ⅰ領域と同様に定常均衡解の方へ向かう。これに対して、第Ⅱ領域では負債水準が低下し将来期待は増加するので定常均衡解から離れていく方に向かう。これは、第Ⅳ領域でも同様であり、負債水準が上昇するが将来期待は低下するので定常均衡解から益々乖離していく。したがって、経済が図の saddle point path 上にある場合のみ定常状態は成立するが、それから乖離すれば定常状態は成立せず経済は不安定となる。

図2 ◆動学プロセスと Saddle パス(1)

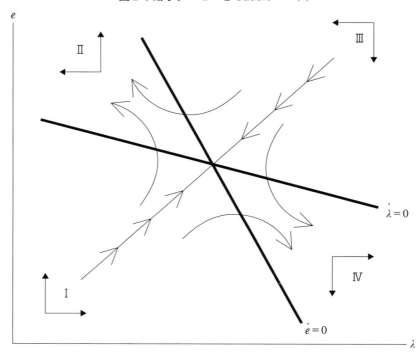

　ケース2は，ケース1と比べると負債水準が大きくなれば定常近傍における経済の長期安定条件が満たされなくなることに顕著な特徴がある。換言すれば，経済の長期均衡が安定であるためには，資本ストックに対する負債の水準に上限があることを示している。

　次にケース3として，先のケース2に投資家の資産選択行動において相対的危険回避度が減少し，銀行の貸出行動を通じてマネー・ストックが信用創造効果により内生的である場合を分析する。これは，第Ⅳ章で論じたように将来期待が上昇すれば，投資家は安全資産よりもリスク資産である株式の需要を一段と高め，一方で銀行の積極的な貸出行動の結果，貨幣市場では超過供給の状態になり好景気下で利子率が低下する場合に対応している。したがって，$di/de<0$

となり，$A_{22}>0$ が成立する。このとき，ヤコビ行列より $Det<0$ が必ず成立する。ケース 2 では資本ストックに対する負債水準が，$\lambda>1$ であり，そしてその値が十分に大きい場合に定常均衡は鞍点解になることを導出した。本ケースでは，$A_{12}<0$ のみが成立すれば自動的に $Det<0$ となり，長期均衡は不安定な鞍点解となる。

また，投資家の相対的危険回避度が減少すればするほど，A_{22} が正になる可能性が高くなり，下記のように将来期待水準は自己実現的に発散し不安定経路を辿ることになる。

$$A_{22} = \frac{d\dot{e}}{de} = v_1\left(\frac{dr}{de} - \frac{di}{de}\right) > 0 \tag{59}$$

$$\left|\frac{dr}{de} - \frac{di}{de}\right|_C < \left|\frac{dr}{de} - \frac{di}{de}\right|_D < \left|\frac{dr}{de} - \frac{di}{de}\right|_{BD} \tag{60}$$

(60)式より，投資家の相対的危険回避度が一定から減少になるほど，さらに銀行の信用創造効果が大きくなるほど絶対値の値は大きくなり，(59)式の正の値も上昇し期待形成はマクロ経済にとって不安定要因となる。本ケースにおける定常均衡近傍での運動は，**図 3** に示されている。

ケース 1 と異なり，$\dot{\lambda}=0$ の曲線は右下がり，$\dot{e}=0$ の曲線は右上がりになる。この場合，第 I 領域と第 III 領域に saddle point path が描かれ，定常均衡は鞍点であることがわかる。しかし，第 2 節(1)で説明したように負債と景気循環の関係は Minsky 理論に従っているわけではない。なぜなら，第 II 領域では将来期待が上昇しているが負債水準は低下している。Minsky 理論では，景気が良くなると将来期待が上昇し，企業の設備投資拡大を通じてさらに負債が上昇していかなければならない。しかし，第 II 領域では負債水準が減少し利子率が低下するために将来期待が上昇し，結果的に定常均衡解から乖離していくという意味において不安定となっている。動学体系は不安定であるが，Minsky 理論とは不安定になる要因およびプロセスが異なっていることがわかる。

最後にケース 4 として，これまでの体系から企業の投資が期待利潤率の上昇に伴い大きく増加する場合を分析する。すなわち，$b_1<f'$ が成立し，両者の差

図3 ◆動学プロセスと Saddle パス(2)

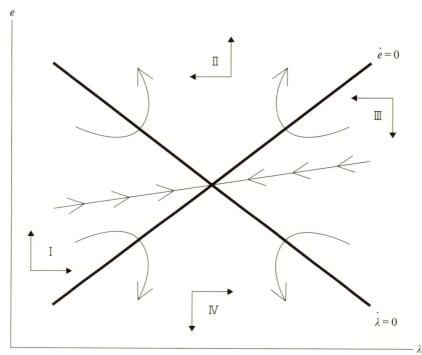

が十分大きい場合を考察する。このとき，$A_{11}>0$ となり $d\dot{\lambda}/d\lambda>0$ が成立し，資本ストックに対する負債水準の動学プロセスは不安定となる。全体系下においては，

　$Trace>0$
　$Det>0$

となり，定常均衡近傍での軌道は局所的に不安定である。これを**図4**の位相図を用いて説明する。ケース3と同様に，$\dot{\lambda}=0$ の曲線は右下がり，$\dot{e}=0$ の曲線は右上がりである。しかし，資本ストックに対する負債水準 λ は $\dot{\lambda}=0$ の曲線より右側では上昇し，左側では減少する。一方，将来期待水準 e は $\dot{e}=0$ の曲

図4 ◆動学プロセスと不安定性

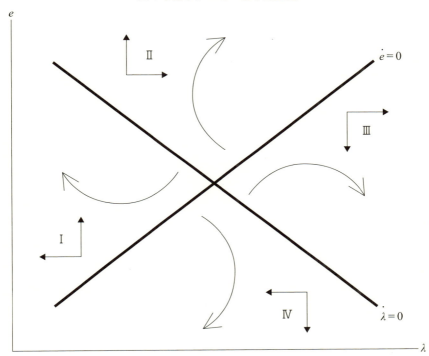

線より上側では上昇し，下側では低下する。したがって，図4のように4つの領域に分かれるが，すべての領域で定常均衡とは乖離していき一様に発散していることがわかる。とりわけ第Ⅲ領域では，負債の拡大と将来期待の上昇が同時に発生していることから，この領域がMinskyに基づく経済の不安定性理論が生じている状態であると結論づけることができる。このように，負債水準が高く（$\lambda>1$），投資が過敏的であり（$b_1<f'$），投資家の相対的危険回避度が減少するほど，さらに銀行の貸出行動を通じた信用創造効果が大きいほど，経済の不安定性が高まることを確認できる。

第5節　まとめ

　本論では，負債の蓄積過程と景気循環の関係を動学的に分析し，経済を不安定にする要因を明らかにすることを目的とした。そこで第2節では，Minsky理論に従って負債水準とマクロ経済活動の関連について論じた。経済の成長過程において，企業の設備投資増加に伴い負債水準が増加する。経済の拡大期には，金融仲介機関による信用創造効果や投資家によるリスク資産である社債への投資が増加し，企業の負債水準が同時に増加することとなる。しかし，資本ストックに対する負債水準が拡大すればリスク・プレミアムの上昇を通じて，企業の資本構造が脆弱なものとなる。このとき，将来期待が低下すれば景気の上昇期とは反対に，負の信用創造効果と投資家による安全資産への需要増加（いわゆる「質への逃避」）が生じ，企業の資金コストが不景気下で上昇し資金調達は急速に厳しくなる。景気循環における負債の水準が，内生的に経済活動水準を過度に変動させる要因になることを確認した。いわば，過度な経済ブームのはじまりは，同時に過度な景気縮小のはじまりと位置づけることができる。

　上記の議論を理論的に分析するために，本論ではFranke and Semmler(1989)を取り上げ考察した。ここでは，金融市場と財市場の同時決定モデルから負債水準と景気循環について動学的に分析されている。しかし，信用創造は一定であり金融仲介機関の主体的な行動が示されていない。また，投資家の資産選好における危険回避度について考慮されていない。一方で，第Ⅳ章では上記の要因を含めて短期マクロ経済モデルを構築しており，それを第3節でFranke and Semmler(1989)モデルと整合的に修正させて示した。続く第4節では，これを動学体系下で長期的な定常条件を分析することによって，負債水準と景気循環の関係について明らかにした。主たる結論は，以下の通りである。

　まず，企業の設備投資が期待利潤率に対する弾力性が一定の水準以下で，投資家の資産選択行動において代替効果が低く，相対的危険回避度が一定であれば定常均衡は安定である。しかし，投資家の相対的危険回避度が減少し，金融仲介機関の信用創造効果が大きくなれば，好景気下において貨幣市場は超過供給の状態になるので利子率は低下する。これにより，長期期待水準はさらに上

昇しマクロ経済活動を活発化させる。金融市場内部の動きによって財市場の動きを大きく助長させ，同時に将来期待を自己実現的に上昇させることが導出された。この場合，定常均衡解は不安定な鞍点解となる。さらに，企業の投資関数が利潤率に対して大きく変動する場合，長期的な定常均衡近傍における運動は局所的に不安定となる。このケースにおいては，Minsky 理論で説明されたように負債水準の増加（減少）と景気拡大（縮小）が同時に発生し，金融的要因が一種のフィナンシャル・アクセラレーターの機能を有しマクロ経済活動の変動幅を一段と大きくすることが確認された。

最後に今後の課題としては，上記のような経済状態が生じた場合，金融政策の動学的な体系下における有効性について分析することが求められる。また，国際的な金融不安定性の連関についても検討が必要である。

【注】

（注1）投資家の社債保有 L^p は一般的に直接金融であり信用創造の対象にならないが，Franke and Semmler(1989)は銀行預金を2つに分けることによって(12)式を成立させている。一つは無利子預金であり本モデルの(8)式である。もう一つの預金は有利子預金であり，これが(9)式で示されている。すなわち，(9)式は実際には有利子預金需要関数を表している。

　この有利子預金額が，すべて金融機関を通じて企業に貸し出されると仮定している。したがって，L^p は内部貨幣の対象となり信用創造に含まれるものとなる。これは，金融機関の利益最大化行動の結果として貸出が決定される場合と決定的な違いがあり，次節ではこれを修正し，金融機関の貸出行動を通じた内生的な信用創造モデルへと発展させる。

（注2）経済全体での資産は，各経済主体間での資産と負債を相殺することによって，結果的に，外部貨幣であるベース・マネーと企業投資から生まれる利益（企業価値）から構成されるためである。

（注3）新規株式発行を行う場合については，植田(2006)第7章で分析されている。

（注4）第Ⅳ章では，Uchida(1987)と同様に相対的危険回避度を表す項目を資産需要比率の中ではなく，次の貨幣需要式のように a と独立させて示した。

$$A(W)\alpha(i, r+e)W = M$$

　本節の需要関数は Franke and Semmler(1989)に対応させるため修正させたものであるが，理論的な展開について何ら変化はない。

（注5）r と e が上昇すれば，家計に関してはポートフォリオ行動より株式需要を増加させ，企業向貸出を減らす要因となる。しかし，バランスシートより銀行は株式保有をしない分，r と e が上昇すれば企業向貸出を大きく増加させる結果，家計のマイナス分を上回るとするものであり，これは現実的であると思われる。

（注6） 本論で各資産の需給条件式に影響を与えるのは既存債務であり，一方，Franke and Semmler(1989)では融資後の債務残高である。$L=dL+\bar{L}$ より，符号条件は変わらないため Franke and Semmler(1989)に合わせている。

（注7） 負債水準 λ が大きくなるほど，傾きは負で急になる。そして，$\dot{\lambda}=0$ の曲線の傾きが $\dot{e}=0$ の傾きよりも急になっても以下の長期定常状態近傍における動学プロセスの議論に基本的な変化はない。なお，二宮(2008)では投資家の相対的危険回避度を考慮したマクロモデルを構築し Hopf 分岐点が存在することを導出している。

第Ⅶ章

金融不安定性と企業の債務構造

第1節 はじめに

　Minskyは，これまで論じてきたように不確実性および期待に基づく金融・投資理論を通じて，首尾一貫した景気循環論の理論的枠組みの構築を試みている。彼は，企業・金融仲介機関・家計の意志決定を中心に捉えて議論した後，それを集計したマクロの議論へと展開した。とりわけ銀行を中心とした金融仲介機関を通じての企業貸出行動を明示的に分析し，信用の拡張や収縮がマクロ経済活動を加速させることを多角的に論じている。彼は，ミクロ的な金融要因を考慮した不確実性下での投資理論を提示し，投資と資金調達の関係，金融市場と実物市場の相互連関性を組み合わせた内生的な景気循環理論を導出し，その上で経済は結果的に不安定になる可能性が大きくなることを論じている。Minsky理論の特徴は，個々の経済主体，特に企業の投資意思決定を中心とする論理をミクロ的基礎から考察した議論と，それがマクロ経済へ及ぼす影響を明確化させているところにある。

　本章では，Minskyの主張する諸資産の市場価格決定メカニズムと企業の投資決定との関係，さらには投資決定における金融仲介機関の役割に焦点を当ててMinsky理論を展開する。とりわけ，Minskyは投資が借入を通じて行われる債務依存型企業が生み出す利潤（または，キャッシュ・フロー）と金融（債

務）構造の変化に着目して分析し，金融システムが脆弱化するメカニズムを析出している。本章では，上述した理論モデルを企業の債務構造の変化と組み合わせて分析し，Minsky型景気循環論が生じる条件を明らかにする。

　企業が投資に必要な資金をどれだけ調達できるかは，自己資金の水準の他に金融仲介機関の貸出態度にも依存する。企業のバランスシートが健全であれば，貸出資金が返済される可能性は高くなり，金融仲介機関の資金を供給することのコスト（貸し手コスト）が低下し貸出は増加する。反対に企業のバランスシートが脆弱であれば，貸し手コストが上昇し貸出は減少する。金融構造の健全性を決定する主要因は将来のキャッシュ・フローであり，これは主観的な将来期待にも依存するため元々不安定的な傾向を有している。企業のバランスシートが脆弱になるほど，企業と金融仲介機関の双方の行動が将来期待に過敏に反応するようになり，大幅な経済活動の変動をもたらす要因となる。

　例えば，投資拡大に伴い借入が増加すれば外部資金への依存度が高まり，企業のレバレッジ比率は上昇する。利払いに対するキャッシュ・フローの比率が減少していけば財務状態は悪化し，投資プロジェクトを実行することのリスクは高まる。すなわちバランスシートにみられる金融構造が脆弱になるほど資金を借りることのコスト（借り手コスト）が上昇し，不確実性下での投資決定に影響を及ぼし投資水準の減少を招くことになる。このようなことからも，企業の金融構造と資金を供給する金融仲介機関の行動が，マクロ経済活動に対して重要な役割を有しており，ここに本研究の意義がある。

　なお，本章の構成は以下の通りである。次の第2節では，金融不安定性モデルを企業の債務構造の変化と組み合わせて分析する。続く第3節では，企業の債務構造の変化を景気循環論と関連させて展開する。第4節では，将来の期待形成がマクロ経済活動に影響を与えることを通じて企業の債務構造がどのように変化していくかを分析する。最後の第5節は，まとめと今後の課題について述べる。

第2節 企業の債務構造と金融システム

(1) 企業の債務構造の特徴

　本節では，第Ⅱ章第 2 節で説明した Minsky の企業債務構造に焦点を当て，債務の変動と経済の安定性について分析する。これらの先行研究として，Foley(2003)，Charles(2008a)，Lima and Meirelles(2007)，Meirelles and Lima(2006)，Nishi(2012)等があげられる。しかし，いずれも財市場のみに特化して分析しているものである。Minsky 理論の特徴は，資産選択行動と金融仲介機関の行動から金融不安定性が生じることを明らかにしていることを考慮すれば，財市場だけでなく金融市場の一般均衡の枠組みで分析することが必要である。そこで本章では，第Ⅳ章で示した基本モデルを用いて企業の債務構造の変化について分析する。

　企業の資金フローのバランスは，次のように表される。

$$R + \dot{L} = I + F \tag{1}$$

　なお，R は企業活動からの収入，$\dot{L}$ は新規借入，I は投資，F は利払い額を示している。(1)式より，次のように書き換えることができる。

$$\begin{aligned}\dot{L} &= I + F - R \\ &= (g-r)K + iL\end{aligned} \tag{2}$$

　g は投資関数から導かれた蓄積率，r は利潤率，i は利子率であり，$g = I/K$，$r = R/K$，$F = iL$ と表すことができる。上式より，新規借入 $\dot{L}$ は投資の蓄積率 g が上昇し，利払い額 iL が増加すればそれに比例して増加する。また，利潤率 r の上昇は借入額を減少させることが確認できる。

　第Ⅳ章で論じたように企業の債務構造は，Hedge 金融と Speculative 金融および Ponzi 金融の 3 つに分類されるが，それらの状態は以下のようにまとめられる（なお，$\delta = L/K$ とする）。

Hedge 金融

$$R \geq I+F \quad or \quad \dot{L} \leq 0 \quad \rightarrow \quad r-i\delta \geq g \tag{3}$$

Speculative 金融

$$R < I+F \quad or \quad I > \dot{L} > 0 \quad \rightarrow \quad r-i\delta < g \tag{4}$$

Ponzi 金融

$$R < F \quad or \quad \dot{L} > I \quad \rightarrow \quad r-i\delta < 0 \tag{5}$$

　Hedge 金融とは，(3)式に示しているように企業の債務構造としては最も望ましい財務状態であり，フローの資金収入が投資費用と利払い額の合計を上回る状態である。(3)式は，資本ストック1単位当たりの利潤が投資費用と利払い額を上回っている状態を表している。この場合，企業の生産活動による利潤率が高いため十分な資金収入があり，新規の借入は必要なく極めて健全性の高い状態であると特徴づけることができる。換言すれば，企業は新規に資金借入をする必要はなく内部資金のみで企業活動を行うことができる状態である。

　次に，多くの企業が属している Speculative 金融とは(4)式で表されているように，企業の生産活動からの資金収入が投資と利払いに必要な額を下回り，新規の借入が必要な状態を表している。しかし，この場合の資金収入は利払い額を上回っている。したがって，新規借入は主に投資に必要な資金の一部を借りるものであり，過去の負債から生じる利払いのために新規借入を行うわけではない。このため，過去からの借入元本に対する返済が進んでおり，その程度が大きい企業ほどバランスシートは健全である。しかし，企業の営業収入の水準が低くなるほど，利払いは可能であっても借入元本は順調に減らすことができず高負債水準が維持されていく。

　最後に Ponzi 金融は，(5)式に表されているように企業のバランスシートが最も脆弱な状態であり，資金収入が利払い額をも下回っている状態である。したがって，借入水準は投資に必要な資金を上回っている。利払いのために新規借入を増加させなければならないため，資本ストック K に対する負債比率 δ は上昇する。このような状態では，利子率水準のわずかな上昇でも企業経営に大

きな影響を及ぼす。また，マクロ経済環境によって利潤率が少しでも低下すれば，企業のバランスシートは大きく損なわれることになる。

上記3つの金融状態において，各々の比率がマクロ経済に与える影響は大きく異なってくる。Hedge金融の状態にある企業の比率が高ければ，利潤率や利子率が変動しても企業の経営に大きな支障はなく，マクロ的にみても経済活動は安定する。しかし，Speculativeな金融状態にある企業の比率が上昇すれば，利潤率を低下させ，利子率を上昇させるような負のショックが発生した場合，経営破綻する企業が増加しマクロ経済活動にもマイナスの影響を与える。

すなわち，同じ負の経済ショックが発生しても，そのとき，Hedge金融とSpeculative金融の比率が異なれば経済活動全体に対する影響も変わってくる。言うまでもなく，Hedge金融の比率が高ければ，経済ショックへの反応は小さく安定的であるが，Speculative金融の比率が上昇するほど（さらにSpeculative金融の中でも，投資に必要な資金の多くを新規借入に依存しなければならない企業の割合が上昇するほど），経済の安定性は低下する。

さらに，Ponzi金融の比率が上昇すれば，利潤率と利子率のわずかな変化に対しても企業の経営破綻が生じる可能性が高くなり経済全体の安定性は益々低下する。このように経済全体的にみれば，Hedge金融よりもSpeculative金融，あるいは，Speculative金融よりもPonzi金融の比率が上昇するほど経済の安定性は低下し不安定な状態になっていく。

(2) 債務構造の変動要因

(3)式と(4)式より，Hedge金融の状態からSpeculative金融の状態に移り変わる臨界点では，

$$r - i\delta = g \tag{6}$$

が成立している。なお，(6)式における4つの変数の均衡値は，第Ⅳ章の理論分析より導出することができる。これら4つの変数の均衡値を(6)式に代入すれば，次のようになる。

$$r^* - i^*\delta^* = g^* \tag{7}$$

ここで，4つの変数の均衡値を簡単化させて以下のように表す。

$$r^* = r^*(e, \bar{L}, \cdots) \tag{8}$$
$$r_e > 0,\ r_{\bar{L}} < 0$$

$$i^* = i^*(e, \bar{L}, \cdots) \tag{9}$$
$$i_e \gtreqless 0,\ i_{\bar{L}} > 0$$

$$g^* = g^*(e, \bar{L}, \cdots) \tag{10}$$
$$g_e > 0,\ g_{\bar{L}} < 0$$

$$\delta^* = \delta^*(e, \bar{L}, \cdots) \tag{11}$$
$$\delta_e > 0,\ \delta_{\bar{L}} < 0$$

(8)式より，将来期待の水準が上昇すれば利潤率も上昇する。このとき，第Ⅳ章で確認したように投資家の資産選択行動における代替効果が大きいほど，あるいは相対的危険回避度が減少するほど，そして金融仲介機関の信用乗数が増加するほど利潤率は大きく上昇する。また，既存債務の増加は利潤率を低下させる。これは，利払い負担の増加を通じて企業の投資水準を抑えるためである。

将来期待が上昇した場合の利子率に与える影響は，(9)式の通り一意的ではない。通常の場合，将来期待の上昇によって経済が成長するため資金需要増加を反映して利子率は上昇する。しかし，第Ⅳ章で導出したように金融の不安定性が生じている場合，反対に利子率は低下する。そして，好景気下で利子率は低下するのでさらに経済は成長する。一方，不景気化では利子率が上昇するので企業の資金コスト上昇を通じて経済活動は鈍化する。このような金融不安定性が生じる理由は，(8)式と同様に資産需要関数における代替効果と相対的危険回避度効果，および信用乗数の値に依存する。なお，既存負債の増加は利子率を上昇させる。

(10)式の資本蓄積率は，投資関数から導出されるものであり，将来期待の上昇は投資を増加させるが，既存負債の増加は投資を減少させる。最後に，(11)式の負債・資本比率は，投資行動の密接に関連していることを反映し，(10)式と同じ

ように反応する。

次に，将来期待が変化した場合，企業の債務構造がどのように変化するかを考察するため Hedge 金融と Speculative 金融の臨界点を次のように表す（以下，均衡を表すマークは以後省略する）。

$$A_{H \leftrightarrow S} = r - i\delta - g \tag{12}$$

上の式を，将来期待 e で微分すれば，

$$\frac{dA_{H \leftrightarrow S}}{de} = r_e - i_e \delta - i\delta_e - g_e \tag{13}$$

となる。(13)式の符号がプラスであれば，将来期待が上昇したとき企業の債務構造は健全な Hedge 金融の状態になる（これは，フローでの債務構造の変化をみているので正確には Hedge 金融の方に向かうと表現できる。しかし，上記の要因が継続すれば，実際に企業の債務構造は Hedge 金融の状態になるため，以後このように表現する）。しかし，上式の符号がマイナスであれば，企業の債務構造はより不安定な Speculative 金融の状態になる。

また，(5)式より Speculative 金融から Ponzi 金融になる臨界点では，

$$r^* - i^* \delta^* = 0 \tag{14}$$

が成立する。これを，先と同様に次のように表す（ここでも，均衡を表すマークは省略する）。

$$A_{S \leftrightarrow P} = r - i\delta \tag{15}$$

(15)式を将来期待 e で微分すると以下のようになる。

$$\frac{dA_{S \leftrightarrow P}}{de} = r_e - i_e \delta - i\delta_e \tag{16}$$

上式において，将来期待が上昇する場合，符号がプラスであれば Speculative 金融の状態になるが，符号がマイナスであれば最も脆弱な Ponzi 金融の状態になる。

以上の分析より，将来期待 e が上昇した場合，企業の債務構造はどのようになるかは以下の条件に従う。

$$r_e \geq i_e \delta + i \delta_e + g_e \tag{17}$$

　　のとき，Hedge 金融

$$i_e \delta + i \delta_e \leq r_e < i_e \delta + i \delta_e + g_e \tag{18}$$

　　のとき，Speculative 金融

$$r_e < i_e \delta + i \delta_e \tag{19}$$

　　のとき，Ponzi 金融

(3) 債務構造の変化

　ここで，企業の債務構造の変化を詳しくみるために**図1**を用いて考察する。(17)式より，Hedge 金融から Speculative 金融になる臨界点では，

$$i_e = -\frac{i}{\delta}\delta_e + \frac{1}{\delta}(r_e - g_e) \tag{20}$$

を得る。同様に，(19)式より Speculative 金融から Ponzi 金融になる臨界点では，

$$i_e = -\frac{i}{\delta}\delta_e + \frac{1}{\delta}r_e \tag{21}$$

を得る。縦軸の値 i_e は，通常のケースではプラスの値をとり，この条件は図1と対応している。しかし，第Ⅳ章の理論分析で明らかにしたように金融の不安定性が生じる場合は，マイナスの値をとる。なぜならば，将来期待の増加は投資家の資産選択行動において安全資産から危険資産への需要が増加し，また金融仲介機関の積極的な貸出行動により利子率を低下させる要因がはたらくためである。この場合については，後に論じる。

　図1には，3種類の企業の債務構造が示されている。ここで，i_e と δ_e の値に

図1 ◆企業の債務構造(1)：利潤率 r の上昇（$i_e > 0$ の場合）

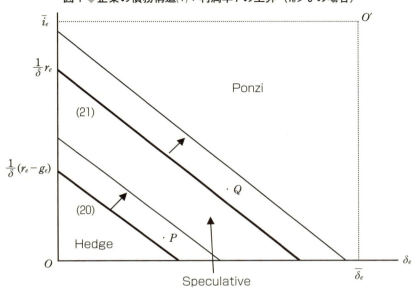

上限があり，各々，$\bar{i}_e$ と $\bar{\delta}_e$ とする(注1)。同図において，$\square O\bar{\delta}_e O'\bar{i}_e$ の中に Hedge 金融，Speculative 金融，および Ponzi 金融の領域が表されている。図1で示されている(20)式よりも下の領域が Hedge 金融，(21)式と(22)式の間の領域が Speculative 金融，(21)式よりも上の領域が Ponzi 金融である(注2)。図1からわかるように，将来期待が上昇したときに利子率が大きく上昇するほど（i_e の値が上昇するほど），または，債務比率が大きく上昇するほど（δ_e の値が上昇するほど），債務返済が厳しくなる。したがって，右上の領域に進むほど Hedge 金融から Speculative 金融，または Speculative 金融から Ponzi 金融へと企業の債務構造は脆弱化していく。

なお，3種類ある債務構造の領域の面積は，(20)式〜(21)式の右辺の値が変われば変化する。はじめに，将来期待上昇による利潤率の反応が上昇した場合（すなわち，r_e が上昇した場合）を分析する。この場合，図1に示しているように(20)式と(21)式の直線はともに上方シフトする。したがって，Hedge 金融と Speculative 金融の領域は拡大し，Ponzi 金融の領域は縮小する。利潤率の上昇が大きくなるほど，企業の債務構造は相対的に健全化し，当初 P 点にあった企業

はSpeculative金融からHedge金融へ，当初Q点にあった企業はPonzi金融からSpeculative金融へと変化する。債務水準がある程度大きくても，利潤率が高いため十分債務を返済できる余地があり，これが企業の債務構造を健全化させる要因になっている。

　以下同様に，その他の変数が変化したとき，各債務構造の領域がどのように変化するかを分析すると表1のようにまとめることができる。ここでは，各1行目の値が上昇すれば，各債務状態の領域はどの方向に変化するかを表している。

　将来期待が上昇した場合の投資水準の変化を表すg_eが上昇すれば，図1の⑳式を下方シフトさせるためHedge金融の領域が縮小し，Speculative金融の領域が拡大する。これは，投資費用の増加により債務構造が悪化するためである。しかし，Ponzi金融の領域は変化しない。当初，Ponzi金融の状態にあった企業は投資費用が増加しても，依然としてPonzi金融の状態にとどまるためである。

　次に，債務水準δが増加した場合，Hedge金融とSpeculative金融の領域は縮小し，Ponzi金融の領域は拡大する[注3]。なぜならば，債務水準の上昇は利払い負担を増加させるため債務構造は悪化するためである。これを図示すれば，図2のようになる。

　最後に，利子率が上昇した場合は，上述した債務水準が増加した場合と同様に，Hedge金融とSpeculative金融の領域を縮小させ，Ponzi金融の領域を拡大させる。利子率の上昇は，企業の利払い負担を増加させるためである。これは図3からも確認することができる。

　以上の結果を第Ⅱ章で説明した，Minskyの景気循環論と関連させて考察す

表1 ◆債務構造の変化(1)

	r_e ↑	g_e ↑	δ ↑	i ↑
Hedge	拡大	縮小	縮小	縮小
Speculative	拡大	拡大	縮小	縮小
Ponzi	縮小	一定	拡大	拡大

図2 ◆資本1単位当たりの負債 δ の上昇

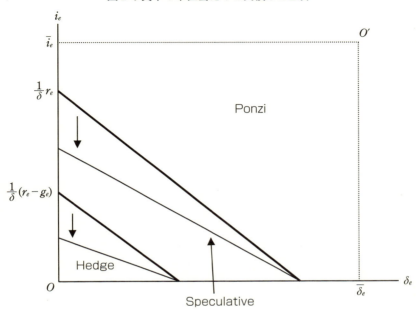

る。Minsky は，企業の債務構造の変化が景気循環と密接に関連し，その動きが資本主義経済の特質になっていることを主張している。具体的には，以下の通りである。好景気のとき利潤率の上昇に従って国民所得は増加していく。さらに，資金調達が増加し投資の増加を通じてマクロ経済活動は累積的に拡大する。しかし経済活動の拡大プロセスに応じて，企業の債務残高が増加し企業の投資行動を抑える要因が発生する。また利子率も上昇するため，債務返済の負担が重くなり，企業の債務構造は Hedge 金融から Speculative 金融，あるいは Speculative 金融から Ponzi 金融の状態に移り脆弱化する。このため，企業の投資は減少しマクロ経済活動の水準も縮小しはじめる。このとき，好景気下で累積した負債水準が企業活動にとって大きな負担となり，投資水準はさらに減少する。利潤率も低下するため，企業の債務構造は益々悪化しマクロ経済活動は一段と縮小する。このようなプロセスが，内生的に生じることを示したことに Minsky 金融不安定性理論の特徴がある。

本分析において，はじめに，r_e が上昇したときを考察したが，図1で示した

図 3 ◆利子率 i の上昇

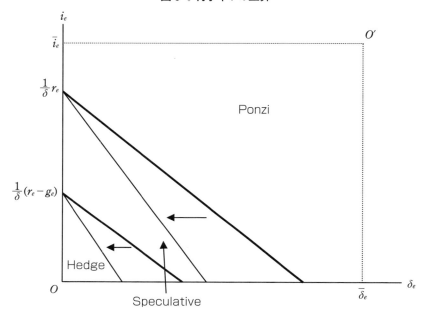

ように利潤率が上昇した場合，Hedge 金融と Speculative 金融の領域が拡大し，Ponzi 金融の領域は縮小するので企業の債務構造は健全化する。すなわち，ファンダメンタルズが改善したことによって企業のバランスシートも改善したと理解できる。この状態から，Minsky が主張する景気循環が成立するためには，図 1 から確認できるように利子率への反応 i_e が十分大きい値でなければならない。

一方，負債水準 δ が増加した場合，表 1 の第 4 列で確認したように Hedge 金融と Speculative 金融の領域は縮小し，Ponzi 金融の領域は拡大するため企業のバランスシートは悪化する。なお，ここでは現在の債務水準 δ が上昇した場合を考察しているが，既存債務 $\overline{L}$ が増加した場合も同様である[注4]。したがって，Minsky の景気循環が生じるためには，r_e 上昇による企業債務構造へのプラスの効果よりも δ 上昇により債務構造へのマイナスの効果が上回らなければならない。この条件が満たされているとき，経済の成長ともに企業の債務構造が脆弱化していくことを確認することができる[注5]。この場合，既存債

務が増加するので，その後の経済活動に対して負の影響を及ぼし景気は大きく後退する。

(4) 金融不安定性と債務構造

第Ⅳ章の理論分析で導出されたように，経済の成長期にむしろ利子率が資産選択行動と金融仲介機関の貸出行動によって低下し，経済の景気変動幅を拡大させるという意味において金融の不安定性が生じることを明らかにした。したがって，ここでは i_e がマイナスである場合を想定して，企業の債務構造の変化にどのような影響を及ぼすかを分析する。ここでも，先と同様に i_e と δ_e の値に上限があるとする。この場合，図4のように表すことができる。企業債務構造の領域は，第Ⅳ象限で確認することができる。図4では，(20)式と(21)式が太線

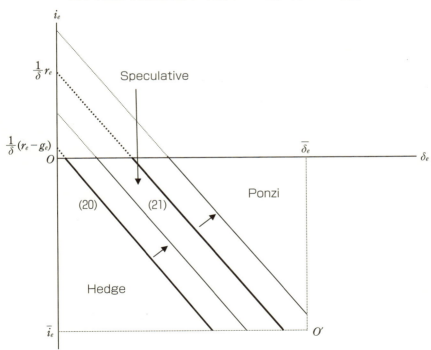

図4 ◆企業の債務構造(2)：利潤率 r の上昇（$i_e < 0$ の場合）

で表されており，⒇式の直線より下の領域が Hedge 金融，両直線の間の領域が Speculative 金融の領域，㉑式の直線より上の領域が Ponzi 金融の領域に対応している。

次に，企業の債務構造に影響を与える変数が変化した場合を考察する。まず，将来期待の変化に対する利潤率の反応 r_e が上昇した場合，図 2 のように 2 つの直線は上方シフトし，Hedge 金融の領域は拡大，Speculative 金融の領域は一定または縮小，Ponzi 金融の領域は縮小するため企業の債務構造は大きく健全化する。i_e がプラスの場合と異なる部分は，Speculative 金融の領域が縮小する場合が存在することである。これは，i_e がマイナスのとき，r_e が上昇すれば企業の利払い負担は大きく減少するため，Hedge 金融の領域も大きく増加するためである。反対に，不景気下で利潤率が低下すれば 2 つの直線は下方シフトし，Hedge 金融の領域が大きく縮小し，Speculative 金融の領域は拡大または一定，Ponzi 金融の領域は拡大するので企業の債務構造は急速に脆弱化する(注6)。

この他の変数についても同様に検証し，その結果は**表 2** にまとめられている。将来期待が変化したときの投資への反応 g_e が上昇した場合，i_e がプラスの場合と同様に Hedge 金融の領域は縮小，Speculative 金融の領域は拡大し Ponzi 金融の領域は変化しない。g_e が上昇すれば投資費用が増加するため，Hedge 金融の状態から Speculative 金融への状態になる可能性が高まるからである。また，g_e は Hedge 金融と Speculative 金融の臨界点に影響を及ぼすが，Speculative 金融と Ponzi 金融の臨界点には影響を与えないため Ponzi 金融の領域は一定のままとなる。

次に，資本ストックに対する負債水準が上昇した場合，Hedge 金融の領域

表 2 ◆債務構造の変化(2)

	$r_e \uparrow$	$g_e \uparrow$	$\delta \uparrow$	$i \uparrow$
Hedge	拡大	縮小	拡大	縮小
Speculative	一定または縮小	拡大	一定または縮小	縮小
Ponzi	縮小	一定	縮小	拡大

は拡大し，Ponzi 金融の領域は縮小する。一方，Speculative 金融の領域の変化は不確定である。これらの結果は，i_e がプラスの場合と大きく異なっている。これは，δ が好景気下で上昇しても i_e がマイナスであるので利子率が低下するためである。したがって，利払い負担が相対的に軽くなるため Hedge 金融の領域はむしろ拡大する。そして，反対に Ponzi 金融の領域は企業のバランスシートが改善することによって縮小する。なお，Speculative 金融の領域の変化は一意的でなく，δ_e の値に依存する。δ_e が上限値の $\bar{\delta_e}$ よりも十分低い場合，Speculative 金融の領域は変化しない。しかし，上限値に近くなるほど Speculative 金融の領域は縮小する。なぜなら負債水準が大きくなるほど，利子率が減少することのプラスの効果が大きくはたらき Hedge 金融の状態に移る企業が増加するためである。

　また，利子率が上昇した場合，Hedge 金融と Speculative 金融の領域は縮小し，Ponzi 金融の領域は拡大する。これは，利子率の上昇により利払い負担が増加することによって債務構造が悪化することを反映している。

　最後に，上記の結果を Minsky の景気循環論と関連させて考察する。マクロ経済が成長している局面で利潤率と負債水準が上昇するが，本ケースにおいていずれも Hedge 金融の領域を拡大させることが明らかになった。負債水準が増加しても，利潤率が十分高く，さらに利子率が好景気下で低下するため，企業の債務構造が健全化するためである。したがって，ファンダメンタルズの強さがバランスシートの改善をもたらしていることがわかる。そして，その度合いは i_e がプラスの場合よりも大きい。このため経済が成長するほど，企業の負債水準が増加しても利子率低下を通じて，負債構造は悪化せずむしろ健全化する。このとき，投資家の資産選択行動で代替効果と相対的危険回避度効果および金融仲介機関の信用創造効果が大きいほど，経済の成長とともに企業のバランスシートは改善する。

　反対に，不況になればなるほど，企業のバランスシートは大きく悪化し深刻な経済不況を生む。このように，i_e がマイナスになるほど金融不安定性が高まり，景気変動幅が拡大することがわかる。

　しかし，Minsky の景気循環理論のように，成長期に企業の負債水準の上昇を通じて，内生的に将来期待が悪化し，不況が発生するというプロセスは生ま

れていないことが確認できる。このようなプロセスを導出するには，先のケースと同様に動学的な期待形成モデルを負債水準と関連させて構築することが必要であり，これについては第4節で分析する。

第3節　投資家の危険回避度と債務構造

(1)　債務構造の変化

第Ⅳ章において，FM曲線の傾きは以下のようになることを導出した。

$$\left|\frac{di^{BD}}{dr}\right| > \left|\frac{di^{D}}{dr}\right| > \left|\frac{di^{C}}{dr}\right| \tag{22}$$

上式の第2項と第3項の傾きに大小関係が生じるのは，前者が投資家の相対的危険回避度が減少（右上の添字 D）することに対して，後者は一定（右上の添字 C）であることに起因する。なぜならば，相対的危険回避度が減少するほど，利潤率が上昇する好景気下において，投資家の株式投資が増加し，貨幣需要が減少するため利子率が大きく低下するからである。このことから，投資家の危険回避度がどのような特徴を有しているかによって，金融市場に与える影響が異なってくることを確認できる。すなわち，相対的危険回避度が減少すれば好景気下において利子率が低下し，金融の不安定性が生じる可能性が増加する。反対に，相対的危険回避度が一定であれば，好景気下における利子率の低下する可能性は減少し，マクロ経済はより安定的となる。

また，第1項と第2項の大小関係は，金融仲介機関の貸出行動を通じた内生的な信用創造効果を含めているか否かによって生じるものである。投資家の相対的危険回避度が減少し，さらに金融機関の貸出行動を含めれば（右上の添字 BD），好景気下において利子率はさらに低下する。なぜならば，好景気下では金融仲介機関の貸出行動が積極的となり，マネー・ストックが内生的に増加することを通じて貨幣市場が超過供給の状態になる度合いが高まるためである。これは，好景気のときに金余りの現象が生じていると換言することができる。

次に，将来期待が上昇した場合の利子率と利潤率の変化について，第Ⅳ章の

結論より以下のようにまとめることができる。

$$\left|\frac{di^{BD}}{de}\right| > \left|\frac{di^{D}}{de}\right| > \left|\frac{di^{C}}{de}\right| \tag{23}$$

$$\left|\frac{dr^{BD}}{de}\right| > \left|\frac{dr^{D}}{de}\right| > \left|\frac{dr^{C}}{de}\right| \tag{24}$$

(23)式は FM 曲線のシフト幅に大小関係が生じていることを表している。すなわち，投資家の相対的危険回避度は減少し，かつ，金融仲介機関の貸出行動を組み入れた場合（右上添字 BD）が最も大きく下方シフトする。そして，投資家の相対的危険回避度が減少（右上添字 D），あるいは一定（右上添字 C）になるほど FM 曲線の下方シフト幅は小さくなる。この理由は，(22)式で表したように FM 曲線の傾きに大小関係が生じることと同様である。

これらのことから，自明的に(24)式が成立する。つまり，投資家の相対的危険回避度が減少，かつ，金融仲介機関の貸出行動を組み入れた場合，利潤率の変動がより振れるという意味において金融不安定性の度合いが最も大きくなる。続いて，投資家の相対的危険回避度が減少，そして一定になると金融の不安定性が生じているがその度合いは小さくなる。

本節では，投資家の相対的危険回避度の違いが企業の債務構造にどのような影響を及ぼすかを分析する。将来期待が上昇した場合，第Ⅳ章で分析したようにマクロ経済に対する影響が異なることを確認した。そのとき，企業の債務構造はどのような影響を受けるかを明らかにする。反対に言えば，企業の債務構造は投資家の資産選択行動の特徴によって変化することを明らかにする。なお，(22)～(24)式が成立している場合，資本ストック 1 単位当たりの負債水準 δ は，以下のように変化する。

$$\left|\frac{d\delta^{BD}}{de}\right| > \left|\frac{d\delta^{D}}{de}\right| > \left|\frac{d\delta^{C}}{de}\right| \tag{25}$$

上式より，投資家の相対的危険回避度が一定の場合の負債水準の変化が最も小さい。そして，相対的危険回避度が減少するほど，負債水準は上昇する。こ

れは，好景気下において利子率が低下するため債券発行を増加させ投資水準を大きくするためである。さらに，金融仲介機関の貸出行動を含めた場合，好景気下における積極的な貸出行動を通じて銀行借入を増やし投資水準をさらに大きくするため負債水準も比例して増加する。このことより，利潤率が上昇すれば，投資水準の増加を背景に負債水準も上昇することを確認できる。

以上より，⒇式を用いて投資家の相対的危険回避度別に，企業の債務構造がHedge金融とSpeculative金融の臨界点となる状態を次のように表すことができる。

$$i_e^D = -\frac{i}{\delta}\delta_e^D + \frac{1}{\delta}(r_e^D - g_e^D) \tag{26}$$

$$i_e^C = -\frac{i}{\delta}\delta_e^C + \frac{1}{\delta}(r_e^C - g_e^C) \tag{27}$$

上式は，⒇式を投資家の危険回避度別に分けて表したものであり，相対的危険回避度が減少の場合は右上に添字D，一定の場合は右上に添字Cを付けている。なお，初期状態のδは等しいと仮定する。これは本節では，将来期待の変化がマクロ経済活動の変化を通じて企業の債務構造をどのように変えるかに焦点を当てて分析しているからである。なお，投資に対する利潤率は大きく反応すると仮定する[注7]。

次に，企業の債務構造がSpeculative金融とHedge金融の臨界点を投資家の相対的危険回避度別に表せば，㉑式より以下のようになる。

$$i_e^D = -\frac{i}{\delta}\delta_e^D + \frac{1}{\delta}r_e^D \tag{28}$$

$$i_e^C = -\frac{i}{\delta}\delta_e^C + \frac{1}{\delta}r_e^C \tag{29}$$

植田(2013)では，投資家の相対的危険回避度を区別することなく，将来期待が変化すれば企業の債務構造がどのような影響を受けるかを明らかにした。本節では，投資家の相対的危険回避度が変わることによって，企業の債務構造の

変化がどのように変わるかを分析する。第Ⅳ章の基本モデルより，投資家の相対的危険回避度が異なればマクロ経済に対する影響も異なり，その結果としての企業の債務構造も異なることが想定され，ここではその影響について検討する。

まず，はじめに(26)～(27)式を用いて，相対的危険回避度別に Hedge 金融と Speculative 金融の領域がどのように表せるかを説明する。両式を図示すれば，**図5**のようになる。将来期待が上昇した場合，金融の不安定性が生じているとき利子率は低下する。したがって，図は第Ⅳ象限で表されている。線分②は，(26)式を示したものであり投資家の相対的危険回避度が減少する場合である。一方，線分①は(27)式を示したものであり投資家の相対的危険回避度が一定の場合に対応している。両線分の左下の領域が各々の Hedge 金融，右上の領域が Speculative となる。

各線分の左下になるほど，企業の債務構造は Hedge 金融となり健全化され

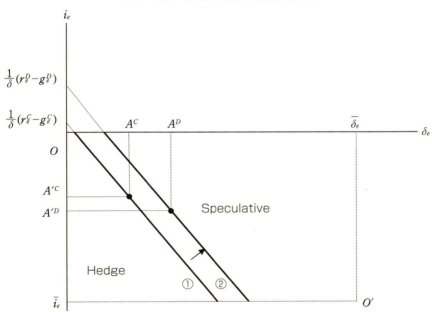

図5 ◆相対的危険回避度と債務構造(1)

ることは(13)式より明らかである。なぜならば，左下の領域になるほど将来期待が上昇したときの利子率の低下は大きくなり企業の利潤率は上昇するためである。すなわち，企業の利潤率が上昇している中で利子率が低下するので，利払いの負担は減少し企業の債務構造が健全化する。反対に，線分の右上の領域になるほど，利子率は将来期待が上昇すると低下するがその低下幅は先の場合より小さい。一方，投資水準の拡大とともに負債水準 δ が大きくなっているので利払い負担は増加する。このため，企業の債務構造は悪化し Speculative 金融の状態になる。

ここで，相対的危険回避度別に Hedge 金融の領域と Speculative 金融の領域を比較しよう。投資家の相対的危険回避度が減少する場合，企業の健全な債務構造を表す Hedge 金融の領域は線分②よりも左下の部分であり，相対的危険回避度が一定の場合，Hedge 金融の領域は線分①よりも左下の部分である。この結果，相対的危険回避度減少の場合の方が Hedge 金融の領域が 2 つの線分で挟まれた領域の部分だけ大きくなり（第Ⅳ象限内において太線で挟まれた部分），企業の債務構造はより健全となる可能性が高くなることを確認できる。これにより，将来期待が上昇すれば投資家の資産選択行動において相対的危険回避度が異なる場合，企業の債務構造も異なることを理解することができる。

また，(23)式より $\left|di^D/de\right| > \left|di^C/de\right|$ が成立し，この大小関係を相対的危険回避度別の臨界点上で表せば，図5の座標 (A^D, A'^D)，(A^C, A'^C) のようになる。相対的危険回避度が減少する場合の方が利子率が大きく低下し，その分，積極的な投資の増加を反映し負債水準も大きいことがわかる。また，相対的危険回避度別の臨界線上で比較していることを考慮すると，相対的危険回避度が減少である場合ほど，負債水準が大きくなっても Hedge 金融から Speculative 金融の状態に悪化する可能性は低くなることがわかる。これは，利子率が相対的に大きく低下するためである。

図5では，(26)～(27)式で表されている企業の債務構造が Hedge 金融から Speculative 金融になる臨界点に焦点を当てて説明したが，次に(28)～(29)式で示されている Speculative 金融から Ponzi 金融になる臨界点をも加えて分析する。上述の4つの式を図示したものが**図6**である。線分①と②は先のケースと同様であり線分③と④が付け加えられ，各々の線分の特徴をまとめれば次のようにな

図6 ◆相対的危険回避度と債務構造(2)

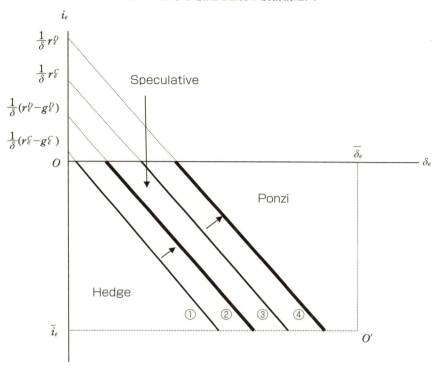

る。図6では，相対的危険回避度が減少である場合の②と④の線分を太線で表している。

　線分①　相対的危険回避度一定の場合：Hedge金融とSpeculative金融の臨界線
　線分②　相対的危険回避度減少の場合：Hedge金融とSpeculative金融の臨界線
　線分③　相対的危険回避度一定の場合：Speculative金融とPonzi金融の臨界線
　線分④　相対的危険回避度減少の場合：Speculative金融とPonzi金融の臨界線

以上より，投資家の資産選択行動において相対的危険回避度が一定の場合，

Hedge 金融の領域は第Ⅳ象限内の線分①より左下の部分，Speculative 金融の領域は線分①と③の間の部分，Ponzi 金融の領域は線分③よりも右上の部分となる。

一方，相対的危険回避度が減少する場合，Hedge 金融の領域は第Ⅳ象限内の線分②より左下の部分，Speculative 金融の領域は線分②と④の間の部分，Ponzi 金融の領域は線分④よりも右上の部分となる。

図6より，相対的危険回避度が減少であるほど，企業の債務構造が Hedge 金融である領域が大きくなり，反対に Ponzi 金融となる領域が小さくなる（Speculative 金融の領域は一定または縮小する）。このことから，投資家の相対的危険回避度が減少であるほど企業の債務構造は健全となることがわかる。

(2) 債務構造の安定性

将来期待が上昇する好景気下で相対的危険回避度が減少するほど利潤率が上昇し，利子率が低下するので企業の債務構造は健全化される。したがって，ここでは経済ブームになるほど負債の絶対水準は上昇するが，利潤率の上昇と利子率の低下により企業の債務構造はさらに改善されていくこととなる。

しかし，これは将来期待が上昇し続けることが条件である。将来期待が上昇し続ける限り，実物市場において利潤率が上昇し，金融市場で利子率が低下するため企業の債務構造は健全化し Hedge 金融の方向に進展する。

一方，将来期待が何らかの要因により低下すれば，企業の債務構造は反対に悪化する。このとき，投資家の相対的危険回避度が減少であれば，図6の場合とは逆になり，Hedge 金融の領域は縮小し，Ponzi 金融の領域が拡大するため企業の債務構造は大きく悪化する。なぜなら将来期待が低下すれば景気は後退し利潤率が低下するにもかかわらず，一方で利子率は大きく上昇するためである。このとき，(13)式より明らかなように，企業の債務構造は Hedge 金融から Speculative 金融の状態に悪化する[注8]。すなわち，投資家の相対的危険回避度が減少するほど，将来期待の水準に変化があれば企業の債務構造はより大きく変化することを意味する。これは，相対的危険回避度が一定の場合の方が，企業の債務構造は将来期待の変化に対して大きく振れないと言い換えることも

できる。

　経済の成長過程では，投資水準の増加に比例して債務の絶対水準も増加している。このとき，将来期待が低下すれば，既存債務の負担が一段と重くなり企業の債務構造を悪化させることとなる。このことから，投資家の相対的危険回避度が減少している場合であるほど，将来期待に変化があれば，その反動も大きくなることに注意する必要がある。相対的危険回避度が減少である場合，マクロ経済状態が良い場合は加速的に企業の債務構造は改善されるが，反対に，マクロ経済の状態が悪くなれば加速的に企業の債務構造は悪化する。この意味において，相対的危険回避度が減少するほど金融の不安定性が高まることを，本分析の債務構造の変化をみることによって，さらに裏付けられたものとして位置づけることができる。なお，将来期待がどのように変化し，それが企業の債務構造に与える影響については次節で考察する。

　なお，本節では投資家の相対的危険回避度の違いが企業の債務構造の変化にどのような影響を及ぼすかに着目して分析を行ったが，金融仲介機関による信用創造効果を導入すれば，前述の論理で結論は自明である。つまり，投資家の相対的危険回避度が減少する場合よりも企業の債務構造はマクロ経済の変化に対して大きく変動することになる。これは，将来期待が上昇するとき，金融仲介機関の積極的な貸出行動を背景にマネー・ストックが内生的に増加することによって利子率がさらに低下するためである。好景気下でさらに利子率が低下するので（金余り現象の一種），経済活動もさらに過熱する。反対に，将来期待が低下すれば金融仲介機関の貸出行動は消極的となり，マネー・ストックは内生的に減少し利子率は上昇する。不景気下において利子率が上昇するので，マクロ経済活動は大きく後退し深刻な不況になっていく。

第4節　将来期待の変化と債務構造

(1)　将来期待の threshold 効果

　前節では，金融不安定性の基本モデルに企業の債務構造の変化を組み合わせて分析を行った。そこでは，将来期待が上昇すれば利潤率が上昇し，金融の不

安定性が生じている場合，金融市場で決定される利子率は通常の景気循環と異なり低下するため，マクロ経済活動はさらに活発化し，同時に企業の債務構造はSpeculative金融からHedge金融の方向へ健全化することを確認した。逆に，将来期待が低下する場合，不景気下で利子率が上昇するためマクロ経済活動は一段と後退し，企業の債務構造はHedge金融からSpeculative金融へ，あるいはSpeculative金融からPonzi金融へ悪化することが示された。

さらに，企業の債務構造の変化は投資家の資産選択行動の特徴にも依存することを導出した。具体的には，投資家の相対的危険回避度が減少するほど，企業の債務構造の変動は大きくなり，将来期待が上昇すれば健全なHedge金融の状態へ加速的に進むが，将来期待が低下すればSpeculative金融あるいはPonzi金融へと大きく悪化することを導いた。

このように，マクロ経済活動が成長局面から後退局面へ移行し，また企業の債務構造が健全な状態から悪化の方向へ進む要因として将来期待の上昇が低下に反転する必要がある。

経済の成長段階で将来期待が上昇から低下すれば，より景気の動向と合わせて企業の債務構造も反転する。この反転については，これまで将来期待が外生的な何らかの要因によって変化することを前提として分析してきた。

しかし，Minskyは金融不安定性理論を論じる際，資本主義固有の特徴として景気の変動は内生的に生じることを強調している。言い換えれば，将来のマクロ経済活動の方向性を規定する将来期待が内生的に変化しなければならないことを意味する。ここに将来の期待が，どのように形成されるかが極めて重要となる。

将来の期待は，マクロ経済動向や企業の債務状態に依存しながら変化するとみることは現実的であろう。また，将来期待はマクロ経済動向等に対して徐々に変化する場合もあれば，大きく変化することもある。将来期待が大きく変化するケースとしては，株価や為替レート等の金融市場で決定される値が，想定している上限値に達するまでは積極的に買っていくが，一旦，上限値に達すれば反対に売っていく投資行動等が例としてあげられる。

この場合，上限値に達するまでは今後の値上がりを見込み将来期待は上昇するが，上限値に達すれば今後の値下がりを懸念し将来期待は低下する。つまり，

将来期待の変化は一般には徐々に変化するが,上述のように将来期待は断層的に大きく変化する場合もある。このことは,投資行動の特徴の一つであるだけでなく,マクロ経済動向に大きな影響を及ぼすこととなる。本節では,このような断層的な期待形成を取り上げ,金融不安定性理論の中で企業の債務構造の変動と関連させて分析を行う。

Minskyは,将来期待の変化を企業の債務水準と結びつけて議論を展開している。したがって,本節では将来期待を資本ストック1単位当たりの債務残高δの関数として分析する。さらに,断層的な特徴を持つ将来期待の形成として以下のようなthreshold(閾値)効果を組み入れる。

$$e = e(\delta)$$
$\delta < \bar{\delta}$ のとき, $e' > 0$ かつ $e'' < 0$
$\delta = \bar{\delta}$ のとき, $e = 0$ (30)
$\delta > \bar{\delta}$ のとき, $e' < 0$ かつ $e'' < 0$

ここで,$\bar{\delta}$は投資家等が想定するδの上限値である。(30)式では,将来期待e

図7 ◆将来期待のthreshold効果

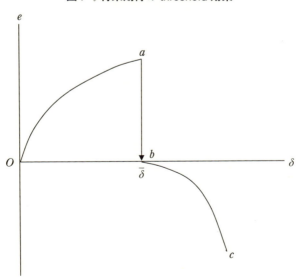

は資本ストック 1 単位当たりの債務残高 δ とその想定した上限値 $\bar{\delta}$ に依存し**図 7**のようになる。

債務残高が想定している上限値 $\bar{\delta}$ に達するまでは将来期待は増加するが，その増加分は逓減する。金融不安定性理論で導出した通り，企業の債務残高が増えるのは積極的な投資行動を反映してマクロ経済活動が成長している局面に対応している。したがって，上記範囲内でマクロ経済が成長する限り将来期待は上昇する。しかし，将来期待が上昇する度合いは逓減する。この場合，将来期待は図 7 の原点から右上がりの曲線上を通って a 点まで上昇する。

しかし，資本ストック 1 単位当たりの債務残高 δ がその上限値 $\bar{\delta}$ に達すれば，マクロ経済活動が過度な水準に達していることから今後の経済動向に悲観的となり将来期待はゼロの水準 b 点まで低下する。上限値 $\bar{\delta}$ を閾値として，将来期待が断層的に変化していることが示されている。

さらに，δ が上限値 $\bar{\delta}$ を超えれば将来期待はマイナスの値となり，その度合いは益々大きくなり c 点まで低下する。このように，将来期待の変化は閾値を有し断層的に変化することは，歴史的な金融危機が発生した状況で現実にもみられた現象である[注9]。このことは反対に言えば，将来期待が断層的に反転するのはマクロ経済が過度に行き過ぎた場合であると特徴づけることができる。通常，将来の期待形成は徐々に変化していくが，閾値に達し断層的に反転すれば，マクロ経済の動向も大きな影響を受けることになる[注10]。

なお，将来期待が上昇から断層的に低下することとは反対に，低下から断層的に上昇する場合も考えられる。つまり，δ に下限値 $\underline{\delta}$ が存在すれば，経済動向はこれ以上悪くなることはないという予想から将来期待が上昇することとなる。この側面については，後に分析する。

(2) 利潤率の動学的推移

これまでの金融不安定性理論の基本モデルと企業の債務構造に関する条件に将来期待の threshold 効果を組み合わせた上で，利潤率の動学的な推移を論理的にまとめる。同時に，利潤率の動学的な推移を，投資家の資産選択行動の特徴に分けて比較検討する。

図8 ◆相対的危険回避度別の利潤率推移

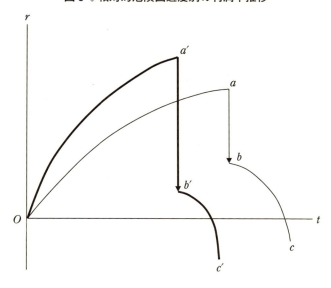

図8では，縦軸に利潤率 r，横軸に時間 t をとり，利潤率が時間の流れとともにどのように変動するかを表している。投資家の相対的危険回避度が一定の場合，利潤率は原点からはじまり $oabc$ 点を通る曲線に従って変動する。一方，相対的危険回避度が減少する場合は，太線の $oa'b'c'$ 点を通る曲線となる。

まず，はじめに相対的危険回避度が一定の場合について論じる。原点において，将来期待が上昇すれば利潤率は a 点に向かって上昇する。しかし，やがて経済規模の拡大とともに資本ストック 1 単位当たりの負債水準がその上限値 $\bar{\delta}$ に達すれば，将来期待は本節で述べた threshold 効果によって断層的に低下する。したがって，利潤率も a 点から b 点へと断層的に下落する。その後は，負債水準が増加していくことによって企業の債務構造が悪化することを反映して将来期待は低下し続け，利潤率は c 点の方向へ下落していく。

次に，相対的危険回避度が減少する場合は，利潤率変動の形状については先のケースと同様であるが，利潤率の最大値や速度が異なる。将来期待が上昇すれば，利潤率の値は原点から上昇し a' 点の水準まで増加する。このとき，相対的危険回避度が一定のときよりも利潤率が上昇する傾きに大小関係が存在して

いることを確認できる。これは，金融不安定性の基本モデルで導出したように，相対的危険回避度が減少であればあるほど，金融市場において利子率が大きく低下するため利潤率の上昇幅も大きくなるからである。したがって，利潤率が増加していく速度は，相対的危険回避度が減少であるときの方が一定のときを上回ることになる。この要因が，傾きの大小関係に反映されている。

　また，相対的危険回避度減少の場合，利潤率が大きく上昇することに伴い，経済規模の拡大する速度も速くなり，負債水準の上限値 $\bar{\delta}$ へも早く達する。したがって，利潤率の最大点 a' 点は a 点よりも左上に位置している。やがて利潤率の動きが a' 点になれば，負債水準が上限値に達するので，将来期待は threshold 効果を通じて断層的に低下する。

　前節では，将来期待の変化による利潤率の変動は相対的危険回避度が減少である方が一定である場合よりも大きくなることを明らかにした。また，経済規模が大きくなっている局面で将来期待が断層的に低下することは，それだけマクロ経済活動に対して大きな負の作用を与えることにもなっている。同じ将来期待の低下であっても，相対的危険回避度が減少するほどマクロ経済に与える影響は大きくなる。したがって，利潤率は a' 点から b' 点にまで大きく下落する。

　線分 $a'b'$ の長さが線分 ab の長さを上回っていることは，マクロ経済動向における景気循環の幅は，相対的危険回避度が減少であるほど大きくなることを示している。これは，経済活動が成長するとき，その規模と速さは益々高まっていくが，一旦，将来期待が低下すると経済成長は大きく後退し深刻な不況を迎えることを意味する。資本ストック1単位当たりの負債水準がさらに増加すれば，将来期待が低下した後は利子率が上昇するので企業の債務構造が大きく悪化し利潤率は c' 点まで下落していく。このとき，曲線 $b'c'$ の傾きは，曲線 bc よりも急である。

　反対に，景気の後退局面で将来期待が低下すれば利潤率も下落するが，それに下限値があれば，将来期待は前述のケースと逆に threshold 効果がはたらき上昇するとする。この場合，利潤率の変動幅と速度は相対的危険回避度が減少するほど大きくなる。したがって，相対的危険回避度が減少するほど，マクロ経済活動の成長は益々高まる。これは，投資家の資産選択行動の特徴である相対的危険回避度が減少するほど，景気循環の幅を大きくするという意味におい

て金融の不安定性が生じる可能性が高くなるという基本モデルと整合的な結論を得ることができる。また，本論では景気循環の幅だけでなく，マクロ経済の成長が循環する速度についても明らかにし，その速度が高まるということも経済の不安定性に繋がってくものとして特徴づけることができる。

(3) 将来期待の threshold 効果と企業債務

ここでは，将来期待に threshold 効果がある場合，企業の債務構造がどのように変化するかをこれまでの理論分析に基づいて論理的に説明する。図9では，縦軸に企業の債務構造を表し，横軸に資本ストック1単位当たりの債務を用いている。企業の債務構造は3つに区分されており，上の領域ほど健全であると

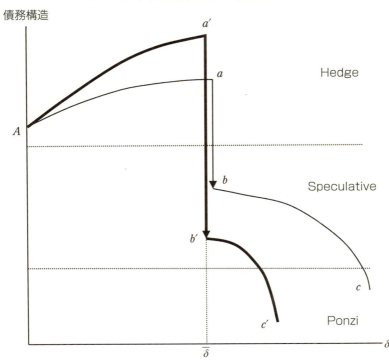

図9 ◆相対的危険回避度別の債務構造推移

している。したがって，3つの区分で最も上の領域がHedge金融，間の領域がSpeculative金融，最も下の領域がPonzi金融である。なお，同じHedge金融の領域であっても上であるほど企業の債務構造はより健全な状態にあることを表す。

はじめに，投資家の相対的危険回避度が一定のとき，企業の債務構造は曲線$Aabc$上を通り変化する。将来期待が上昇すれば，好景気下で利子率が低下し企業の債務構造が健全化することを前節で導出した。これは切片A点からaまでの移動として捉えることができる。このとき，企業の資本ストック1単位当たりの債務δは上昇する。しかし，利潤率の上昇と利子率の低下により企業の債務構造は右上の方向へ動いている通り健全化する。

しかし，マクロ規模の拡大とともに債務は増加しa点でその上限値に達する。このとき，将来期待はthreshold効果によって断層的に低下する。将来期待の低下は利潤率を下落させ，金融の不安定性が生じているときは利子率を上昇させる。つまり，不景気下において金融市場で決定される利子率が上昇するので企業の債務構造も断層的に悪化しb点まで低下する。そして，利子率の上昇を反映してさらに債務水準が増加すれば，企業債務は益々悪化しc点の方向へ変化する。

企業の債務構造は資本ストック1単位当たりの債務δが上限値$\bar{\delta}$に達するまでは，債務δの増加は積極的な投資行動を反映したものと位置づけられるが，上限値$\bar{\delta}$を超えた状況でさらにδが上昇するのは利子率が上昇し企業の債務負担が重くなっていることを意味する。このようにδが増加する背景には，上限値$\bar{\delta}$を境にその性質が異なっていることを理解する必要がある。

次に，投資家の相対的危険回避度が減少のとき，企業の債務構造が変化する形状は先のケースと同様であるが，傾きや変動幅が異なる。この場合，企業の債務構造は曲線$Aa'b'c'$上を通って変化する（相対的危険回避度が減少のときを太線で表している）。将来期待が上昇すれば，切片A点からa'まで移行する。前節では，将来期待が上昇したとき，相対的危険回避度減少の方が一定の場合よりも企業の債務構造は健全化されることが導出された。なぜなら，相対的危険回避度が一定から減少になるほど，利潤率がより大きく上昇し，反対に利子率は大きく低下するため，企業の債務構造はより健全になるためである。これ

が，図9において曲線 Aa' の方が曲線 Aa よりも傾きが急である要因となっている。この結果，a' 点が a 点を上回っているので，同じ債務の上限水準 $\bar{\delta}$ であっても，企業の債務構造は相対的危険回避度減少の方が健全である。

しかし，a' 点では債務の上限値にまで達しているので，将来期待は threshold 効果によって断層的に低下する。将来期待の低下幅は，相対的危険回避度に依存せず同じ値だが，マクロ経済に与える影響が相対的危険回避度によって異なり，その結果，企業の債務構造に与える影響も異なることを前節で導出した。具体的には，相対的危険回避度が減少であればあるほど，将来期待が低下することによって，利潤率は大きく下落し，利子率は大きく上昇することを比較検討の上で明らかにした。

したがって，相対的危険回避度が減少のとき，a' で将来期待が断層的に低下すれば企業の債務構造は b' 点まで悪化する。先のケースでは，断層的な企業債務の悪化は線分 ab の長さで示されるが，本ケースでは線分 $a'b'$ の長さで示されより長くなっていることがわかる。

相対的危険回避度が減少であるほど，同じ将来期待の低下幅であっても企業の債務構造は大きく悪化することを確認できる。

さらに，δ が増加すれば，利子率の上昇を背景に企業の利払い負担は重くなり，債務構造は b' 点から c' へ移行し，Speculative 金融から Ponzi 金融の状態に悪化していくこととなる。このように企業の債務構造は変化するが，投資家の相対的危険回避度が減少するほど，債務構造も大きく変動することが確認できる（将来期待が反対に上昇する場合は，上述した場合の反対である）。また，相対的危険回避度が一定から減少になるほど，利潤率の変動が大きくなることを本節(2)で確認したが，本分析において企業の債務構造の変動も大きくなるという結論とも整合的である。以上より，投資家の資産選択行動において相対的危険回避度が減少するほど，金融不安定性が生じる可能性が高くなり，その背景で企業の債務構造も大きく変動するという意味においてマクロ経済にとっては一段と不安定な様相をもたらすことになる。また，Minsky は資本主義経済では不安定な景気循環が内生的に起きることを強調しているが，本モデルでは将来期待に threshold 効果があるとき不安定な景気循環が内生的に起こることが明確になった。

第5節　まとめ

　本章では，はじめに Minsky の金融不安定性理論における景気循環論に焦点を当て，企業の投資決定と資金調達行動および負債形成の相互作用が，バランスシートに示される資本構造の変化を通じて，マクロ経済活動の循環および金融システムの安定性に影響を及ぼすことを明らかにした。この上で，基本モデルを展開し金融不安定性が生じる要因を導出した。主要な分析内容は，次の通りである。

　まず，第Ⅳ章の基本モデルより，家計の資産選択行動において相対的危険回避度減少の程度が大きくなるほど，FM 曲線の傾きは急になり金融の不安定性が生じる可能性が高まることを改めて確認した。なぜなら貨幣（ここでは預金）の保有割合が減少していくため，金融市場の均衡のためには，貨幣需要を増やすように利子率は低下しなければならないからである。資産選択において，代替効果と相対的危険回避度効果を通じて資産間の資金移動の程度が大きくなり，利子率が大きく変動するため経済変動の幅も大きくなる。右下がりの FM 曲線の傾きと将来期待 e の上昇に伴う FM 曲線の下方シフトの大きさが，Minsky の主張する将来期待等に過敏に反応する不安定な経済の体質を決定することが明らかになった。

　また将来期待の上昇は，銀行の貸出意欲を高めるため信用創造効果を通じて利子率をより低くさせる。したがって，FM 曲線はより大きく下方シフトする。このため金融仲介機関の存在は，景気の変動幅を拡大するという意味において金融不安定性を引き起こす可能性を高めることが明確になった。

　次に，上記基本モデルを企業の債務構造と組み合わせて分析を行った。本分析において，将来期待に対する利潤率の反応 r_e が上昇した場合，Hedge 金融と Speculative 金融の領域が縮小し，Ponzi 金融の領域は縮小するので企業の債務構造は健全化することが導出された。すなわち，ファンダメンタルズが改善したことによって企業のバランスシートも改善したと理解することができる。この状態から，Minsky が主張する景気循環が成立するためには，図1から確認できたように利子率への反応 i_e が十分大きくならなければならないことが明

第Ⅶ章　金融不安定性と企業の債務構造

らかにされた。

　また，負債水準 δ が増加した場合，i_e がプラスのときは Hedge 金融と Speculative 金融の領域は縮小し，Ponzi 金融の領域は拡大するため企業のバランスシートは悪化した。したがって，Minsky の景気循環が生じるためには，r_e 上昇による企業の債務構造へのプラスの効果よりも δ 上昇により債務構造へのマイナスの効果が上回らなければならないことが確認された。この条件が満たされているとき，経済の成長とともに企業の債務構造が脆弱化し，Minsky の景気循環論と整合的になる。

　一方，i_e がマイナスのときは負債水準が増加しても，利潤率が十分高く，さらに利子率が好景気下で低下するため，企業の債務構造が健全化する。したがって，ファンダメンタルズの強さがバランスシートを改善させた。そして，その度合いは i_e がプラスの場合よりも大きい。このため経済が成長するほど，企業の負債水準が増加しても利子率低下を通じて，負債構造は悪化せずむしろ健全化する。このとき，投資家の資産選択行動で代替効果と相対的危険回避度効果および金融仲介機関の信用創造効果が大きいほど，経済の成長とともに企業のバランスシートは改善する。反対に，不況になればなるほど，企業のバランスシートは大きく悪化し深刻な経済不況を生む。このように，i_e がマイナスになるほど金融不安定性が高まり，景気変動幅が拡大することが明らかになった。

　さらに，上述した Minsky の金融不安定性が生じているときに企業のバランスシートがどのような状態にあるのかを明示した上で，さらに企業債務の変動プロセスについても確認した。

　投資家の相対的危険回避度が減少している場合であるほど，将来期待に変化があれば，その反動も大きくなることが導出された。相対的危険回避度が減少するほど，マクロ経済状態が良い場合は加速的に企業の債務構造は改善されるが，反対に，マクロ経済の状態が悪くなれば加速的に企業の債務構造は悪化する。この意味において，相対的危険回避度が減少するほど金融の不安定性が高まることを，債務構造の変化をみることによって，さらに裏づけたものとして位置づけることができよう。

　一方，Minsky は金融不安定性理論を論じる際，資本主義固有の特徴として

景気の変動は内生的に生じることを強調している。本章では,この点に着目し将来の期待形成が threshold 効果を有する場合,金融の不安定性が生じている中で,景気循環が内生的に生じることを導出した。具体的には,投資家の資産選択行動において相対的危険回避度が減少するほど,金融不安定性が生じる可能性が高くなり,その背景で企業の債務構造も大きく変動するという意味においてマクロ経済はさらに不安定な様相を内包することになることが明らかにされた。

しかし,将来の期待形成に関して,なぜ期待が断層的な変化を伴う threshold 効果を有するかについての検証が必要であろう。また,threshold 効果を持つことの Micro Foundation も求められる。これらは,今後の課題としたい。

【注】

(注1) $\bar{i_e}$ と $\bar{\delta_e}$ に上限を設けるのは,現実的側面に照らしても妥当である。また,この上限値が経済の動向とともに変化する場合があるが,以後の理論分析の内容に変化はない。また,$r_e - g_e > 0$ が成立しているとする。これは,図1より明らかなように i_e がプラスの場合は,必ず $r_e - g_e > 0$ が成立していなければならない。このことは逆に,i_e がプラスであるためには $r_e - g_e > 0$ の条件が必要であると言い換えることができる。

(注2) Speculative 金融の領域は,(20)式〜(21)式より,

$$-\frac{1}{\delta}\delta_e + \frac{1}{\delta}r_e < i_e < -\frac{i}{\delta}\delta_e + \frac{1}{\delta}(r_e - g_e)$$

と表すことができる。各企業の債務構造が四角形の範囲内に一様に分布しているならば各領域の大きさの比率は,経済全体における各債務構造の比率と等しくなる。

(注3) この場合,2つの直線の傾きが緩やかになる。しかし,横軸と接する点は以前と変わらない。(20)式と(21)式が横軸と交わる点($i_e = 0$ のとき)は,各々,$\delta_e = 1/i (r_e - g_e)$,$\delta_e = 1/i \, r_e$ であり,δ の値に依存しない。したがって,3つの領域の変化は一意的に決まる。

(注4) (12)式と(15)式を既存債務 $\bar{L}$ で微分すれば,各々,次式を得る。

$$\frac{dA_{H \leftrightarrow S}}{d\bar{L}} = r_{\bar{L}} - i_{\bar{L}}\delta - i\delta_{\bar{L}} - g_{\bar{L}} \gtreqless 0$$

$$\frac{dA_{S \leftrightarrow P}}{d\bar{L}} = r_{\bar{L}} - i_{\bar{L}}\delta - i\delta_{\bar{L}} \gtreqless 0$$

Hedge 金融から Speculative 金融,および,Speculative 金融から Ponzi 金融の臨界点は各々以下の通りである。

$$r_{\bar{L}} = i_L \delta + i \delta_{\bar{L}} + g_{\bar{L}}$$

$$r_{\bar{L}} = i_L \delta + i \delta_{\bar{L}}$$

上の2式からわかるように，既存債務 $\bar{L}$ の上昇は企業の債務構造を悪化させる。

(注5) さらに内生的な景気循環を導出するには，動学的な期待形成プロセスを特定化し分析することが求められる。例えば，好景気下で負債残高がある一定の水準を超えると，将来の資金返済に対する懸念から将来期待が低下する。負債残高が高い水準で将来期待が低下すれば，投資水準は大きく減少しマクロ経済活動も累積的に後退し Minsky の景気循環論と整合的になる。このことは，本章第4節で検討する。

(注6) このとき，将来期待が減少すれば，さらに景気後退は加速しデフレスパイラルの状態に入ることになる。2008年のサブプライム・ローン危機後に，わが国が経験したことに対応している。

(注7) このことは，r/g の値が上昇することを意味する。投資の変化に対して，利潤率の方が大きく反応することは第Ⅳ章の基本モデルと整合的である。したがって，$(r-g)$ は正の値をとる。さらに，投資家の資産選択行動において相対的危険回避度が減少するほど，$(r-g)$ の値は大きくなる。

(注8) 企業債務の構造を表す⒀式の特徴は，これまでの将来期待が上昇する場合と，本分析のように将来期待が低下する場合は全く反対になる。将来期待が上昇する場合，$dA_{H \leftrightarrow S}/de > 0$ となれば，企業の債務状態は Hedge 金融の方へ向かい健全化する。しかし，将来期待が低下する場合，やはり $dA_{H \leftrightarrow S}/de > 0$ となるが，$A_{H \leftrightarrow S}$ の値は減少しており，これは企業債務が反対に Speculative 状態へと悪化していることを意味する。将来期待が低下すれば，上昇するときと比べて Hedge 金融と Speculative 金融の領域は正反対になる。

(注9) 過去の金融危機の中で，将来期待が閾値効果として断層的な変化をしたケースとして，1980年代後半の先進国におけるバブル経済とその崩壊，90年代後半の東南アジア諸国の興隆と通貨危機，2000年代はじめの IT バブルとその崩壊，2006年以降のアメリカに端を発する不動産ブームとサブプライム危機（およびユーロ危機）等があげられる。いずれのケースも，ある水準までは将来期待が上昇し積極的な投資行動を反映し金融資産価格は大幅に上昇した。しかし，中央銀行の金利引き上げや企業の膨大な債務水準等を懸念し，将来期待はそれまでの上昇から断層的に低下し，金融資産価格の暴落を通じてマクロ経済活動は深刻な大不況に陥った。将来期待は一般的には徐々に変化するものであるが，過度に経済動向が進展していく場合は断層的に反転する場合が現実に存在していることを確認できる。

(注10) 期待形成が閾値を境に反転することは，ファイナンス理論でも取り上げられているテーマでもある。例えば，Kahneman and Tversky(1979)は一般的な期待効用関数に対して，投資家の損得かプラスかマイナスかによって，危険回避的から危険愛好的に反対に変化することを明らかにしてプロスペクト理論を打ち立て行動ファイナンス分析の嚆矢となっている。

第Ⅷ章

実物経済活動における
マネー・ストックと総信用量

第1節　はじめに

　本章の目的は，銀行行動と家計の資産選択行動および企業の投資行動を組み入れたマクロ経済モデルを構築し，3つの主要な金融指標（マネー・ストック，貸出利子率，総信用量）の中で，経済状況が変化してもどの指標が国民所得水準と安定的な関係にあるかを明らかにすることである。とりわけ，マネー・ビューとクレジット・ビューに焦点を当て，いかなる経路を通じてマクロ経済活動に影響を及ぼすのかを理論的に考察することである。

　植田(2006)では，利潤率や将来期待が変化すれば，金融機関の貸出行動に影響を与え，マクロ的には信用創造の内生化を通じて信用量（貸出）が変化し国民所得水準に影響を及ぼすことを明らかにした。また，将来期待等の変化が過度な信用量の変化をもたらし，マクロ経済活動を不安定にする可能性があることを導出した。このときミクロ的な金融要因によって，信用量は過度に変化する場合が生じるが，信用量と国民所得水準 Y は常に密接な関係にあることが示された。換言すれば，信用量が不安定性となれば国民所得水準も不安定になるとまとめることができる。

　また，Bernanke(1984)はアメリカの1930年代について，貨幣的変数に基づいて回帰した産出高方程式に非貨幣的変数を追加することによって，方程式の

パフォーマンスが改善されることを実証的に示し，その結果として信用仲介の役割を強調している。彼は，Lucas(1976)型の貨幣的変数のみの産出高方程式に，倒産銀行の預金と倒産企業の負債で表される非貨幣的変数を追加して検証したところ有意な結果を得ている。さらに，銀行貸出やその他の非貨幣的変数についても同様な結果が得られている。これらは，Non-Monetary Effect と称されている。

　Friedman, B.M.(1981)は，負債残高で測った総信用量の経済活動に関する情報は，マネー・ストックが提供する情報に匹敵しうる根拠が十分に存在していると論じている。このことから，貨幣集計量の他に金融政策の中間目標の範囲を拡大させる Multiple-Target の必要性を強調している。特に，貨幣集計量と信用集計量の両方に注目する Two-Target Strategy を提唱している。また Roosa(1951)では，信用可能性（追加的貨幣および信用を創り出す意欲と能力）の側面から，信用量とマクロ経済活動の深い関連性を結びつけた availability 理論が展開されている。

　2007年以降生じたサブプライム・ローン問題でも確認できるように，企業保有の時価資産価格や土地担保価値等の変化が，民間金融機関と企業のバランスシート構造を変化させ，金融加速因子として実体経済の変動を大きく増幅させた。このように，フィナンシャル・アクセラレーター仮説が顕在化した現在，改めて上述した論点を明らかにすることには重要な意義がある。

　なお，本章の構成は以下の通りである。第2節では，マネー・ビューとクレジット・ビューに関する議論を整理する。第3節では，銀行，家計，企業の行動について基本モデルを提示する。続いて第4節では，国民の金融システムに対する信頼度の変化を通じて流動性需要も変化する場合，2つの金融政策体系下で比較分析することによって国民所得と安定した関係にある金融指標が総信用量であることを明らかにする。この分析によって，クレジット・チャネルがマクロ経済活動に対して重要な役割を発揮することが確認される。第5節は，まとめと課題である。

第2節　信用波及経路とマクロ経済

　本節では，最終目的変数である国民所得 Y と最も安定した関係にある金融政策の中間目標変数が何であるかを理論的に明らかにする。植田（2006）では，利潤率や将来期待が変化すれば，金融機関の貸出行動に影響を与え，マクロ的には信用創造の内生化を通じて信用量（貸出）が変化し国民所得水準に影響を及ぼすことを明らかにした。また，将来期待等の変化が過度な信用量の変化をもたらし，マクロ経済活動を不安定にする可能性があることを導出した。このときミクロ的な金融要因によって，信用量は過度に変化する場合が生じるが，信用量と国民所得水準 Y は常に密接な関係にある。換言すれば，信用量が不安定性を有するため国民所得水準も不安定性を有すると論じることができる。

　本分析において，金融政策のトランスミッション・メカニズムとしてマネー・ストックを重視しているマネー・ビューと銀行の貸出行動を重視しているクレジット・ビューを比較検討して進めていく。銀行の貸出行動，企業の資金調達行動を取り入れたマクロ経済モデルを構築し，国民の金融システムに対する信頼性が変化しても常に国民所得 Y と安定した金融指標が，どのような条件の下で支持されるのかを明確にする。マネー・ストックの動きが，もはや実体経済活動を忠実に反映していないと指摘され久しい中，上記の点を明らかにすることは，金融政策の運営方針を考える上で最も大切なものと思われる。

　第Ⅲ章でまとめたようにマネー・ビューとは，貨幣量の変化が利子率水準に影響を及ぼし，それが企業の資金調達コストに反映され投資量が決定し実体経済に作用していくと考えるものである（Mishkin, F.(1996)）。ここでは，通常のIS-LM分析のように銀行貸出市場の動向を検討する必要性は全くない。利子率の変化による価格メカニズムを通じて，貨幣量が実体経済に影響を及ぼす点を重視しているからである。信用乗数は常に一定とされ，中央銀行はマネー・ストックを管理することができるとしている。

　通常のIS-LM分析では銀行の貸出行動は捨象されているため，いわゆる投資が銀行部門を通じて最終的に家計の貯蓄によってファイナンスされる過程で金融資産・負債が創造されていくことを無視している。いわば，経済全体では

純資産とならない内部貨幣の重要性が考慮されていない。

一方，クレジット・ビューでは利子率による価格調整メカニズムよりも量的調整メカニズムを重視している。情報の非対称性の問題からエージェンシー・コストを反映して，信用割当が経済合理的な行動から導出されることを明らかにした Stiglitz and Weiss(1981)のように，銀行は信用力の劣る企業等に対して金利調整メカニズムよりも量的な調整を行うことによって貸出を実施することが示されている。貨幣量の変化があれば，マネー・ビューの金利変化と異なり，銀行の貸出行動，さらにバランスシートの変化を通じた貸し手・借り手双方の行動に影響を及ぼすことを重視している（信用乗数の内生化）。

Mishkin, F.(1996)は，貨幣供給量 M が変化したとき，クレジット・ビューが機能するメカニズムとして以下の3経路をあげている。①Mの減少→金利上昇→預金減少→貸出 availability の低下，②Mの減少→債券価格の低下・土地担保価値の低下・不良債権の増大→銀行バランスシートの悪化（自己資本力の低下）→リスク負担能力の低下→貸出 availability 低下，③Mの減少→企業のバランスシート悪化→企業の借入能力の低下（エージェンシー・コストの存在）→逆選択・モラルハザードの発生，である。いずれも貸出市場の内部で生じるものであり，これらが最終的に実体経済に影響を及ぼしていくことになる。

銀行貸出市場（信用市場）の重要性をマクロ経済モデルの中で明らかにしたのは Bernanke and Blinder(1988)であり，貸出市場がマクロ経済活動に影響を与える条件は（すなわち通常の IS-LM 分析で暗に考えられていることでもある），

(1) 企業にとって銀行借入と債券（社債）発行が完全代替的でないこと

(2) 銀行にとって貸出と債券保有が完全代替的でないこと

であることが確認されている。

Kiyotaki and Moore(1997)は，マクロ動学フレームワークの下で生産性の変化が借り手企業の純資産・担保価値の変化をもたらし，マクロ経済活動・金融資産価格の持続的な変動を引き起こすことを示している。企業への信用限度額は保有する担保の資産価値に依存する。また，信用限度額は資産市場を通じて資産価格にも影響を及ぼす。このような信用限度額と資産価格の相互作用は，外生的なショックの強力な増幅メカニズムとなる。生産性の低下は，固定資産

価値の低下→担保価値の低下→信用限度額の低下→マクロ経済活動の停滞，という悪循環が続くことを導出している。

また Minsky(1986)は，企業の借入額の増大が貸し手・借り手リスクの上昇に繋がり，経済全体を不安定にする可能性があることを明らかにしている。経済が加熱し信用量が膨張すれば，企業の資金ポジションにおいて過去の借入をさらに新規の借入で返済するような状態が発生する（Ponzi 金融）。このような脆弱な金融状態のときに利子率が上昇すれば，急速に債務不履行が発生し多くの企業が倒産に追い込まれる事態が発生する。さらに古くは Fischer, I. (1933)の Debt-Deflation 現象もマクロ経済における信用市場の重要性を明示したものの一つと言える。

次に金融政策目標として，マネー・ストックにすべきか利子率にすべきかをはじめて明確にしたのは Poole(1970)である。彼は，実物市場および貨幣市場へのショックの相対的な大きさの違いによって，経済変動の幅を最小限にするための必要な政策目標を明示した。貨幣市場におけるショックが大きいときはLM 曲線がシフトするので経済変動幅を最小限にするためには利子率一定政策，財市場におけるショックが大きいときは IS 曲線がシフトするため貨幣供給一定政策の方が望ましいという結論を導いている。

また金子(1994)は，企業の投資ファイナンスを重視した上でマクロ経済モデルを構築し，国民所得 Y と主要な金融指標の相関関係について分析している。金融の自由化と制度改革が進展し，家計の資産選択行動が利子率の動向に対して大きく反応するようになり直接金融のウェイトが高まるほど，企業は資本市場（ここでは社債市場）から資金を調達でき，国民所得 Y とマネー・ストックの安定した関係がなくなり，代わりに信用量が国民所得と安定した関係にあることを明らかにしている。

本章では，金子(1994)の手法に基づいて分析し，植田(2006)の応用展開を行う。金子では銀行のミクロ的な行動が明示化されていない。そこで本章では，銀行の ALM（Asset Liability Management）行動を明確に取り入れ，様々なショックが発生した場合の銀行行動を組み入れたマクロ経済モデルを構築し，マネー・ビューとクレジット・ビューの現実的な妥当性をも検証しながら，最終的に国民所得 Y と最も安定した金融指標の存在を明らかにする。

第3節　基本モデル分析

(1) 銀行行動

はじめに，銀行のバランスシート制約を以下の通りとする。

$$L^B + R = D \tag{1}$$

L^B は貸出（または社債の購入），R は準備，D は預金である。預金金利 i_d は一定であり，貸出利子率（債券利子率）を i とする。預金を集めるとき，また貸出を行うときには次の(2)式のように費用が生じ，それは各々の増加関数とする。銀行にとって企業への貸出とその企業の発行した社債の購入の間には何ら区別はない。これは，銀行の債権者としての役割と機能に焦点を当てているためである。

$$C = C^1(L^B) + C^2(D) \tag{2}$$

ここで $C_L^1 > 0$，$C_{LL}^1 > 0$，$C_D^2 > 0$，$C_{DD}^2 > 0$，である。銀行は預金の引出に備え必要な準備金を保有していなければならない（Reserve Management）。引出額 $\tilde{x}$ は確率変数であり，$\tilde{x} \leq R$ であれば預金の引出に応じることができる。しかし $\tilde{x} \geq R$ の場合には，準備金を上回る引出額 $\tilde{x} - R$ の資金を短期金融市場から高利で調達しなければならない。このように銀行が，流動性不足から生じる単位当たりの費用を θ（短期金融市場金利）とする。この資金は最終的には中央銀行から調達するが，中央銀行はこのときベース・マネーを受動的に増やすか，一種の懲罰金利である θ を市場メカニズムを通じて上昇させるかによって対応する。銀行にとって流動性不足によって生じる費用は，$\theta(\tilde{x} - R)$ となる。

預金に対する引出額の比率 $v = \tilde{x}/D$ は，銀行にとって不確実な変数であり確率変数となる。v の確率密度変数を $f(v)$ と表す。銀行はこのような流動性リスクに直面して，最適な預金（貸出）と準備の大きさを決定しなければならない（Reserve Management については，Freixas and Rochet(1998)，藪下・田中(1995)が詳しく，本章では後者のモデルを用いている）。銀行の期待利潤関

第VIII章　実物経済活動におけるマネー・ストックと総信用量

数は次の通りであり，これを最大にするように預金（貸出），準備比率の水準を決定する。

$$\pi = iL^B - i_d D - \{C^1(L^B) + C^2(D)\} - \theta E[Max(0, \tilde{x} - R)]$$
$$= iL^B - i_d D - \{C^1(L^B) + C^2(D)\} - \theta \int_{\frac{R}{D}}^{1} (vD - R) f(v) dv \quad (3)$$

銀行の流動性が不足するのは $vD > R$ の場合である。したがって，引出額が準備を上回り流動性不足が生じる確率は，$\mathrm{Proba}[\tilde{x} \geq R] = \mathrm{Proba}[vD \geq R] = \int_{\frac{R}{D}}^{1} f(v) dv = \int_{\alpha}^{1} f(v) dv$ である。ここで，$\alpha = R/D$ としている（$0 \leq \alpha \leq 1$）。銀行は(1)式の制約の下で(3)式を最大にするように預金量 D と準備率 α を決定する。なお(3)式は，次のように書き換えることができる。

$$\pi = i(1-\alpha)D - C^1\{(1-\alpha)D\} - C^2(D) - \left[i_d + \theta\left\{\int_{\alpha}^{1} v f(v) dv - \alpha(1 - F(\alpha))\right\}\right]D \quad (4)$$

ここで，金融システムに対する不安から預金引出率 v の確率分布が変化する場合を明示化する。金融システムに対する不安が生じれば，預金引出確率は上昇する。σ を金融システムに対する信頼度のパラメータとし，その上昇は金融機関への信頼度が上昇することを意味すると仮定する。したがって，v の分布関数は $F(v;\sigma)$ と書き換えられ，

$$F_\sigma(v;\sigma) < 0 \quad (5)$$

と表すことができる。

(5)式より，D と α に関する最大化条件は各々以下の通りである。

$$(1-\alpha)(i - C_L^1) = i_d + C_D^2 + \theta\left\{\int_{\alpha}^{1} v f(v, \sigma) dv - \alpha(1 - F(\alpha, \sigma))\right\} \quad (6)$$

$$i - C_L^1 = \theta\{1 - F(\alpha, \sigma)\} \quad (7)$$

また，2階条件は次のように満たされている。

$$\Delta_1 = -[\theta f(\alpha, \sigma)\{(1-\alpha)^2 C_{LL}^1 + C_{DD}^2\} + C_{LL}^1 C_{DD}^2 D] < 0 \quad (8)$$

233

(6)式は預金についての最適化条件であるが，左辺は預金の増加に伴う限界的な貸出から得られる収益であり，右辺は預金を限界的に増加させることに伴う費用である[注1]。右辺の第1項と第2項は預金を発行することによる直接的な限界費用であり，第3項は流動性不足になった場合に生じる費用を表している。(7)式は準備率に関する最適化条件であり，左辺は貸出から得られる限界収益，右辺は準備を限界的に増やすことによって流動性不足のときに支払わなければならない費用の減少分である。$L^B = D - R = D\left(1 - \dfrac{R}{D}\right) = D(1-\alpha)$ より，最適な D と α が決定されれば自動的に最適な貸出（債券投資）量 L^B が決まる。

(6), (7)式より，

$$D = D(i, \theta, \sigma), \quad \alpha = \alpha(i, \theta, \sigma) \tag{9}$$

が得られる（簡単化のため預金利子率はゼロとする）。各変数の偏微係数の値は，以下の通りである。

$$D_i = \frac{1}{\Delta_1}\{-(1-\alpha)\theta f(\alpha)\} > 0 \tag{10}$$

$$D_\theta = \frac{1}{\Delta_1}\left[\left\{\int_\alpha^1 v f(v) dv - \alpha(1-F(\alpha))\right\}\{C_{LL}^1 D + \theta f(\alpha)\} - (1-F(\alpha))(1-\alpha)C_{LL}^1 D\right] < 0 \tag{11}$$

$$D_\sigma = \frac{1}{\Delta_1}\left[\theta\{(\hat{F}_\sigma(\alpha) - \hat{F}_\sigma(1)\}(C_{LL}^1 D + if(\alpha)) + F_\sigma(a)(1-\alpha)C_{LL}^1 D\right] > 0 \tag{12}$$

$$\alpha_i = \frac{C_{DD}^2}{\Delta_1} < 0 \tag{13}$$

$$\alpha_\theta = \frac{1}{\Delta_1}\left[C_{LL}^1(1-\alpha)\left\{\int_\alpha^1 v f(v) dv - \alpha(1-F(\alpha))\right\} - \{(1-\alpha)^2 C_{LL}^1 + C_{DD}^2\}(1-F(\alpha))\right] > 0 \tag{14}$$

$$\frac{d\alpha}{d\sigma} = \frac{1}{\Delta_1}\Big[\theta[F_\sigma(\alpha)\{(1-\alpha)^2 C_{LL}^1 + C_{DD}^2\} - C_{LL}^1(1-\alpha)(\hat{F}_\sigma(\alpha) - \hat{F}_\sigma(1))]\Big] < 0 \qquad (15)$$

(10)式と(13)式より，貸出（債券）利子率 i の上昇は，預金を増加させ貸出量を増やすとともに，準備率を低下させ，さらに貸出額を増加させる。このことから i の上昇は，信用乗数を内生的に増加させることがわかる。また，(11)式と(14)式より反対に流動性リスクに陥った場合に支払わなければならない限界費用 θ の上昇は，準備比率を上昇させることによってリスクを回避しようとし，また受入預金量を減少させて貸出量を減少させる。最後に，(12)式と(15)式より一般国民の金融システムに対する信頼 σ が上昇すれば，準備比率を減少させ貸出を増加させることを通じて預金量も増加する（なお $\hat{F}_\sigma(\alpha) - \hat{F}_\sigma(1) < 0$，であり，またこの値が十分小さいとする）。

次に $L^B = D(1-\alpha)$ より，

$$\begin{aligned}
L_i^B &= \frac{\partial D}{\partial i}(1-\alpha) - D\frac{\partial \alpha}{\partial i} > 0 \\
L_\theta^B &= \frac{\partial D}{\partial \theta}(1-\alpha) - D\frac{\partial \alpha}{\partial \theta} < 0 \\
L_\sigma^B &= \frac{\partial D}{\partial \sigma}(1-\alpha) - D\frac{\partial \alpha}{\partial \sigma} > 0
\end{aligned} \qquad (16)$$

を得る。再述となるが，i と σ が上昇すれば貸出は増加し，θ が上昇すれば貸出は減少する。したがって，銀行の貸出供給関数は，

$$L^B = L^B(\underset{+}{i}, \underset{-}{\theta}, \underset{+}{\sigma}) \qquad (17)$$

となる^(注2)。

(2) 家計の資産選択

期末における家計の資産は $W = W_{-1} + S(Y)$ であり，これを貨幣（現金＋預金）と債券（社債の購入）の形で保有する。W は保有資産総額，S は貯蓄を示している。債券需要関数は，

$$L^H = L^H(\underset{+}{i}, \underset{+}{W_{-1} + S(Y)}) \tag{18}$$

と仮定する。なお，$0 < L_W^H = \partial L^H / \partial W < 1$，$S_Y = s$ とする。したがって貨幣需要は，

$$W_{-1} + S(Y) - L^H(i, W_{-1} + S(Y))$$

となる。

(3) 企業の投資行動

　企業は，既存資本ストック K_{-1} を保有し，今期の投資 I を加えたものが期末における資本ストック K となる。したがって，$K_{-1} + I = K$ が成立する。企業は，投資に必要な資金はすべて債券（借入証券＋社債）を発行して調達する。調達した資金はすべて支出に充てられ，利益もすべて家計に分配される。したがって，債券発行によって保有する資本ストック（実物資本）のみが，期末においてバランスシートの資産側に計上されている。ここで投資関数を

$$I = I(\underset{-}{i}, \underset{+}{e}) \tag{19}$$

とする。債券利子率（借入利子率）が上昇すれば投資は減少し，将来期待 e が上昇すれば投資は増加する。このことから，期末資産ストック残高（＝ストックの債券供給額）は，

$$K_{-1} + I(i,e) = K(= L = L^B + L^H) \tag{20}$$

と表すことができる。期末資本ストック残高が，銀行と家計による企業への投資（信用供与）と等しくなるため，これを総信用量 L とおく。

(4) 市場均衡

　以上より，財市場の均衡条件は，

$$I(i,e) = S(Y) \tag{21}$$

と表すことができる。また上述の関係式を整理することによって，債券（信用）市場の均衡条件式は，

$$L^B(i,\theta,\sigma) + L^H(i,W_{-1}+S(Y)) = K_{-1} + I(i,e) \quad [=L] \tag{22}$$

となる。貨幣市場の均衡条件式は，

$$W_{-1} + S(Y) - L^H(i,W_{-1}+S(Y)) = D(i,\theta,\sigma)[=M] \tag{23}$$

である。最後に準備市場は，

$$\alpha(i,\theta,\sigma)D(i,\theta,\sigma) = H \tag{24}$$

である（H はベース・マネーを表す）。

　上記4式はいずれも左辺が需要，右辺が供給を表している。4つの市場の中で，1つは独立でないため，以後，貨幣市場を捨象する。内生変数は，金融政策の運営方法によって異なる。金子（1994）との相違は，(24)式の準備市場が加えられ，銀行行動の Micro Foundation により α と D が内生変数になり，銀行行動を通じたマクロ経済活動に対する影響を深く分析することができることである。

　まず中央銀行が，短期金融市場の利子率 θ を操作目標変数とし，ベース・マネー H を完全に受動的に供給する場合，内生変数は i，H，Y となる。これをレジーム1と呼ぶ。

　次に，中央銀行が能動的にベース・マネーを供給する場合，内生変数は i，θ，Y となり，これをレジーム2と呼ぶ。ベース・マネーを外生変数として能動的に操作することができれば，準備市場における短期市場金利 θ に影響を及ぼすことができる。以下では，各々のレジームの下で，金融政策の有効性および金融指標としてマネー・ストック M，貸出利子率 i，短期市場金利 θ，総信用量 L のどれが Y と密接かつ安定的な関係にあるのかを分析しその特徴を論じる。

(5) 各市場の安定条件

　財市場の調整は，

$$\dot{Y} = a\{I(i,e) - S(Y)\} \tag{25}$$

であり，$\partial \dot{Y}/\partial Y = -aS_Y < 0$ より安定条件は満たされている。債券市場の調整は，

$$\dot{i} = b\{K_{-1} + I(i,e) - L^B(i,\theta,\sigma) - L^H(i,W_{-1} + S(Y))\} \tag{26}$$

であり，$\partial \dot{i}/\partial i = b(I_i - L_i^B - L_i^H) < 0$ の安定条件は満たされている。レジーム1における準備市場の調整は，

$$\dot{H} = c_1\{\alpha(i,\theta,\sigma)D(i,\theta,\sigma) - H\} \tag{27}$$

であり，$\partial \dot{H}/\partial H = -c_1 < 0$ より安定条件は満たされている。またレジーム2における準備市場の調整は，

$$\dot{\theta} = c_2\{\alpha(i,\theta,\sigma)D(i,\theta,\sigma) - H\} \tag{28}$$

であり，(14)式を用いて整理すれば

$$\begin{aligned}\partial \dot{\theta}/\partial \theta &= c_2(\alpha_\theta D + \alpha D_\theta) \\ &= D[(1+\alpha)C_{LL}^1\{\int_\alpha^1 vf(v,\sigma)dv - \alpha(1-F(\alpha,\sigma))\} + \alpha C_{DD}^2(1-F(\alpha,\sigma))]/\Delta_1 < 0\end{aligned} \tag{29}$$

となり安定条件は満たされている。

　以上が本章における基本モデルであり，次節ではマクロ経済活動と金融指標の連動性について分析を行う。これにより，マネー・ビューとクレジット・ビューを比較検討することができる。

第4節　比較静学と金融指標の選択

(1)　ベース・マネーHが内生変数の場合
——金融政策インパクト（θの変化）

　はじめに，短期市場金利θを操作変数として金融政策を実施できる場合の効

第VIII章　実物経済活動におけるマネー・ストックと総信用量

果について検討する。(21), (22)式と(24)式より，3つの内生変数 Y, i, H は σ に対して以下のように変化する。

$$\frac{dY}{d\sigma} = \frac{-L_\sigma^B I_i}{\Delta_2} > 0 \tag{30}$$

$$\frac{di}{d\sigma} = \frac{-sL_\sigma^B}{\Delta_2} < 0 \tag{31}$$

$$\frac{dH}{d\sigma} = \frac{s\left[(\alpha_\sigma D + \alpha D_\sigma)\{L_i^B + L_i^H - I_i(1-L_W^H)\} - L_\sigma^B(\alpha_i D + \alpha D_i)\right]}{\Delta_2} > 0 \tag{32}$$

$$\Delta_2 = s\{I_i(L_W^H - 1) + L_i^B + L_i^H\} > 0$$

一般国民の金融システムに対する信頼性が上昇すれば，(31)式より銀行は貸出を増加させることができるため利子率は低下する（なぜなら，企業の将来期待 e は一定の下で貸出が増えるため，貸出市場は超過供給の状態になるからである）。また，(32)式より銀行貸出の増加に伴い，銀行の短期金融市場での資金需要が増加するためベース・マネーも受動的に増加する。さらに，(30)式より銀行貸出の増加は，利子率低下を通じて投資水準を増加させるため国民所得 Y も増加させる。

このとき，(23)式と(31)式よりマネー・ストックの変化は以下のように示すことができる。本モデルでは，現金を捨象しているため預金の変化をみることによって，マネー・ストックの変化を捉えることができる。

$$\frac{dM}{d\sigma} = \frac{dD}{di} \cdot \frac{di}{d\sigma} + \frac{dD}{d\sigma}$$
$$= \frac{s[\{I_i(L_W^H - 1) + L_i^B + L_i^H\}D_\sigma - L_\sigma^B D_i]}{\Delta_2} > 0 \tag{33}$$

また，(22)式と(31)式より企業への総信用量 L も以下のように明示化することができる。

$$\frac{dL}{d\sigma} = \frac{dL}{di} \cdot \frac{di}{d\sigma} = \frac{dI}{di} \cdot \frac{di}{d\sigma} = -I_i \frac{sL_\sigma^B}{\Delta_2} > 0 \tag{34}$$

以上より，外生変数 σ の変化は，i，H，Y の内生変数に影響を与え，そして最終的にはマネー・ストック M と企業への信用量 L も内生的に変化させる。

最後に，実体経済活動の大きさを示す Y と3つの金融指標（M, i, L）の関係についてまとめれば以下の式を得ることができる。ここで，内生変数 Y とその他の内生変数 M，i，L の変化分の比率を求める。(30)，(33)式より，

$$\frac{dY}{dM} = \frac{dY}{d\sigma} \cdot \frac{d\sigma}{dM} = \frac{-I_i L_\sigma^B}{s[\{I_i(L_W^H - 1) + L_i^B + L_i^H\}D_\sigma - L_\sigma^B D_i]} > 0 \tag{35}$$

を得る。金融システムへの信頼度 σ が変化すれば，国民所得 Y とマネー・ストック M はともに変化するが，その比率が(35)式で示されている。同様に，

$$\frac{dY}{di} = \frac{dY}{d\theta} \cdot \frac{d\theta}{di} = \frac{I_i}{s} < 0 \tag{36}$$

$$\frac{dY}{dL} = \frac{dY}{d\theta} \cdot \frac{d\theta}{dL} = \frac{1}{s} > 0 \tag{37}$$

を得ることができる。

以上より，国民所得 Y は3つの内生変数 M，i，L と一定の関係にあることがわかる。Y と最も密接な関係にある金融指標とは，金融システムへの信頼度 σ が変化しても Y との関係が最も安定していることが必要である。そこで，次にベース・マネーが外生変数である場合を分析することによって双方のケースを比較し，Y と安定した関係にある金融指標は何なのかを明らかにする。

(2) 短期金融市場利子率 θ が内生変数の場合
——金融政策インパクト（H の変化）

ベース・マネー H を外生変数にした場合，内生変数 Y，i，θ に対する影響は以下の通りである。なお，$\alpha_\sigma D + \alpha D_\sigma$ は十分小さな正の値であるとする。

$$\frac{dY}{d\sigma} = \frac{I_i\{L_\sigma^B(\alpha_\theta D + \alpha D_\theta) - L_\theta^B(\alpha_\sigma D + \alpha D_\sigma)\}}{\Delta_3} > 0 \tag{38}$$

第VIII章　実物経済活動におけるマネー・ストックと総信用量

$$\frac{di}{d\sigma} = \frac{s\{L_\sigma^B(\alpha_\theta D + \alpha D_\theta) - L_\theta^B(\alpha_i D + \alpha D_i)\}}{\Delta_3} > 0 \tag{39}$$

$$\frac{d\theta}{d\sigma} = \frac{-s\{(\alpha_i D + \alpha D_i)(L_r^B + L_r^H - I_r) + L_\sigma^B(\alpha_r D + \alpha D_r)\}}{\Delta_3} > 0 \tag{40}$$

$$\Delta_3 = -s[(\alpha_\theta D + \alpha D_\theta)\{(L_i^B + L_i^H - I_i(1 - L_W^H)\} - L_\theta^B(\alpha_i D + \alpha D_i)] > 0$$

　金融システムへの信頼度が上昇すると、(38)式よりマクロ経済活動が拡大し国民所得 Y は上昇する。このとき、貸出利子率 i は前のケースと異なり、(39)式より好景気を反映した資金需要の増加を通じて上昇する。また、(40)式より短期金融市場金利 θ も同様の理由により上昇する。

　(39)、(40)式および(23)式より、マネー・ストックの変化量は以下の通りである。

$$\begin{aligned}\frac{dM}{d\sigma} &= \frac{dD}{di} \cdot \frac{di}{d\sigma} + \frac{dD}{d\theta} \cdot \frac{d\theta}{d\sigma} \\ &= \frac{-s}{\Delta_3}[D_i L_\theta^B(\alpha_\sigma D + \alpha D_\sigma) + D_\theta\{(\alpha_\theta D + \alpha D_\theta)(L_i^B + L_i^H - I_i) \\ &\quad + L_\sigma^B(\alpha_i D + \alpha D_i)\}] \gtreqless 0\end{aligned} \tag{41}$$

　また、(22)式と(39)式より総貸出量の変化は以下のように示すことができる。

$$\begin{aligned}\frac{dL}{d\sigma} &= \frac{dI}{di} \cdot \frac{di}{d\sigma} \\ &= \frac{sI_i\{L_\sigma^B(\alpha_\theta D + \alpha D_\theta) - L_\theta^B(\alpha_\sigma D + \alpha D_\sigma)\}}{\Delta_3} > 0\end{aligned} \tag{42}$$

　以上より、先の場合と同様 ((35)～(37)式) に、国民所得 Y と3つの金融指標 (M, i, L) の比率を求めれば以下のようになる。

$$\begin{aligned}\frac{dY}{dM} &= -I_i[L_\sigma^B(\alpha_\theta D + \alpha D_\theta) - L_\theta^B(\alpha_\sigma D + \alpha D_\sigma)] / s[(\alpha_\sigma D + \alpha D_\sigma)D_i L_\theta^B \\ &\quad + D_\theta\{(\alpha_\theta D + \alpha D_\theta)(L_i^B + L_i^H - I_i) + L_\sigma^B(\alpha_i D + \alpha D_i)\}]\end{aligned} \tag{43}$$

$$\frac{dY}{di} = \frac{-I_i\{L_\sigma^B(\alpha_\theta D + \alpha D_\theta) - L_\theta^B(\alpha_\sigma D + \alpha D_\sigma)\}}{sL_\theta^B(\alpha_\sigma D + \alpha D_\sigma)} > 0 \tag{44}$$

$$\frac{dY}{dL} = \frac{1}{s} > 0 \tag{45}$$

　以上より，国民所得と3つの金融指標（マネー・ストックM，貸出利子率i，総信用量L）の比率が，レジーム1の場合は(35)～(37)式で表され，レジーム2の場合は(43)～(45)式で表されたことになる。両者を比べることにより，レジームが変われば国民所得Yと3つの金融指標との関係がどれほど変化するのかをみることができる。ここでは，レジーム1の場合の各金融指標とYの比率の値を，レジーム2の場合の値で除することによって確認する。したがって，この除した値が1に近いほど，レジームが変わっても国民所得との関係が安定していることを示す。

　まず，(35) / (43)式より国民所得Yとマネー・ストックMの変化の比率を求めると以下のようになる（なお括弧右下の添字は，レジームを示している）。

$$\frac{(dY/dM)_1}{(dY/dM)_2} = \frac{L_\sigma^B[(\alpha_\sigma D + \alpha D_\sigma)D_i L_\theta^B + D_\theta\{(\alpha_\theta D + \alpha D_\theta)(L_i^B + L_i^H - I_i) + L_\sigma^B(\alpha_i D + \alpha D_i)\}]}{[\{I_i(L_W^H - 1) + L_i^B + L_i^H\}D_\sigma - L_\sigma^B D_i][L_\sigma^B(\alpha_\theta D + \alpha D_\theta) - L_\theta^B(\alpha_\sigma D + \alpha D_\sigma)]} \tag{46}$$

　同様に，(36) / (44)式より国民所得Yと貸出利子率iの変化の比率は以下の通りである。

$$\frac{(dY/di)_1}{(dY/di)_2} = \frac{1}{1 - L_\sigma^B(\alpha_\theta D + \alpha D_\theta)/L_\theta^B(\alpha_\sigma D + \alpha D_\sigma)} \tag{47}$$

　最後に，(37) / (45)式より国民所得と総信用量Lの比率は全く同じであり，

$$\frac{(dY/dL)_1}{(dY/dL)_2} = 1 \tag{48}$$

が得られる。以上より，国民の金融システムへの信頼度σが変化すれば流動性需要の変化を通じて銀行行動が変わるが，レジーム1の場合でもレジーム2の場合でも国民所得Yと総信用量Lの関係は変化せず最も安定した関係にあることがわかる（(48)式）。このことは，総信用量をみることによって国民所得の

水準を的確に把握できることを示している。また、マネー・ストックと利子率は、レジームが変われば国民所得との関係も(46)式と(47)式の右辺の値によって変化するため、マクロ経済動向のインディケータ金融指標としては不適切であることも確認できる。金融指標が、マクロ経済動向のインディケータとして機能を果たすためには、どのような状況下においても常に安定した関係にあることが必要である。これらのことより、総信用量が本体系下において最も安定しており、同時に総信用量が国民所得水準を規定していることからクレジット・ビューが成立していることを理解することができる。

第5節　まとめ

本章では、金子(1994)の期末均衡の枠組みにミクロ的な金融機関の行動を取り入れて、マネー・ストックと信用量が内生化されたマクロ経済モデルを構築した上で、国民所得Yと最も密接な関係にある金融指標が何であるかを分析した。その際、2つの金融政策のレジームにおいて、金融政策インパクト（θとHの変化）と実物的なショック（eの変化）さらに公衆の金融システムに対する信頼度のショック（σの変化）が生じたときの経済全体に対する影響を検討し、各々のケースにおいて最終目標Yと各種金融指標の連動性について分析した。

本章の主要な結論は、以下の通りである。

まず第2節では、マネー・ビューとクレジット・ビューに焦点を当て比較検討したところ、マネー・ビューが成立するための条件が近年になるほど満たされなくなっていることを確認し、代わってクレジット・ビューが成立する傾向にあることを確認した。また第3節と第4節では、銀行行動のMicro Foundationを通じて信用乗数が内生化されている下では、信用創造を発生させる銀行から企業への貸出（債券投資）が、短期金融市場金利θや貸出利子率iに対してどれだけ反応するかによって国民所得Yの大きさが決定されることを明らかにした。中央銀行が国民所得Yを増加させるために、いくら低金利政策を採用しても銀行の企業への貸出増加を伴わなければYは増加しない。さらに、能動的な金融政策を採用しているときに、中央銀行がベース・マネーHを増や

して量的緩和政策をとっても，その資金が銀行を通じて企業へ回らなければ経済効果はないことを確認した。

　経済効果は企業がどれだけ投資するかに依存しており，その投資を行うためにはいかなる形でファイナンスされるかが重要である。本稿では，信用が創造されていくために必要な条件として，銀行が θ や i または H の変化に対応して，どれほど企業へ貸出（債券投資）するかが重要であるかも示された。このことは，クレジット・ビューが支持されたこととして位置づけることができる。すなわち，最終目標である国民所得 Y と最も安定した関係にあった金融指標は総信用量 L であることが確認された。

　企業は，銀行借入（社債発行）の形で必要資金をファイナンスし投資を実行する。その投資が Y と密接に関係しているため，最終的に信用量の水準が投資水準を規定することとなり，総信用量 L が Y と最も安定した金融指標として機能することとなる。金子(1994)が論じているように，金融の自由化が進展する前までは直接金融のシェアは低く，企業は必要資金のほとんどを銀行に頼っていたために，国民所得 Y とマネー・ストック M の関係は安定していたと言える。しかし，直接金融のシェアが金融自由化の進展と同時に上昇している現在，企業ファイナンス全体に占める貨幣（マネー・ストック）のシェアも低くなったために，国民所得 Y とマネー・ストック M の安定性がなくなってきていると考えられる。

　最後に，公衆の金融システムに対する信頼度が変化すれば，預金引出→銀行の貸出 availability の低下→貸出の減少→国民所得 Y の減少，というクレジット・チャネルがはたらき実体経済にマイナスの影響を及ぼすことが確認された。これは例えば，2000年代はじめまでの日本経済のように低金利政策や量的緩和を行ってもマネー・ストックが伸びない理由は，このクレジット・チャネルが強くはたらいているからと考えることができる。

　以上より，本章では最終目標変数である国民所得 Y と最も安定した関係にある金融政策の中間目標変数が何であるかを明らかにした。ここでは，金融政策のトランスミッション・メカニズムとしてマネー・ストックを重視しているマネー・ビューと銀行の貸出行動を重視しているクレジット・ビューを比較検討して分析を行った。第Ⅲ章の分析によって，図1に表しているように，利潤

図1◆金融不安定性の経路

率や将来期待が変化すれば，家計の資産選択行動と金融機関の貸出行動に影響を与え，マクロ的には信用創造の内生化を通じて信用量（貸出）が変化し国民所得水準に影響を及ぼすことを導出した。また，将来期待等の変化が過度な信用量の変化をもたらし，マクロ経済活動を不安定にする可能性があることを示した。このときミクロ的な金融要因によって，信用量は過度に変化する場合が生じるが，信用量と国民所得水準の変動は常に密接な関係にあることが本章の分析で導出された。

換言すれば，外生的ショックに対して，金融市場の動きを通じて信用量が過度に反応し経済の不安定性を生じさせる。このとき国民所得も大きく変動するが，それは信用量の大きな変動によるものであり，両者の関係は安定的である。このことからもクレジット・ビューの方が，マネー・ビューよりも支持され，信用量が国民所得と安定した金融指標として機能することが明確化されたとまとめることができる。

本章では，期末均衡分析におけるYとその他の主要な金融変数の相関について同時均衡のフレームワークの下で分析している。外生変数が変化したとき，結果としての国民所得と信用量，マネー・ストック，金利等の変化の動きに着目した理論分析とまとめることができる。したがって本章における分析は，Friedman, M. が論じているように，まずマネー・ストック等の金融指標が先行して変化し，国民所得がラグを伴って後に変化するというわけではない[注3]。時間的なラグを伴う分析については今後の課題としたい。また銀行による貸出と債券購入を無差別としているが，両者を区別した上でのマクロ分析も必要と考えている。

【注】

（注1） (6)式の右辺3項を整理すれば，$(1-\alpha)-\{\hat{F}(1)-\hat{F}(\alpha)\}$，と書き換えることができる。なお，$\hat{F}$ は f の第2次累積分布関数である。本章では，この第3項の値

が正であると仮定する。
（注2）　藪下・田中(1995)では，累積分布関数が変化するケースとして，一般国民の期待インフレ率と現実のインフレ率において差が生じたときを分析している。負債を有している家計において，現実のインフレ率が予想インフレ率よりも低く，しかもマイナスとなった場合（デフレ状態に対応している），実質債務残高が増加するため預金を引き出して返済に充てなければならない。このとき累積分布関数は上方シフトすることになる。
（注3）　先行金融指標に関する分析については金子(1991)を参照されたい。

あ と が き

　本書では，金融的要因と実体経済の関連を Minsky の金融不安定性理論の観点から分析し，投機ブームやその崩壊が生じるメカニズム，金融政策の在り方を明らかにした。とりわけ，金融革新を通じた金融制度・システムの変更が市場参加者の行動を変え，その行動が集約されている金融市場で過去にない現象が発生し，実体経済に大きな影響を及ぼす事実を重視して分析を展開した。

　新しい金融システムの下では従来考えられていた理論的内容が，十分な説明力を持たなくなり，その要因についても明確にした。金融市場の動きは，金融市場内部だけで完結するものではなく，実体経済に大きな影響を与えることに顕著な特徴がある。本書では，常に金融的要因と実体経済の相互関連性が念頭におかれ，金融制度・システムと金融市場および経済活動がどのように連結しているのか，そしていかなる条件の下で不安定性が生じるのかが導出された。

　Minsky は，これまで論じてきたように不確実性および期待に基づく金融・投資理論を通じて，首尾一貫した景気循環論の理論的枠組みの構築を試みている。彼は，企業・金融仲介機関・投資家の意志決定を中心に捉えて議論した後，それを集計したマクロの議論へと展開した。とりわけ銀行を中心とした金融仲介機関を通じての銀行貸出行動を明示的に分析し，信用の拡張や収縮がマクロ経済活動を加速させることを多角的に論じている。彼は，ミクロ的な金融要因を考慮した不確実性下での投資理論を提示し，投資と資金調達の関係，金融市場と実体市場の相互連関性を組み合わせた内生的な景気循環理論を導出し，その上で経済は結果的に不安定になる可能性が大きくなることを論じている。Minsky 理論の特徴は，個々の経済主体，特に企業の投資意志決定を中心とする論理をミクロ的基礎から考察した議論と，それがマクロ経済へ及ぼす影響を明確化させているところにある。

　1980年代以降，株価・地価等の資産価格が経済のファンダメンタルズから大きく乖離して急騰するバブル現象が生じた。しかし，バブルや投機ブームは，無限に続くことはなくその崩壊は不可避である。バブルが崩壊し，資産価格が暴落すれば，金融システムに甚大な影響を及ぼし，実体経済は危機的状況を迎

える。金融市場と実体経済の相互作用により，バブルや投機ブームが発生しているときは経済活動も活発化するが，その過剰な度合いが大きいほど，バブルや投機ブームが崩壊すれば実体経済も大きく後退し深刻な状態に陥る。

　また，金融的な要因によって，バブルや投機ブームを過剰に拡大させている側面もある。投機ブームには，多額の投機を実現させるための投資商品，金融市場や決済技術が必要だからである。投機のニーズがあるところには，新たな金融商品・金融取引が創出され，さらに技術進歩により膨大な資金を瞬時かつ国際的に決済することができるようになる。このような環境下で，投資家の自己実現的な期待形成によって資産価格がファンダメンタルズを大きく上回って急騰し，それがさらに投資家の投資行動を積極化させた。

　しかし，投機ブームがピークに達し，やがて崩壊すれば金融資産の投げ売りが発生し，資産価格は暴落する。この暴落により，経済活動は長期間にわたって停滞し，ときに危機的状況になる。金融市場が高く評価されれば資本は大量に流入するが，将来見通しがなくなると資本はすぐに流出し，資本不足から経済活動は危機的状況に陥る。レバレッジの水準が高くなれば，わずかな資産価格の低下が大きな損失をもたらし金融危機に繋がっていく。これは，1990年代のバブル崩壊とアジア通貨危機，2000年代のITバブ崩壊とサブプライム危機に共通した現象である。新たな金融商品や金融取引が創出されれば，金融システム自体が変更される。この新たな金融システムの中で，経済の安定性を政策的にいかに保つかが重要となってくる。

　金融規制緩和と自由化は，確かに経済を成長させる基盤になる。しかし，新たな制度の下では同時にバランスのとれた新たな規制も必要である。過度な経済ブームのはじまりは，後に過度な景気後退のはじまりとなる可能性を有していることを過去の歴史が示している。現代に生きる我々にとって，決して忘れてはならないことである。

　最後に，残された課題について述べたい。

　本書の理論分析では，Minsky理論に基づいて，企業の資本・負債構造が経済活動の変動と密接に関連することが明らかにされた。しかし，Minsky理論をより厳密化するためには，動学プロセスで景気循環とともに，特に負債構造

がHedge金融，Speculative金融，Ponzi金融の状態の間で内生的に変化することを導出する必要がある。さらに，期待形成については，ある点を境に断層的に変化することを前提として理論的に分析されたが，このような期待が形成されることのミクロ的基礎付けも求められる。さらに，ブーム期における資産価格の非合理的水準までの急騰の背景には，自己実現的な期待形成がある。これは，第Ⅲ章以降の資産選択行動における相対的危険回避度が富に対して減少することと関連しており，併せて期待形成のミクロ的導出が必要である。

　また，本書では金融の技術革新が生じれば，上述したように制度が変わり実体経済の変動が生じ，さらに新しい制度の下で過剰に運営されれば経済活動全体が不安定になることが示された。投機ブームが崩壊すれば，危機的状況に陥る状況になることも確認された。このとき，現実の経済において，先進国の間で危機の波及程度に明らかな差が生じている。サブプライム危機では，日本は欧米に比べてサブプライム商品をはじめとしたリスク資産への投資は比較的少なかったにもかかわらず，先進国の中では最も負の影響を受け，また回復への期間も長期化している。

　とりわけ，日本は海外からの負のショックの影響を強く受ける傾向にあり，これらの要因についての分析も求められるところである。健全な経済になるためには，どのようなショックが生じても厚生水準の低下を最小限に留めることが必要である。グローバル化の中でのマクロ経済の構造的要因と金融監督規制とを関連させて検証したいと考えている。

　さらに，金融政策の有効性について，より精緻な理論分析の発展が求められる。金融政策は，1999年にゼロ金利政策を導入後，量的金融緩和政策，インフレ・ターゲット政策が採用された。また，2013年からは異次元の量的・質的金融緩和政策が導入され，2016年にはマイナス金利政策と長期金利ターゲット政策が加えられた。これらの金融政策の効果と限界について，各々の理論実証分析が必要である。また，金融政策のターゲットとしてインフレ率が最も望ましいのかという議論もある。例えば，賃金上昇率，名目GDP，失業率等も重要な経済指標であり，インフレ・ターゲットと相対化して，経済の安定性に資する指標を理論的に明らかにすることも大切である。

　残された課題の最後として，昨今の金融技術革新の象徴となっているフィン

テックの動向が実体経済にどのような影響を与えるかについての理論分析があげられる。これまで，ITとインターネットの発達により，オンライン・バンキングや金融機関以外でのATM拡充等，金融サービスが格段に発展してきた。フィンテックでは，さらにモバイル・ペイメントやAIを駆使した決済，個人間融資，資産運用アドバイスが登場し，個人情報をより的確に反映させた保険商品も開発されている。また，決済手段としてのビットコインが拡がれば，金融システムも変わり，新しい金融機関が生まれてくることも考えられる。経済の安定的成長のための理論的条件と，新しい金融規制の在り方について明らかにする必要がある。

　これらの内容は，今後の研究課題としたい。

参考文献

青木達彦（1995）『金融脆弱性と不安定性－バブルの金融ダイナミズム－』日本経済評論社.
青野正道（1990）『金融制度とマクロ経済学』新評論社.
足立英之（1993）「マクロ経済モデルにおける貨幣と信用」『国民経済雑誌』（神戸大学），第168巻第4号，pp.69-91.
足立英之（1990, a）「経済の不安定性と金融的要因――ミンスキーモデルの定式化と展開――」『国民経済雑誌』（神戸大学），第161巻第5号，pp.21-45.
足立英之（1990, b）「投資，金融および総需要」『国民経済雑誌』（神戸大学），第162巻第3号 pp.57-80.
天野昌功（1988）『マクロ金融経済論』東洋経済新報社.
池田宗彰（1992）『金融不安定性の経済学』ライブ出版.
岩佐代市（1978）「貨幣の作用経路と投資決定過程」『神戸大学研究年報』，第24号，pp.239-296.
岩田規久男（2004）『昭和恐慌の研究』東洋経済新報社.
岩田佳久（2016）「グローバル「金融化」の時代の金融バブルをめぐる BIS view と FED view」『世界経済危機とその後の世界』柴田徳太郎編（第5章所収），日本経済評論社.
宇恵勝也（2000）『経済変動と金融』関西大学出版会.
植杉威一郎，間真美，細野薫（2015）「不動産価格と銀行貸出チャネル」『経済研究』（一橋大学），Vol. 66, No. 3, pp.265-280.
植田和男（2001）「1980年代における日本の不良債権問題の原因」『日本金融システムの危機と変貌』星岳雄，ヒュー・パトリック編（第3章所収），日本経済新聞社，pp.69-95.
植田宏文（2014）「金融制度の進化と動態的経済活動」『同志社商学』（同志社大学），第65巻第6号，pp.134-156.
植田宏文（2014）「金融革新，資本構造と金融の不安定性」『同志社商学』（同志社大学），第65巻第5号，pp.240-262.
植田宏文（2013）「金融不安定性と債務構造」『同志社商学』（同志社大学），第64巻第5号，pp.281-305.
植田宏文（2012）「動学的マクロモデルにおける負債と経済活動」『同志社商学』，第64巻第1・2号，pp.22-43.
植田宏文（2011）「資産選択行動と金融政策の動学分析」『同志社商学』，第62巻第5・6号，pp.46-66.
植田宏文（2010）「貨幣・信用とマクロ経済の安定性」『金融システム改革と現代経済』第2章所収，同志社大学人文科学研究所編著，晃洋書房，pp.29-58.
植田宏文（2009）「実物経済活動におけるマネー・ストックと総信用量」『同志社商学』，第60巻第5・6号，pp.232-254.
植田宏文（2008）「金融革新とマクロ経済の安定性」『社会科学』（同志社大学人文科

学研究所），第82号，pp.15-40．

植田宏文（2007）「フィナンシャル・アクセラレーター仮説に関する一考察」『同志社商学』，第59巻第3・4号，pp.19-46．

植田宏文（2008）「金融革新とマクロ経済の安定性」『社会科学』（同志社大学），第82号，pp.15-40．

植田宏文（2006）『金融不安定性の経済分析』晃洋書房．

宇佐美良雄（1988）「ミンスキーの金融不安定性仮説について」『旭川大学紀要』，第27号，pp.159-198．

内田和男（1988）『経済不均衡と貨幣』勁草書房．

内田浩史，宮川大介，植杉威一郎，小野有人，細野薫（2015）「担保価値と資金制約—東日本大震災後の企業データを用いた分析—」『経済研究』（一橋大学），Vol. 66, No. 3, pp.224-241.

内野好郎（2012）「Minskyの金融不安定性理論とアジア通貨・金融危機」『立教経済学研究』，第65巻第4号，pp.133-151．

小川一夫（2003）『大不況の経済分析—日本経済長期低迷の解明—』日本経済新聞社．

小川一夫，北坂真一（1998）『資産市場と景気変動—現代日本経済の実証分析』日本経済新聞社．

翁邦雄（2009）「バブルの生成・崩壊の経験に照らした金融政策の枠組み—FED VIEWとBIS VIEWを踏まえて—」『デフレ経済と金融政策』吉川洋編著（第1章所収），慶應義塾大学出版会．

翁邦雄（1986）『期待と投機の経済分析—バブル現象と為替レート』東洋経済新報社．

金子隆（1994）「投資ファイナンスと内生的マネーサプライ：金融マクロモデル構築の試み」『三田商学研究』（慶應義塾大学），第37巻第1号，pp.125-147．

金子隆（1991）「企業金融の多様化と支出先行指標としてのマネーサプライ」『三田学会雑誌』（慶應義塾大学），第84巻第2号，pp.51-66．

小立敬（2010）「米国における金融制度改革法の成立—ドッド・フランク法の概要—」『野村証券資本市場クォータリ』（野村資本市場研究所），Vol. 14, No. 1, pp.127-152.

塩路悦朗（2016）「ゼロ金利下における日本の信用創造」『現代経済学の潮流』照山博司，細野薫，松島沙斉，松村敏弘編（第2章所収），東洋経済新報社，pp.37-73．

柴田徳太郎（1996）『大恐慌と現代資本主義—進化論的アプローチによる段階論の試み—』東洋経済新報社．

清水谷諭（2005）『期待と不確実性の経済学—デフレ経済のミクロ実証分析』日本経済評論社．

竹内隆宏（2003）「即時グロス決済化と金融機関の貸出行動」『金融経済研究』（日本金融学会編），第19号，pp.72-86．

田近栄治，中川和明（1991）「わが国家計の資産選択と資産需要の代替性」『フィナンシャルレビュー』（大蔵省財政金融研究所），No. 20, pp.67-83.

谷内満（2012）「金融の国際化—その特徴と成長の関係—」『早稲田商学』（早稲田大学）第431号，pp.565-593．

戸井佳奈子（2013）「日本におけるマクロ・プルーデンス政策」『安田女子大学紀要』（安田女子大学），第41号，pp.389-397．

二宮健史郎（2006）『金融恐慌のマクロ経済学』中央経済社.
二宮健史郎（2008）「金融資産の蓄積と経済の不安定性」*Working Paper Series*（滋賀大学），No. 94.
野下保利（1990）「投資変動と金融システムの安定領域―ミンスキー金融不安定性仮説についての一考察」『国士館大政経論集』，第68号，pp.83-116.
服部茂幸（2012）『危機・不安定性・資本主義―ハイマン・ミンスキーの経済学』ミネルヴァ書房.
浜田宏一，岩田一政（1980）『金融政策と銀行行動』東洋経済新報社.
福田慎一，粕谷宗久，中島上智（2005）「非上場企業の設備投資の決定要因：金融機関の健全性および過剰債務問題の影響」日本銀行ワーキングペーパーシリーズ，No. 05-j-2.
古川顕（1985）『現代日本の金融分析―金融政策の理論と実証』東洋経済新報社.
星岳雄（2000）「金融政策と銀行行動：20年後の研究状況」『マクロ経済と金融システム』福田慎一・堀内昭義・岩田一政編（第2章所収），東京大学出版会，pp.23-56.
松浦克己，白石小百合（2004）『資産選択と日本経済―家計の視点から―』東洋経済新報社.
松浦克己，白石小百合（2003）「住宅・土地と金融危険資産の相互関係」2003年度日本経済学会報告論文.
丸茂俊彦（2016）『証券化と流動性の経済理論』千倉書房.
三谷信彦（2015）「金利とリスクテイク行動―銀行・信用金庫データを用いた実証分析―」『日本経済研究』（日本経済研究センター）No. 72，pp.21-40.
宮川努・石原秀彦（1997）「金融政策・銀行行動の変化とマクロ経済」『現代マクロ経済分析』浅子和美・吉野直行・福田慎一編（5章所収），東京大学出版会，pp.157-192.
藤井眞理子（2009）『金融革新と市場危機』日本経済新報社.
藪下史朗（1987）『アメリカの金融市場と構造』東洋経済新報社.
藪下史郎・田中秀臣（1995）「経済変動と金融危機」『構造変化と企業行動』浅子和美・倉沢資成・若杉隆平編（第8章所収），日本評論社，pp.177-208.
横川太郎（2013）「資本主義経済の発展と金融革新―シュンペーターとMinskyの視覚から―」『東京経大学会誌』（東京経済大学），第277号，pp.157-175.
渡辺和則（2003）『投資資金調達と経済変動』多賀出版.

Akerlof, R. (1970) "The Market for Lemons ; Quality Uncertainty and the Market Mechanism," *Quarterly Journal of Economics*, Vol. 84, No. 3, pp.488-500.
Aglietta, M. (1985) "The Creation of International Liquidity," in L.Tsoukalis(ed), *POLITICAL ECONOMY OF INTERNATIONAL MONEY*, Sage Publications.
Allen, R.G. (1967) *MACRO ECONOMIC THEORY-A MATHEMATICAL TREATMENT, Macmillan.*
Arrow, K.J. (1970) *ESSAYS IN THE THEORY OF RISK BEARING*, North-Holland.
Attanasio, O., J. Banks and S.Tanner (2002) "Asset Holding and Consumption Volatility," *Journal of Political Economy*, Vol. 110, No. 3, pp.771-792.

Banz, R. (1981) "The Relationship Between Return and Market Value of Common Stock," *Journal of Financial Economics*.Vol. 9, No. 1, pp.3-18.

Basu, S (1977) "The Invest Performance of Common Stocks in Relation to Their Price Earnings Ratio : A Test of the Efficient Market Hypothesis," *Journal of Finance*, Vol. 32, No. 3, pp.663-682.

Bernanke, B.S. (2005) "The Global Saving Glut and the US Current Account Deficit," speech at the Sandridge Lecture, *BIS Review*, No. 16.

Bernanke, B.S. (1984) "Non Monetary Effects of the Financial Crisis in the Propagation of the Great Depression," *NBER Working Papers Series*, No. 1054.

Bernanke, B.S. (1981) "Bankruptcy, Liquidity and Recession," *American Economic Review*, Vol. 71, No. 2, pp.155-159.

Bernanke, B.S. and M.Gertler (2000) "Monetary Policy and Asset Price Volatility," *NBER Working Paper Series*, Vol. 7559.

Bernanke, B.S. and M.Gertler (1989) "Agency Costs, Net Worth and Business Fluctuations," *American Economic Review*, Vol. 79, No. 1, pp.14-31.

Bernanke, B.S and M.Gertler (1986) "Banking and Macroeconomics Equilibrium," in Barnett, W. and K.Singleton(eds), *NEW APPROCHES TO MONETARY ECONOMICS*, Cambridge University Press.

Bernanke, B.S. and M.Gertler (1986) "Agency Costs, Collateral and Business Fluctuations," *NBER Working Papers Series*, No. 2015.

Bernanke, B.S. and A.S.Blinder (1988) "Credit, Money and Aggregate Demand," *American Economic Review*, Vol. 78, No. 2 , pp.435-439.

Bernanke, B.S. and Y.Campbell (1988) "Is There Corporate Debt Crisis?" *Brookings Papers on Economic Activity*, No. 2, pp.83-125.

Bernanke, B.S. and C.S.Lown (1991) "The Credit Crunch," *Brookings Papers on Economic Activity*, No. 21, pp.205-248.

Bernanke, B.S., M.Gertler and S.Gilchrist (1996) "The Financial Accelerator and the Flight to the Quality," *Review of Economic Statistics*, Vol. 78, No. 1, pp.1-15.

Blanchard, O.J. (1981) "Output, the Stock Market and Interest Rates," *American Economic Review*, Vol. 71, No. 1, pp.132-143.

Blanchard, O.J. (1987) "Why Does Money Effect Output? ; A Survey," *NBER Working Papers Series*, No. 2285.

Blanchard, O.J. and S.Fischer (1989) *LECTURES ON MACRO ECONOMICS*, MIT Press.

Borio, C. (2010) "Implementing a Macroprudential Framework ; Blending Boldness and Realism," *Capitalism and Society*, Vol. 6, No. 1, pp.1-23.

Borio, C. (2007) "Change and Constancy in the Financial System ; Implications for Financial Distress and Policy," *BIS Working Paper*, No. 237.

Borio, C. (2003) "Towards a Macroprudential Framework for Financial Supervision and Regulation," *BIS Working Paper*, No. 128.

Borio, C. and A.Filardo (2007) "Globalization and Inflation ; New Cross-Country Evidence on the Global Determination of Domestic Inflation," *BIS Working Paper*,

No. 227.

Brainard, W.C. and J.Tobin (1968) "Pitfalls in Financial Model," *American Economic Review*, Vol. 58, No. 2, pp.99-122.

Brealey, R and S.Myers (1984) *PRINCIPLES OF CORPORATE FINANCE*, Mcgraw-Hill.

Brenner.M. and M.Sarte (1989) "The Impact of Inflation on Portfolio Selection," in Elton, G.(ed), *PORTFOLIO THEORY*, North Holland.

Cagan, P. (1965) *DETERMINATS AND EFFECTS OF CHANGE IN THE STOCK OF MONEY*, Columbia University Press.

Gan, J. (2007) "Collateral, Debt Capacity and Corporate Investment; Evidence from a Natural Experiment," *Journal of Financial Economics*, Vol. 85, No. 3, pp.709-734.

Carter, M. (1989) "Financial Innovation and Financial Fragility," *Journal of Economic Issues*, Vol. 23, No. 3, pp.779-784.

Chaney, T., D.Thesmar (2012) "The Collateral Channel: How Real Estate Shocks Affect Corporate Investment," *American Economic Review*, Vol. 102, No. 6, pp.2381-2409.

Charles, S. (2008a) "Corporate Debt, Variable Retention Rate and the Appearance of Financial Fragility," *Cambridge Journal of Economics*, Vol. 32, No. 5, pp.781-795.

Charles, S. (2008b) "A Post Keynesian Model of Accumulation with a Minskyan Financial Strucure," *Review of Political Economy*, Vol. 20, No. 3, pp.319-331.

Chow, P. and K.Foster (2010) "Liquidity Traps or Minsky Crises: A Critical Review of the Recent U.S. Recession and Japan's Heisei Recession in the 1990s," *Journal of Post Keynesian Economics*, Vol. 32, No. 4, pp.571-590.

Cvijanovic, D. (2014) "Real Estate Prices and Firm Capital Structure," *Review of Financial Studies*, Vol. 27, No. 9, pp.2690-2735.

Davidson, L. and R, Harfer (1983) "Some Evidence on Selecting an Intermediate Target for Monetary Policy," *Southern Economic Journal*, Vol. 54, No. 4, pp.10 33-1042.

Davidson, P. (2008) "Is the Current Financial Distress Caused by the Subprime Mortgage Crisis A Minsky Moment? Or is it the Result of Attempt to Securitize Illiquid Non-Commercial Mortgage Loans?," *Journal of Post Keynesian Economics*, Vol. 30, No. 4, pp.669-676.

Downe, E. (1987) "Minsky's Model of Financial Fragility," *Journal of Post Keynesian Economics*, Vol. 9, No. 3, pp.440-454.

Duca, J. and J.Muellbauer (2012) "Tobin Lives: Integrating Evolving Credit Market Architecture into Flow of Funds Based Macro Models," *Discussion Paper Series*, No. 622, Department of Economics, University of Oxford.

Dymski, G. and R.Pollin (1994) *NEW PERSPECTIVES IN MONETARY MACROECONOMICS*, University of Michigan Press（藤井宏史，高屋定美，植田宏文訳（2004）『現代マクロ金融論』晃洋書房）.

Eichengreen, B. (1992) *Golden Fetters*, Oxford University.

Engle, R.F. (1982) "Autoregressive Conditional Heteroscedasticity with Estimates of the Variance of the United Kingdom Inflation," *Economerica*, Vol. 50, No. 4, pp.987-

1008.

Fama, E. (1970) "Efficient Capital Markets ; A Review of Theory and Empirical Work," *Journal of Finance*, Vol. 25, No. 2, pp.383-417.

Fama.E., S.Fisher, M.Jensen and R.Ross (1969) "The Adustment of Stock Prices to New Information," *International Economic Review*, Vol. 10, No. 1, pp.1-21.

FDIC (2006) *FDIC Outlook*, Summer 2006.

FDIC (2013) "Quarterly Banking Profile," March 2013.

Fischer, I. (1933) "The Debt-Deflation Theory of Great Depression," *Econometorica*, Vol. 1, No. 4, pp.337-357.

Flavin, M. (1983) "Excess Volatility in the Financial Markets : Reassessment of the Empirical Evidence," *Journal of Political Economy*, Vol. 91, No. 6, pp.929-956.

Foley, D. (2003) "Financial Fragility in Developing Economies," in A.K.Dutt and J. Ros(eds), *Development Economics and Structuralist Macroeconomics*, Edward Elgar, pp.157-168.

Foley, D. (1987) "Liquidity-Profit Rate Cycle in a Capitalist Economy," *Journal of Economic Behavior and Organization*, Vol. 8, No. 3, pp.365-376.

Foley, D. (1986) *MONEY, ACCUMULATION AND CRISIS*, Harwood Academic Publishers GmbH.

Franke, R. and W.Semmler (1989) "Debt-Financing, Stability, and Cycles in a Dynamical Macroeconomic Growth Model", in *Financial Dynamic and Business Cycles ; New Perspective*, ed by Semmler, W., M.E.Sharpe, Inc（浅田統一郎訳（2007）『金融不安定性と景気循環』日本経済評論社）.

Freixas, X. and J.Rochet (1997) *MICRO ECONOMICS OF BANKING*, MIT Press.

Friedman, B.M. (1985) "Crowding Out or Crowding In? Evidence on Debt-Equity Substitutability," *NBER Working Paper Series*, No, 1565.

Friedman, B.M. (1985) "Portfolio Choice and the Debt-to-Income Relationship," *American Economic Review*, Vol. 75, No. 2, pp.338-346.

Friedman, B.M. (1981) "Debt Management Policy, Interest Rates, and Economic Activity," *NBER Working Paper Series*, No. 830.

Friedman, B.M. (1981) "Debt and Economic Activity in the United States," *NBER Working Paper Series*, No. 704.

Friedman, B.M. and K.Kuttner (1992) "Money, Income, Prices and Interest Rates," *American Economic Review*, Vol. 82, No. 3, pp.472-492.

Friedman, M. and A.J.Schwartz (1963) *A MONETARY HISTORY OF THE UNITED STATES*, Princeton UniversityPress.

Friend, I. and M.Blume (1973) "A New Look at the Capital Asset Pricing Model," *Journal of Finance*, Vol. 28, No. 1, pp.19-33.

Friend, I. and M.Blume (1975) "The Demand for Risky Assets," *American Economic Review*, Vol. 65, No. 5, pp.900-922.

FRB (2013) "Dodd Frank Act Stress Test2013 : Supervisory Stress Test Methodology and Results," March 2013.

Gan, J. (2007a) "Collateral, Debt Capacity and Corporate Investment : Evidence from a

Natural Experiment," *Journal of Financial Economics*, Vol. 85, No. 3, pp.709-734.

Gan, J. (2007b) "The Real Effects of Asset Market Bubbles: Loan and Firm Level Evidence of a Lending Channel," *Review of Financial Studies*, Vol. 20, No. 5, pp.1941-1973.

Gatti, D. and M.Gallegatti (1990) "Financial Instability, Income Distribution and the Stock Market," *Journal of Post Keynesian Economics*, Vol. 12, No. 3, pp.356-374.

Gertler, M. (1988) "Financial Structure and Aggregate Economic Activity; An Overview," *Journal of Money, Credit and Banking*, Vol. 20, No. 3, pp.559-588.

Gertler, M and S.Gilchrist (1994) "Monetary Policy, Business Cycles and the Behavior of Small Manufacturing Firms," *Quarterly Journal of Economics*, Vol. 109, No. 2, pp.309-340.

Goldsmith, R. (1969) *FINANCIAL STRUCTURE AND DEVELOPMENT*, Yale University Press.

Guiso, L., T.Jappeli and D.Terlizzese (1996) "Income Risk, Borrowing Constraints and Portfolio Choice," *American Economic Review*, Vol. 86, No. 1, pp.158-172.

Gurley, C. and S.Shaw (1960) *MONEY IN A THEORY OF FINANCE*, Brookings Institutions.

Granger, C. and O.Morgenstern (1963) "Special Analysis of New York Stock Market Prices," *Kyklos*, Vol. 16, No. 3, pp.1-27.

Granger, G. (1969) "Investigating Casual Relations by Econometric Models and Cross-Spectral Methods," *Econometrica*, Vol, 37, No. 3, pp.424-438.

Hadjimichalakis, M. (1983) *MONETARY POLICY AND MODERN MONEY MARKETS*, Lexington Books.

Hall, T. and D.Ferguson (1998) *THE GREAT DEPRESSION; AN INTERNATINAL DISASTER OF PERVERSE ECONOMIC POLICIES*, University of Michigan Press（宮川重義訳（2000）『大恐慌―経済政策の誤りが引き起こした世界的な災厄―』多賀出版）.

Hamilton, J.D. (1987) "Monetary Factors in the Great Depression," *Journal of Monetary Economics*, Vol. 19, No. 2, pp.145-170.

Haubrich, J.G. (1990) "Non Monetary Effects of Financial Crisis," *Journal of Monetary Economics*, Vol. 25, No. 2, pp.223-252.

Hodrick, R. (1991) "International Asset Pricing with Time-Varing Risk Premia," *Journal of International Economics*, Vol. 11, No. 4, pp.573-587.

Holmstron, B. and J.Tirole (1998) "Private and Public Supply of Liquidity," *Journal of Political Economy*, Vol. 106, No. 1, pp.1-40.

Hoshi, T., M.Kashyap and T.Scharfstein (1991) "Corporate Structure, Liquidity and Investment; Evidence from Japanese Industrial Groups," *Quarterly Journal of Economics*, Vol. 106, No. 1, pp.1-32.

Hubbard, R.G. (1998) "Capital-Market Imperfections and Investment," *Journal of Economic Literature*, Vol. 36, No. 1, pp.193-225.

ISDA (2013) "CDS Market Summary: Market Risk Transaction Activity," *ISDA Research Notes*, October.

Ingersoll, J. (1984) "Some Results in the Theory of Arbitrage Pricing," *Journal of Finance*, Vol. 39, No. 4, pp.1021-1039.

Jaffee, D. and T.Russell (1976) "Imperfect Information, Uncertainty and Credit Rationing," *Quarterly Journal of Econimics*, Vol. 90, No. 4, pp.651-666.

Jagannathan, R., E.McGrattan and A.Schrbina (2001) "The Declining U.S. Equity Premium," *NBER Working Paper Series*, No. 2392.

Jarsulic, M. (1988) "Financial Instability and Income Distribution," *Journal of Economic Issues*, Vol. 22, No. 2, pp.545-554.

Jensen, M and W.Mechling (1976) "Theory of the Firm : Managerial Behavior, Agency Costs and Capital Structure," *Journal of Financial Economics*, Vol. 3, No. 2, pp.305-360.

Jorgenson (1963) "Capital Theory and Investment Behavior," *American Economic Review*, Vol. 53, No. 22, pp.247-259.

Kahneman, D. and A.Tversky (1979) "Prospect Theory : An Analysis of Decision under Risk," *Econometrica*, Vol. 47, No. 2, pp.263-291.

Kashyap, A., J.Stein and D.Wilcox (1993) "Monetary Policy and Credit Conditions : Evidence from the Composition of External Finance," *American Economic Review*, Vol. 83, No. 1, pp.78-98.

Keen, S. (2009) "Household Debt : The Final Stage in an Artificially Extended Ponzi Bubble," *Australian Economic Review*, Vol. 42, No. 3, pp.347-357.

Keim, D. and E.Stambaugh (1984) "A Further Investigation of the Weekend Effect in Stock Returns," *Journal of Finance*, Vol. 39, No. 3, pp.819-835.

Keynes, J.M. (1936) *THE GENERAL THEORY OF EMPLOYMENT, INTEREST AND MONEY*, Macmillan,（塩野谷祐一訳（1983）『雇用・利子・および貨幣の一般理論』東洋経済新報社）.

Keynes, J.M. (1930) *A TREATIES ON MONEY*, Macmillan（小泉明，長澤推恭訳（1979）『貨幣論』東洋経済新報社）.

Kocherlachota, N. (1996) "The Equity Premium : It's Still a Puzzle," *Journal of Economic Literature*, Vol. 36, No. 1, pp.42-71.

Kindleberger, C. (1978) *MANIAS, PANICS AND CRASHES : A HISTORY OF FINANCIAL CRISES*, Basic Books Inc.

Kiyotaki, N. and J.Moore (1997) "Credit Cycles," *Journal of Political Economy*, Vol. 105, No. 2, pp.211-248.

Kose, A., E.Prasad, K.Rogoff and S.Wei (2006) "Financial Globalization ; A Reappraisal," *IMF Working Paper Series*, 06-189.

Lavoie, M. (1986) "Systematic Financial Fragility ; A Simplified View," *Journal of Post Keynesian Economics*, Vol. 9, No. 2, pp.258-266.

Lima, G.T and A, Meirelles (2007) "Macrodynamics of Debt Regimes, Financial Instability and Growth," *Cambridge Journal of Economics*, Vol. 31, No. 4, pp.563-580.

Lucas, R. (1976) "Economic Policy Evaluation ; A Critique," *Carnegie Rochester Conference Series on Public Policy*, Vol. 1, pp.19-46.

Mankiw, G., D.Romer and M.Shapiro, (1985) "An Unbiased Reexamination of Stock

Market Volatility," *Journal of Finance*, Vol. 40, No. 3, pp.677-687.
Mankiw, G. (1988) "Recent Developments in Macroeconomics ; A Very Quick Refresher Course," *Journal of Money, Credit and Banking*, Vol. 20, No. 3, pp.436-449.
Mankiw, G. (1986) "The Equity Premium and the Concentration of Aggregate Shocks," *NBER Working Paper Series*, No. 1788.
Marc, L. (2012) "Evaluating the Current Stance of Monetary Policy Using a Taylor Rule," *Congressional Research Service*, 7-5700.
Markowitz, H. (1959) *PORTFOLIO SELECTION : EFFICIENT DIVERSIFICATION OF INVESTMENT*, John Wiley and Sons.
Marcowitz, H. (1952) *PORTFOLIO INVESTMENT*, Macmillan.
Masulis, N. (1983) "The Impact of Capital Structure Change on Firm Value," *Journal of Finance*, Vol. 38, No. 1, pp.107-126.
McCauley, R. and S.Zimmer (1989) "Explaining International Differences in the Cost of Capital," *Research Papers*, Federal Reserve Bank of New York, No. 13.
Mehra, R. and E.Prescott (1985) "The Equity Premium : A Puzzle," *Journal of Monetary Economics*, Vol. 15, No. 2, pp.145-162.
Meirelles, A. and G.T.Lima (2006) "Debt, Financial Fragility and Economic Growth : A Post Keynesian Macromodel," *Journal of Post Keynesian Economics*, Vol. 29, No. 1, pp.93-115.
Melzer, A. (1969) "Controlling Money," *Federal Reserve Bank of St.Louis Review*, Vol. 5, pp.16-24.
Merton, R. (1990) *CONTINUOUS-TIME FINANCE*, Basil Blackwell.
Minsky, H.P. (1986) *STABILIZING AN UNSTABLE ECONOMY*, Yale University Press（吉野紀，浅田統一郎，内田和男訳（1989）『金融不安定性の経済学』多賀出版）．
Minsky, H.P. (1982) *CAN IT HAPPEN AGAIN?*, M.E.Shape（岩佐代市訳（1988）『投資と金融』日本経済評論社）．
Minsky, H.P. (1975) *JOHN MAYNARD KEYNES*, Columbia University Press（堀内昭義訳（1988）『ケインズ理論とは何か』岩波書店）．
Minsky, H.P. (1959) "A Linear Model of Cyclical Growth," *Review of Economics and Statistics*, Vol. 41, No. 2, pp.133-145.
Minsky, H.P. (1957) "Monetary Systems and Accelerator Models," *American Economic Review*, Vol. 47, No. 6, pp.859-883.
Mishkin, F.S. (1996) "Credit Channels of Monetary Transmission : Lessons for Monetary Policy," *NBER Working Paper Series*, No. 6455.
Mishkin, F.S. (1990) "Asymmetric Information and Financial Crisis : A Historical Perspective," *NBER Working Paper Series*, No. 3400.
Mishkin, F.S. (1976) "Illiquidity, Consumer Durable Expenditure, and Monetary Policy," *American Economic Review*, Vol. 66, No. 4, pp.642-654.
Modigliani, F. and M.Miller (1963) "Corporate Income Taxes and the Cost of Capital," *American Economic Review*, Vol. 53, No. 3, pp.433-443.
Modigliani, F. and M.Miller (1958) "The Cost of Capital, Corporation Finance and the

Theory of Investment," *American Economic Review*, Vol. 48, No. 3, pp.261-297.

Modigliani, F. and L.Padademos (1980) "The Structure of Financial Markets and the Market Mechanism," *Controlling Monetary Aggregates*, No. 23, pp.111-155.

Myers, S. (1977) "Determinants of Corporate Borrowing," *Journal of Financial Economics*, Vol. 15, No. 2, pp.147-175.

Nishi H. (2012) "A Dynamic Analysis of Debt-Led and Debt-Burned Growth Regimes with Minskian Financial Strucure," *Metroeconomica*, Vol. 63, No. 4, pp.634-660.

Osada, M. and M.Saito (2010) "Financial Integration and Economic Growth ; An Empirical Analysis Using International Panel Data from 1974-2007," *Bank of Japan Working Paper Series*, No. 10-E-5.

Paya, I., K.Matthews and D.Peel (2004) "The Term Spread and Real Economic Activity in the US Inter-War Period," *Journal of Macroeconomics*, Vol. 27, No. 1, pp.331-343.

Pollin, R. (1986) "Alternative Perspectives on the Rise of Corporate Debt Dependency -The US Postwar Experience," *Review of Radical Political Economy*, Vol. 18, No. 1, pp.205-235.

Poole, W. (1970) "Optimal Choice of Monetary Policy Instruments in a Simple Stochastic Macro Model," *Quarterly Journal of Economics*, Vol. 84, No. 2, pp.197-216.

Pratt, J. (1964) "Risk Aversion in the Small and in the Large," *Econometrica*, Vol. 32, No. 1, pp.122-136.

Puri, M., J.Rocholl, and S.Steffen (2005) "Global Retail Lending in the Aftermath of the US Financial Crisis : Distinguishing between Supply and Demand Effects," *Journal of Financial Economics*, Vol. 100, No. 3, pp.556-578.

Reinganum, M. (1983) "The Anomalous Stock Market Behavior of Small Firms in January : Empirical Tests for Tax Loss Effects," *Journal of Financial Economics*, Vol. 13, No. 3, pp.89-104.

Roll, R. (1977) "A Critique of the Asset Pricing Theory's Tests," *Journal of Financial Economics*, Vol. 4, No. 1, pp.126-176.

Roosa, R. (1951) "Interest Rates and the Central Bank," in *MONEY, TRADE AND ECONOMIC GROWTH IN HONOR OF HENRY WILLIAMS*, pp.270-295, Macmillan.

Ross, S. (1976) "The Arbitrage Theory of Capital Asset Pricing," *Journal of Economic Theory*, Vol. 13, No. 3, pp.341-360.

Rosen, R.J. (2011) "Competition in Mortgage Markets ; The Effect of Lender type on Loan Characteristics," *Economic Perspectives 1Q*, Federal Reserve Bank of Chicago.

Schumpeter, J.A. (1950) *Capitalism, Socialism and Democracy*, Harper & Brothers（中山伊知郎・東畑精一訳（1995）『新装版資本主義・社会主義・民主主義』東洋経済新報社）.

Schumpeter, J.A. (1939) *BUSINESS CYCLES*, McGraw-Hill（『景気循環論』吉田修三監訳（1958），有斐閣）.

Schumpeter, J.A. (1926) *The Theory of Economic Development*, Duncker & Humblot

（塩野谷祐一・中山伊知郎・東畑精一訳（1926）『経済発展の理論』岩波文庫).
Sharpe, W. (1964) "Capital Asset Prices ; A Theory of Market Equilibilium under Conditions of Risk," *Journal of Finance*, Vol. 19, No. 3, pp.425-442.
Sharpe, W. (1984) *INVESTMENT*, Prentice-Hall.
Semmler, W. (1987) "A Macro Economics Limit Cycle with Financial Perturbation," - *Journal of Economic Behavior and Organization*, Vol. 8, No. 3, pp.469-495.
Sekine, T. (1999) "Firm Investment and Balance-Sheet Problems in Japan," *IMF Working Paper*, WP/99/111.
Shiller, R. (1991) *MARKET VOLATILITY*, Basil Blackwell.
Shiller, R. (1982) "Consumption, Asset Markets and Macro Economic Fluctuation," *Carnegie Rochester Conference on Public Policy*, Vol. 17, No. 1, pp.203-238.
Sims, C. (1972) "Money, Income, and Causality," *American Economic Review*, Vol. 62, No. 4, pp.540-552.
Smith, K.L. (1984) "Bank Credit and Debt, Income, and Causality-The Sims Test on Measures of Credit," *Economic Letters*, Vol. 14, No. 1, pp.37-41.
Stiglitz, J.E. and S.Weiss (1981) "A Credit Rationing in Market with Imperfection," *American Economic Review*, Vol. 71, No. 3, pp.393-410.
Summers, L. and J.Porteba (1984) "The Persistence of Volatility and Stock Market Fluctuations," *NBER Working Paper Series*, No. 1462.
Suzuki, Y., Kuroda, A. and Shirakawa, H. (1988) "Monetary Control Mechanism in Japan," *Monetary and Economic Studies*, Bank of Japan, Vol. 6, No. 2, pp.529-572.
Taylor, J.B. (1993) "Discretion versus Policy Rules in Practice," *Carnegie -Rochester Conference Series on Public Policy* 39.
Taylor, J.B. (1988) "A Historical Analysis of Monetary Policy Rule," *NBER Working Paper Series*, No. 6768.
Taylor, L. (1985) "A Stagnations Model of Economic Growth," *Cambridge Journal of Economics*, Vol. 9, No. 2, pp.383-403.
Taylor, L. and S.O'Connell (1985) "A Minsky Crisis," *The Quarterly Journal of Economics*, Vol. 100, No. 402, pp.871-886.
Temin, P. (1976) *DID MONETARY FORCES CAUSE THE GREAT DEPRESSION?*, Norton.
Tobin, J. (1969) "A General Equilibrium Approach to Monetary Theory," *Journal of Money, Credit, and Banking*, Vol. 1, No. 1, pp.15-29.
Tobin, J. (1958) "Liquidity Preferences as Behavior Towards Risk," *Review of Economic Studies*, Vol. 25, No. 2, pp.65-86.
Tobin, J. (1955) "A Dynamic Aggregative Model," *Journal of Political Economy*, Vol. 63, No. 2, pp.103-115.
Tobin, J. and W.Buiter (1976) "Longrun Effects of Fiscal and Monetary Policy on Aggregate Demand," in Stein(ed), *MONETARISM*, North Holland.
Toporowski, J. (2010) *Financial Markets and Financial Fragility*, Edward Elgar Publishing.
Tymoigne, E. (2010) "Detecting Ponzi Finance : An Evolutionary Approach to the

Measure of Financial Fragility," *Working Paper No. 605*, Levy Economics Institute.

Tymoigne, E. (2009) "The U.S. Mortgage Crisis: Subprime or Systematic?," in Gregoriou, G.N. ed, *Banking Crisis Handbook*, CRC Press Inc.

Tymoigne, E. and Wray, L.R. (2014) *The Rise and Fall of Money Manager Capital-Minsky's Capitalism-Minsky's Half Century from World War Two to the Great Recession*, Routledge.

Ueda, K. (1990) "Are Japanese Stock Prices Too High?," *Journal of the Japanese and International Economics*, Vol. 4, No. 4, pp.351-370.

Uchida, K. (1987) "Risk Aversion and the Minsky's Crisis Model," *Hokudai Economic Papers*, No. 17, pp.35-38.

Walsh, C. (1998) *MONETRAY THEORY AND POLICY*, MIT Press.

Weil, S. (1989) "The Equity Premium Puzzle and the Risk-Free Rate Puzzle," *Journal of Monetary Economics*, Vol. 24, No. 3, pp.401-421.

Weiss, P. and C.Kraft (1981) "Manfred, Minsky's View of Fragility; A Game Theoretic Interpretation," *Journal of Post Keynesian Economics*, Vol. 3, No. 4, pp.519-527.

West, K. (1988) "Dividend Innovation and Stock Price Volatility," *Econometrica*, Vol. 56, No. 1, pp.37-62.

Whalen, C. (1988) "The Minsky-Simons Connection: A Neglected Thread in the History of Economic Thought," *Journal of Economic Issues*, Vol. 22, No2, pp.533-544.

Wolfson, M.H. (1990) "The Causes of Financial Instability," *Journal of Post Keynesian Economics*, Vol. 12, No. 3, pp.333-355.

Woodford, M. (1986) "Stationary Sunspot Equilibrium in a Finance Constrained Economy," *Journal of Economics Theory*, Vol. 40, No. 1, pp.128-137.

Yellen, C. (2014) "Monetary Policy and Financial Stability," speech at the International Monetary Fund.

Zelman, I.L. (2007) "Mortgage Liquidity du Jour: Underestimated No More," *Credit Suisse Equity Research*, March.

索　引

〔欧文索引〕

ABCP ………………………………… 58
ABS …………………………………… 55
ALM ………………………………… 231
Alt-A ………………………………… 62
ARCH モデル ……………………… 164
Arrow-Pratt ………………………… 112
availability 理論 …………………… 228
BIS 規制 ……………………………… 20
BIS ビュー …………………………… 23
C-CAPM ……………………………… 92
CDO …………………………………… 55
CPI …………………………………… 96
Debt-Deflation ……………………… 16
Euler 方程式 ………………………… 92
FED ビュー …………………………… 23
FF レート …………………………… 53
FRM …………………………………… 62
GDP ギャップ ……………………… 53
Hopf 分岐点 ………………………… 164
IT バブル …………………………… 15
Keynes-Ramsey Rule ……………… 92
LTCM ………………………………… 15
MMMF ……………………………… 69
MM 理論 ……………………………… 30
Multiple-Target …………………… 228
Non-Monetary Effect ……………… 228
REIT ………………………………… 66
RMBS ………………………………… 54
ROA …………………………………… 18
Routh-Hurwitz …………… 125, 182
S&L 危機 …………………………… 19
SIV …………………………………… 58
stable branch ……………………… 160
Taylor Rule ………………………… 53
Taylor-O'Connell 条件 …………… 120
threshold（閾値）効果 …………… 215
Tier 1 ………………………………… 73
Tier 2 ………………………………… 73
Tobin の q …………………………… 29
Two-Target Strategy ……………… 228

〔和文索引〕

あ行

アジア通貨危機 ……………………… 19
後処理戦略 …………………………… 24
アナウンスメント効果 …………… 109
安全性のゆとり幅 …………………… 31
鞍点解 ……………………………… 160
一般理論 …………………………… 16
インフレ・ターゲット政策 ……… 20
エージェンシー・コスト ………… 83
エクイティ・ファイナンス ……… 21
追い貸し …………………………… 19
オフショア市場 …………………… 22
オペレーショナル・リスク ……… 73

か行

回帰的期待等 ……………………… 140
カウンターシクリカル・バッファー
 …………………………………… 28, 73
価格調整メカニズム ……………… 230
下級財 ……………………………… 122
格付機関 …………………………… 52
確率密度変数 ……………………… 232
貸し手リスク ……………………… 31

263

過剰流動性 …………………… 21
金余り現象 …………………… 21
株価大暴落 …………………… 15
貨幣の流通速度 ……………… 49
可変的引当金 ………………… 28
借り手リスク ………………… 31
借り手リスク曲線 …………… 33
間接金融 ……………………… 102
完全代替的 …………………… 230
期間のミスマッチ …………… 69
企業家の血気 ………………… 29
逆選択 ………………………… 30
銀行貸出チャネル …………… 42
金融安定監督委員会 ………… 71
金融革新 ……………………… 37
金融加速因子 ………………… 77
金融システムレポート ……… 28
金融情報変数 ………………… 95
金融の開放度 ………………… 40
金融不安定性理論 …………… 27
クラウディング・アウト …… 144
グリーンスパンの謎 ………… 25
クレジット・デリバティブ … 67
クレジット・ビュー ………… 82
グレンジャーの因果性テスト … 140
グローバル・インバランス … 23
景気動向指数 ………………… 91
契約の不完備性 ……………… 87
限界効率 ……………………… 29
限界代替率 …………………… 92
コア Tier 1 …………………… 73
行動ファイナンス …………… 225
合理的期待形成仮説 ………… 30
固有方程式 …………………… 156
根拠なき熱狂 ………………… 22
コントローラビリティー …… 105

さ行

再金融 ………………………… 46
最終目的変数 ………………… 82
サブプライム ………………… 15
サブプライム危機 …………… 19
自己資本比率 ………………… 27
資産効果 ……………………… 155
市場型間接金融 ……………… 51
システミック・リスク ……… 26
事前予防戦略 ………………… 25
実質債務残高 ………………… 16
質への逃避 …………………… 64
ジニーメイ …………………… 52
資本供給価格 ………………… 31
資本需要価格 ………………… 31
資本保全バッファー ………… 73
証券化商品 …………………… 22
証券金融 ……………………… 15
証拠金規制 …………………… 28
情報の非対称性理論 ………… 30
新結合 ………………………… 64
信用乗数 ……………………… 77
信用創造機能 ………………… 48
信用取引 ……………………… 15
信用リスク …………………… 52
信用割当 ……………………… 30
スコアリング・スコア ……… 67
スタグフレーション ………… 17
静学モデル …………………… 152
政策変数 ……………………… 95
ゼロ金利政策 ………………… 20
相関係数 ……………………… 57
操作変数 ……………………… 140
創造的破壊 …………………… 64
相対的危険回避度 …………… 91
粗代替 ………………………… 117

た行

- 大恐慌 …………………………… 15
- 代替効果 ………………………… 91
- 担保チャネル …………………… 42
- 中間目標変数 …………………… 82
- チューリップ・バブル ………… 15
- 超過準備 ………………………… 131
- 長期正常利子率 ………………… 159
- 直接金融 ………………………… 102
- デ・レバレッジ ………………… 21
- 定常均衡 ………………………… 143
- テイル・リスク ………………… 63
- デフレ・スパイラル …………… 16
- デリバティブ …………………… 50
- 転換社債 ………………………… 47
- 動学的調整方程式 ……………… 156
- 動学モデル ……………………… 152
- 投機的（Speculative）金融 …… 45
- 投機ブーム ……………………… 15
- 同時均衡モデル ………………… 116
- トービン税 ……………………… 78
- ドッド・フランク法 …………… 71
- トランシェ ……………………… 55
- トランスミッション・メカニズム …… 82

な行

- 内生的貨幣供給量 ……………… 51
- 内部貨幣 ………………………… 230
- 南海泡沫事件 …………………… 15
- ニクソン・ショック …………… 17
- 二重構造 ………………………… 150
- ニュー・ケインジアン ………… 30
- ニュー・ディール政策 ………… 16
- ノン・リコース型 ……………… 78

は行

- バーゼルⅡ ……………………… 73
- バーゼルⅢ ……………………… 28
- 発散的期待 ……………………… 140
- パレート効率性 ………………… 30
- ビルト・イン・スタビライザー …… 77, 83
- ファンダメンタルズ …………… 18
- 不安定渦状点 …………………… 164
- 不安定結節点 …………………… 164
- フィナンシャル・アクセラレーター仮説 …… 56, 83
- プラザ合意 ……………………… 21
- 不良債権問題 …………………… 19
- ブレトンウッズ体制 …………… 17
- プロシクリカリティ …………… 27
- プロスペクト理論 ……………… 225
- 分散投資効果 …………………… 52
- 分布関数 ………………………… 233
- ペイ・オプション ARM ………… 61
- β革命 ………………………… 145
- ヘッジ（Hedge）金融 …………… 45
- 変動寄与率 ……………………… 99
- 法定預金準備率 ………………… 131
- ポートフォリオ・アプローチ …… 29
- ホーム・エクイティローン …… 56
- ボルカー・ルール ……………… 72
- ポンツィ（Ponzi）金融 ………… 45

ま行

- マーク・アップ原理 …………… 113
- マーケット・メイク …………… 78
- マイナス金利政策 ……………… 20
- マクロ・プルーデンス ………… 24
- マネー・ビュー ………………… 82
- マネタリー・サーベイ ………… 97

マネタリズム …………………… 16
ミクロ的基礎付け ……………… 118
ミクロ・プルーデンス ………… 24
モーゲージ・バンク …………… 51
モノライン ……………………… 53
モラル・ハザード …………… 30, 88

や行

ヤコビ行列 ……………………… 156
有効需要 ………………………… 29
ユーロ危機 ……………………… 20
ユーロ・ダラー ………………… 21

ら行

利益相反 ………………………… 72

リスク・プレミアム・パズル ……… 94
略奪的貸付 ……………………… 67
流動性選好 ……………………… 48
流動性の罠 ……………………… 16
流動性リスク …………………… 57
量的・質的金融緩和政策 ……… 97
量的調整メカニズム …………… 230
リレーションシップ・バンキング … 150
累積分布関数 …………………… 245
レバレッジ ……………………… 15

わ行

ワルラス法則 …………………… 178

著者紹介

植田宏文（うえだ　ひろふみ）

同志社大学商学部教授，同大学院商学研究科教授
1965年　福岡県生まれ。
神戸大学大学院経済学研究博士後期課程修了，同志社大学商学部専任講師，同助教授を経て現在に至る。博士（経済学）。

〈主要著書・論文〉

『金融不安定性の経済分析』晃洋書房，2006年.
『現代マクロ金融論』（共訳）晃洋書房，2004年.
『エッセンシャル　金融論』（共著）中央経済社，2015年.
「期待形成と企業の債務構造の安定性」『社会科学』（同志社大学）第45巻第4号，pp.25-56，2016年.
「金融革新，資本構造と金融の不安定性」『同志社商学』第65巻第5号，pp.240-262，2014年. 他多数

金融革新と不安定性の経済学

2017年4月20日　第1版第1刷発行
2024年6月25日　第1版第3刷発行

著者	植田宏文
発行者	山本　継
発行所	㈱中央経済社
発売元	㈱中央経済グループパブリッシング

〒101-0051　東京都千代田区神田神保町1-35
電話　03 (3293) 3371 (編集代表)
　　　03 (3293) 3381 (営業代表)
https://www.chuokeizai.co.jp
印刷／昭和情報プロセス㈱
製本／誠　製　本　㈱

©2017
Printed in Japan

＊頁の「欠落」や「順序違い」などがありましたらお取り替えいたしますので発売元までご送付ください。(送料小社負担)

ISBN978-4-502-21631-2　C3033

JCOPY〈出版者著作権管理機構委託出版物〉本書を無断で複写複製（コピー）することは，著作権法上の例外を除き，禁じられています。本書をコピーされる場合は事前に出版者著作権管理機構（JCOPY）の許諾を受けてください。
JCOPY〈https://www.jcopy.or.jp　eメール：info@jcopy.or.jp〉

好評発売中

金融制度、理論、政策の3つの側面から金融論の本質を学べる本格派テキスト

エッセンシャル金融論 第2版

金融制度、金融理論、金融政策という3つの側面から金融の本質＝エッセンスを学部中級レベルを対象に丁寧に解説。金融と実体経済の関係をバランスよく学べる教科書の最新版。

- 植田宏文・丸茂俊彦・五百旗頭真吾〔著〕
- A5判・256頁
- ISBN：978-4-502-49461-1

本書の主な内容

- 第1章　金融の基本的機能
- 第2章　信用創造とマネー・ストック決定メカニズム
- 第3章　マクロ金融理論
- 第4章　金融仲介と金融システムの安定性
- 第5章　企業金融
- 第6章　金融資産価格の決定
- 第7章　金融リスクとデリバティブ
- 第8章　外国為替と為替レート
- 第9章　開発経済のマクロ金融理論

中央経済社